U0154540

公共政策與民主治理

苗栗大埔徵地案的多元流分析

魯炳炎 著

Public Policy and Democratic Governance

Multiple Streams Analysis for Taiwan's Land Expropriation Case Study

序 言

　　這是筆者從2007年以來九年內的第四本專書著作，兩年的撰寫時間真的很快就過去。究其源由，早在筆者2012年拙作《公益的價格：非營利行銷的理論與案例》撰寫期間，因爲適逢苗栗大埔徵地案在2010年6月之後陸續發生的幾起焦點事件，吸引筆者對於後續政策衝突的關切。有鑒於研究所的公共政策分析課程上之教學需求，在2014年《誰說了算？從蘇花高到蘇花改政策變遷的倡議聯盟分析（1990-2014）》拙作撰寫期間，課堂上對於政策階段論的反省，使得筆者很深刻的持續觀察與大埔徵地案相關的政治和經濟社會發展，當時腦中隱然浮現的就是Kingdon多元流理論概念，以及眾多政策企業家努力不懈匯合交會，在實踐民主治理的過程當中所涉及到回應、責任、課責，不同面向相互交疊的競合圖像。

　　然而筆者撰寫本書在檢閱所謂「公共價值」（public value）與「價值衝突」（value conflict）理論文獻，以及進行苗栗大埔徵地案的經驗分析之餘，發現個人的本職學能實在是力有未逮，從而在2016年2月之後，決定完全聚焦於多元流（multiple streams）的分析。特別是書名與內容的連結，其間的轉折至爲艱辛，在此一定要感謝中研院政治所林繼文研究員、政大公行系黃東益主任與陳敦源教授，一如過往地在研究方法與研究設計上提供筆者寶貴意見。同時，對於2016年7月撥冗參與本書焦點團體訪談的師大地理系李素馨教授、中研院政治所吳重禮研究員、政大地政系徐世榮教授，以及政大公行系蘇偉業教授，筆者也在此表達深深的謝意。

　　筆者還要鄭重感謝兩位匿名的書稿審查委員，提出從文獻探討的面向與評議、該章各節在閱讀上的連貫性、最新的理論發展在本書的定位，乃

至於緒論對於重要概念定義之描述，都給予筆者很多重要而且具體的修改意見。筆者在回覆兩位學界先進的審查意見時，由於突發性的眼睛手術在即，時間倉促使得修訂改正的內容與品質並不盡如人意，特此向兩位審查委員致歉。筆者也要謝謝東華大學歷史系畢業生陳芝妤小姐，在她大四下學期協助校對2014年筆者的另一本專書著作，以及此次交付書稿給五南文化事業機構之前，她也幫我校對全文的草稿。筆者同時非常謝謝五南的劉靜芬副總編輯，以及負責本書的肇恩編輯和排版人員美香在一校和二校提供的所有協助。當然，本書最後如果還有任何其他疏漏之處，都是由本人負全責。

　　在撰寫序言的當下，兩位友人和本人都剛好身體不適，前所未有的感受到身體健康和闔家平安的重要性，這是此時此刻最大的感觸。母語是山東話的筆者最後要說的是，我過世的父親母親雖然不會說國語，也不會寫自己的名字，但是他們在世的時候，最尊敬的莫過於天主教的神父和修女，以及天下所有的老師。本書獻給我最摯愛的父親母親，如果筆者在未來的人生還有其他的專書著作，也都是獻給他們。

魯炳炎

2016年11月23日

目錄
CONTENTS

　　長期以來，歐美學界人士對於公共政策理論中所謂「階段論」和「非階段論」傳統且比較有共識的看法，莫過於前者對於課堂教學和學習有重大的貢獻，而後者則能夠呈現出政治世界的真實面貌。雖然Jones（1970: 13）認為，政府決策過程的每一個階段都能夠被確認為有自己的功能，可以達成政策的目標，但是，Wildavsky（1979: 41-61）也指出，政策目標通常是「多元、混淆、而且模糊」（multiple, confusing and vague）。Parsons（1995）和丘昌泰（2013）所描繪之政策形成、政策制定、政策輸送的過程裡面，主其事者於規劃政策願景時，既要能探知所欲求（desirable）的感性、也要瞭解能達成目標（attainable）的理性（Price, 2010: 46），也因此，政治因素不得不被考量到，而公共政策階段論的「循序漸進」、「按部就班」，並不一定能夠適用在真實的政治世界裡面。

　　在政治學的領域裡面，對於公共政策議程的研究，主要是針對引起社會公眾和立法機關矚目之改變形式，以及影響眾所矚目政策議題之策略運用（Kingdon, 1995）；然而在公共行政和政策科學的領域裡面，政策優先順序的排定是在決策系統裡面完成，公共決策的封閉性質使得民意和輿論對於政策的延續性和可預期性無法置喙，致使民意和輿論轉而關注哪些事情應該有所改變，或是哪些政策議題應該獲得有效的改善和解決。從這個角度而言，非階段論將政策問題視為互賴的問題系統，無法分門別類、循序漸進的制定決策，甚或是解決亟需解決的重大政策議題，就有實際存在的價值。

古典學派的經濟學大師Marshall在其《經濟學原理》（*Principles of Economics*）著作裡面指出，土地是自然對人類的幫助，而無償給予的陸、水、空氣與光熱等各種物質與能力（轉引自于宗先、王金利，2001：9）。社會科學不同的學門對於土地的理解有不同的詮釋，經濟學家將土地視為自然資源，是一種廣義的土地觀念，就法學的角度而言，土地屬於相對廣義的觀點；而政治學對於土地、人民、政府、主權的國家要素之定義，則並不僅僅侷限於陸地，還包括陸海空和地下的整體資源。就本書所探討的研究主題來說，土地的界定比較狹義，指的是陸地；中國人傳統「以農立國」和「有土斯有財」的觀念，莫不和土地、甚或是農地息息相關。事實上，農業所代表的不只是經濟作物，它還關係到能否自給自足的糧食安全、水資源調節和涵養地下水、環境與飲食的品質，乃至於維繫自然景觀與歷史人文的風貌（彭明輝，2011：71）。

也因為如此，當面臨政策目標之間的競合，無論是「經濟發展」遇上「環境保護」，或「振興地方經濟」遇上「農地農用」與「糧食安全」的時候，公共價值的選擇、替選方案的提出、乃至於施政的優先順序，盤根錯節的政策問題跨越了傳統的疆域，需要政策共識的調和凝聚，而且並沒有最適當的解決方案，而公共政策的非階段論則提供了吾人重新檢視的視野和格局。Lasswell（1948: 122）就此曾經強調，公共政策的理性和活動是為了改善世界而存在，所以很難避免對價值做歸類（value classification）的任務；他認為，如何在「公民秩序」（civic order）的政策環境裡面制定決策，才是政策科學研究者應該要關心的焦點（Lasswell, 1971: 13）。[1]

公共政策經緯萬端，無論是「民之所欲，常在我心」，還是「鐵打的衙門，流水的官」，在民主治理的公民社會裡面，面對複雜動態的政策環境，多元的政策行動者不同程度的參與，使得許多政策的制定雖然

---

[1] 由於政策的制定過分重視政治精英和行政官僚的專業意見，Lasswell反對寡頭政治（oligarchy）和官僚主義（bureaucratism），因為這樣會破壞以民主政治為核心的公民秩序。

有共同的決策過程，卻可能因人、因時、因地而制宜，原因在於公共決策有特定的主體、標的、環境，從而形成個別具體的政策系絡（詹中原，2003：16）。這樣的政策系絡甚至也包括：時間與空間的系絡；內部與外部的系絡；以及制度、經濟、人口、意識型態與文化的系統（丘昌泰，1995：14）。

回顧最近二十多年來各縣市政府的土地徵收案日漸增多，主要因為地方政府的建設需求，「政府自民國90年以來向民間所徵收的土地已超過1萬公頃」（工商時報社論，2013/07/29）。就本書所要探討苗栗大埔徵地案的研究主題而言，該案最直接的導火線是2010年6月8日由警力封路，並在隔天凌晨由縣府官員和優勢警力以二十部推土機清除農田上被認定為占耕的稻穗稻田；自救會北上向總統府和監察院陳情抗議，縣府在2010年6月28日再度動工，引爆激烈的衝突（李順德、黃瑞典，2010/06/24）。當時的發展過程當中，最早發生的焦點事件是2010年的「717凱道守夜行動」，而最引人側目和最戲劇性的重大發展，則是朱姓老農的妻子於2010年8月3日喝農藥自殺（范榮達、胡蓬生，2010/08/24），在當時引發社會大眾高度矚目的同時，公民組織團體和傳播媒體輿論也開始正視這個區段徵收的指標型政策議題。

本章以下先簡單敘述苗栗大埔徵地案的政策發展過程，介紹Kingdon多元流理論的政策視野之後，再敘述研究目的和本書的章節安排，最後依據研究的時程概述本書的研究方法與設計，對於研究設計的說明請詳見附錄。

第一節　苗栗大埔徵地案的概述

自古至今，「以農立國」和「有土斯有財」的想法，並沒有隨著時間演進到二十一世紀而有根本性的改變，而土地與政治之間的關係，向來

都是千絲萬縷，盤根錯節。苗栗大埔徵地案涉及到的政策層面很廣，不僅和農業發展與土地政策、乃至於民主政治的選舉和政黨政治的競爭息息相關，也獲得社會團體和新聞輿論高度的關切矚目。究其原因就誠如林國慶（2013：223）所指出，農地的保育與利用以及變更使用所涉及到公共利益與私人利益平衡的問題，或是財產權保護的問題，都牽涉到公平與效率的問題；他認為，政府應確實保護優良農地，不輕易讓優良農地變更使用，其實反對此原則的人並不多，然而執行起來也確實不容易。

為了地方的建設需求，過去許多年各縣市政府指標型的土地徵收案除了苗栗大埔徵收案之外，還有新竹縣政府為了推動IC設計產業，在2000年所提出「新訂台灣知識經濟旗艦園區特定區計畫（台知園區計畫）」（前身為「璞玉計畫」），該計畫在2004年被行政院核定為「國家重大計畫」，是與交通大學建立產官學合作機制，串聯新竹科學園區與新竹生醫園區。行政院當時核定142公頃的面積，包括交大研究校園區32公頃和產業專區61公頃，新竹縣政府在2004年修改計畫後的徵收面積成為447公頃，由於新增面積用於住商建築用途，因此被批評為「先把農地變更成科學園區、學校，找到『公共利益』名目後，再推更大面積『特定區計畫』」（朱淑娟，2014：84-86），可能成為「大埔案第二」。[2]

而所謂的「苗栗大埔徵地案」起源於內政部在2004年1月同意辦理面積362公頃的都市計畫，苗栗縣政府因為竹南鎮地主的陳情而在2006年6月決定減半徵收（154公頃），其中的23公頃是「園區事業專用區」。關鍵的轉折點是群創光電公司在2008年3月向內政部提出擴大園區面積的申

---

[2] 引發大埔案的原始癥結點乃是預定徵收和實際徵收的差異過大，地方政府先提出產業園區計畫，再擴大周邊特定區的徵收面積，而且徵收用地並未用於實際的經濟開發用途，類似的爭議過去十多年來也一再於各地發生。2014年11月財經雜誌商業周刊1407期的特別報導，以「大埔案第二？新竹米鄉恐變建地特定農業區快不保，打臉總統糧食自給宣言」為題，內文提及2011年由於許多優良農地面臨開發壓力，馬英九總統因而在2011年5月親臨農委會主辦的「糧食安全會議」，宣示2020年糧食自給率將從32%提高到40%。而為了保護特定農業區，立法院也在同年底三讀通過土地徵收條例修正草案，明定「特定農業區農牧用地不得徵收」的同時，也保留排除條款：公用事業或經行政院核定之重大建設所需者除外（朱淑娟，2014：86）。

請案獲得通過，從23公頃擴增到28公頃，新增園區預定地之內的24戶原有住家是大埔徵地案抗爭的土地所有人；在內政部於2009年4月核准區段徵收的計畫書並公告實施後，大埔自救會在2009年12月北上抗議。

在2010年6月8日苗栗縣政府清除農田上被認定為占耕的稻穗稻田之後，當時的發展還包括2010年7月14日立法院通過「農村再生條例」，三天後的「717凱道守夜行動」，自救會和全台各地聲援的組織團體集結夜宿在總統府前的凱達格蘭大道，以及五天後當時的行政院長吳敦義出面協調，會見大埔自救會的代表。而最重要的則是當時行政院長吳敦義率苗栗縣長劉政鴻在7月22日共同召開記者會，提出「以地換地」的政策方案，劉政鴻縣長並公開道歉（陳洛薇，2010/07/23）。

後來在2011年的轉折還包括內政部營建署的政策說明廣告和「716農民重返凱道」，以及總統記者會所公布徵收補償改為市價補償的行政院版土地徵收條例修正草案。除了內政部營建署在2011年7月15日以半版篇幅，刊登在聯合報、標題是「**發還大埔農地，少數爭端化解**」的政策說明廣告之外[3]，對於土地徵收開發案最正式的政策宣示和回應是2011年8月24日，馬英九總統與副總統蕭萬長、行政院長吳敦義、內政部長江宜樺於總統府召開的記者會，所公布行政院版的土地徵收條例修正草案，確定將徵收補償由現行的公告現值加成改為市價補償（陳平軒，2012a：272）。然而，自救會的委任律師詹順貴[4]和李明芝後來在2012年7月30日投書蘋果日報對此指出，在同年3月27日的協商會議上，詹律師不滿四點協商結論

---

[3] 該則政策說明廣告標示的重點如下：「行政院吳院長於99年8月17日接見苗栗大埔農民自救會及台灣農村陣線代表，協商獲致共識：一、未於法定期限內完成申請抵價地之農民，其所有之建物基地原位置保留，基地部分辦理專案讓售。二、於區段徵收範圍內集中劃設農用土地，按其徵收前原有農地面積，專案讓售農民，並施設農水路系統，以利其耕作」；「政府承諾貫徹實踐：一、內政部根據上述協商共識，於99年9月2日和9月8日二度與大埔農民自救會及苗栗縣政府議定具體處理方案，獲得絕大多數農民簽名同意……三、除四戶不符規定，難以滿足其訴求外，其餘農舍均予原址保留，並集中配置農地」，以及另外以大標題標示出「四戶訴求不符規定將再會勘妥處」。
[4] 詹順貴律師從2016年5月20日起，接任行政院環保署的副署長。

退席的爭議焦點在於「自救會成員建物基地應採原位置保留」會不會被拆遷（詹順貴、李明芝，2012/07/30）。[5]

正由於農地徵收的衝突不斷，類似個案的爭議也一再發生，實有賴重新檢視土地徵收開發案的審核標準和程序，提出制度化的解決之道，以避免不必要的衝突爭議持續在各地發生。而後來接任行政院長的江宜樺則在2013年8月22日針對大埔自救會的四項訴求，於行政院院會還提出四點回應：區段徵收將修法兼顧必要性與公益性；土地徵收委員的機關代表可少於二分之一；自救會主張土地徵收案全部由內政部舉辦聽證會，實務上並不可行；由三名估價師進行估價，則會產生結果是否代表政府公權力的問題（楊湘鈞，2013/08/23）。

綜合以上所言，整個大埔徵地案的發展過程如表1-1所示。高等行政法院更一審在2014年1月3日認定內政部審議程序違法，判決爭議的四戶勝訴，同案提出告訴的二十人則維持敗訴，整個大埔徵地案的發展暫時告一段落。雖然行政院長林全在2016年8月22日正式表明，「遭強拆的苗栗大埔張藥房，只要法令可行，一定朝重建方向進行」（中央社，2016/08/22），雖然「苗栗縣長徐耀昌昨天回應，『既然總統及內政部長關心，縣政府從善如流』，配合營建署專業取得共識，一切依法行政」（范榮達，2016/09/27），截至2016年底為止，仍沒有後續的具體政策行動。

---

[5] 自救會委任律師詹順貴和李明芝在文內指陳，2012年7月24日所召開的內政部都委會第784次會議，「主席簡太郎更誤導全體都委會委員，謊稱筆者已同意101年3月27日的研商結論、大埔四戶的案子已經圓滿解決」，「政府一再以兩年來從未提出相關事證的錯誤資訊，謊稱大埔其中一戶的房屋引發多起車禍、影響交通安全，因而無法原地保留」。詹順貴和李明芝在該文指責政府做成決策時，不顧行政一體的概念，違背最高行政首長的指示，「這兩年當中，我們多次呼籲苗栗縣政府與內政部正視前行政院長吳敦義的指示，也多次告訴政府保留大埔四戶房地的方式，但政府仍堅持其意，無視憲法第23條及行政程序法第7條比例原則的要求，甚至在101年3月27日擅自做成不利於大埔四戶的協商結論，當日筆者憤而離席」，他們強調，「101年7月24日召開的內政部都委會第784次會議……在楊重信委員質疑大埔四戶的處理方式違反吳敦義前院長的政策指示，本案應該保留及再討論大埔四戶的訴求時，主席簡太郎竟連表決都省略，還自作出無法原地保留大埔四戶房屋土地的結論」。

表1-1　苗栗大埔徵地案大事紀

時間	事件內容
2004年1月	內政部同意辦理新訂都市計畫，面積為362公頃。
2008年3月	內政部通過群創增地申請案，增加的5公頃24戶就是大埔的農地所有權人。
2009年4月14日	內政部的土地徵收審議委員會核准區段徵收計畫書。
2010年1月25	大埔案動工。
2010年6月8-9日	警力封路。苗栗縣府凌晨3時動用怪手，清除認定為占耕的稻田。
2010年7月17日	大埔自救會夜宿凱達格蘭大道抗議；公民組織團體「717凱道守夜行動」。
2010年7月19日	吳揆接見自救會代表，同意房屋與地基原地保留，農業耕地集中劃設。
2010年7月22日	吳揆率苗栗縣長劉政鴻舉行記者會提出「以地換地」方案，劉縣長公開道歉。
2010年8月3日	大埔徵地爭議中農戶之一朱姓老農的妻子喝農藥自殺。
2011年7月15日	內政部營建署以半版政策說明刊登在聯合報的標題「**發還大埔農地，少數爭端化解**」；半版刊登在自由時報的標題「**保護優良農地，否決灣寶開發**」。
2011年7月16日	「716農民重返凱道」。
2011年8月24日	馬英九總統與副總統蕭萬長、行政院長吳敦義、內政部長江宜樺在總統府召開記者會，宣布行政院版土地徵收條例修正草案，確定將徵收補償由現行的公告現值加成改為市價補償。
2012年7月24日	內政部的都市計畫委員會做出四戶不能原地保留的決議。
2013年6月11日	苗栗縣政府發函要求爭議四戶於7月5日拆遷房屋。
2013年7月13日	台中高等行政法院駁回大埔四戶聲請停止強制拆遷。 7月18日苗栗縣政府拆除大埔四戶。
2013年8月22日	行政院長江宜樺於院會提出四點回應。
2014年1月3日	高等行政法院更一審認定內政部審議程序違法，判決爭議的四戶勝訴，而同案提出告訴的二十人維持敗訴的原判。
2016年9月25日	行政院長林全在8月22日表示，只要法令可行，苗栗大埔張藥房朝重建方向進行之後，蔡英文總統回應反迫遷團體重返凱道，承諾張藥房原地重建。

資料來源：筆者自行整理。

　　隨著2014年6月的桃園「航空城反迫遷聯盟」和2016年8月的台南「反南鐵東移全線自救會」，都曾經要求依法舉行聽證會，但都沒有獲

得內政部的首肯。而在台南市都委會專案小組召集人的學者呼籲「以理性對話取代對立南鐵案才有解」（陳彥仲，2016/09/06），反南鐵東移全線自救聯合會會長譴責「南鐵案中的偽專業與假理性」（陳致曉，2016/09/08），以及「高雄果菜市場反不義徵收自救會」抗議2016年9月1日高雄市政府的強制拆除住宅，掀起第三次政黨輪替後的另一波高潮。這些因為地方政府徵收土地進行開發所衍生出的種種政策衝突，也在2016年9月25日匯合，由反迫遷連線、惜根台灣協會與台灣人權促進會等團體主辦、全台各縣市六十多個自救會共同參與「新政百日迫遷依舊，土地正義重返凱道」的抗議活動，蔡英文總統回應並承諾「重建張藥房」（范榮達，2016/09/27），這凸顯出無論是在農村或是都市，土地徵收都是當前不容忽視的重大政策議題，從「暫停爭議個案！成立專案小組！人權諮詢委員會，逐案解釋！」（中央社，2016/09/25）的口號可以得知，苗栗大埔徵地案及其後續發展並沒有結束，它仍舊處在醞釀能量的現在進行式當中。

第二節　跨科際的政策視野與Kingdon的多元流理論

當前國內學界人士對於土地政策的論述大多數來自地政、土地管理、或城鄉發展和城鄉環境學界，雖然不乏法學或政策研究專長的學界人士（陳明燦，2005，2013；徐世榮，2012，2013；施正鋒、徐世榮主編，2013），但相對少有來自財經或農業經濟學界的視野（于宗先、王金利，2001；林國慶，2013）、社會學界與民族研究或歷史學界（黃樹仁，2002，2015；瞿宛文，2015；薛化元，2015）、或甚至是來自新聞界人士的關注（胡慕情，2015）。對於可能涉及技術細節的區段徵收之討論（陳明燦，2013；鍾麗娜，2014），則除了官方出版品和學術研討會，以及特定學門的期刊論文與專書著作之外，國內相當缺乏跨科際的學術探討與政策對話。

　　例如對於法學界來說，林明鏘（2014: 84）認爲，區段徵收的法律問題包括：「效力」、「要件」、「收回權的要件」、「徵收目的」（「跟一般徵收相提並論是很矛盾的東西」），以及「徵收程序」（「多階段的行政程序……每一個階段都是個獨立行政處分的話，它的救濟會違反法律上一個基本的原則：一次糾爭、一次解決」）。他指出，「區段徵收的制度本身有沒有違憲？這個在國內討論的很少，因爲區段徵收本身經歷了不少民間抗爭，假如說人民有區段徵收的話，他會領到40%的土地的話，應該不會抗爭。……只是說它的比例及程度有些問題，因爲那個涉及到很大的價值問題：土地由低密度變成高密度使用，價值就是翻兩倍，所以價值一高，人民就在意這個。那它有沒有違憲？地主不用抗爭，他領回40%的土地，那爲什麼要把它認爲是違憲呢？」（林明鏘，2014：84）。

　　而農業經濟學界的觀點所重視的是所謂「農業多功能性的戰略」，林國慶（2013: 245-246）的農地政策合理化改革主張之一就是，政府應該逐步降低對農地持有的相關福利，以提升持有農地的機會成本。也就是不應該再對農地的不在地主和非農家地主提供休耕給付，而且鼓勵他們將農地出租作農業使用或是出售；同時也不應該對棄耕和休耕的不在地主和非農家地主，提供免徵地價稅和其他的租稅優惠，以鼓勵他們將農地做爲農業使用。而對於「如何調和農工爭地問題」，他認爲，「若是定位在非農業部門的產業發展需要部分農地的變更使用……我們可以同意，但若認爲經濟發展應該以工業發展爲重心……讓私部門的投資者自由決定在那裡設廠，不受保護優良農地與農業區的規範，我們不支持這樣的主張」（林國慶，2013：248）。

　　在地政和城鄉環境學界方面，對於大埔徵地案著力甚深的地政學者徐世榮（2010: 86）強調，「土地徵收的根本問題並不在於補償費是否吻合市價，……因爲土地還是被徵收了，……問題的關鍵乃是在於土地徵收有著非常嚴苛的前提要件，由於它的實施將嚴重的剝奪人民憲法上所保障的權利」；「許多園區或都市計畫區的開發，其眞正的目的並非是爲了工廠的興建或都市的建設，而是爲了園區及其周遭土地的炒作……而這也就是

工業區及都市計畫區內土地閒置率高，使用率低的根本原因」（徐世榮，2013：71）。[6]

此外，廖本全（2013: 160）則是指出，這個區段徵收案「其實是由苗栗縣政府圈圍新竹科學園區竹南基地周邊的土地，並將之劃設為都市計畫特定區，且因圈用了人民私有土地，故必須進行土地徵收（區段徵收）」；「環境正義的主張認為，工業資本主義的發展以及無止境的擴張，益加劇烈的擷取自然資源（開發土地、利用水資源）並製造廢棄物，致令整個社會的關係愈益脆弱……唯有社會公民環境意識的覺醒與積極的行動，直接挑戰威脅並對政府施壓，才有可能去除外部化的歧視與偏見，並確保弱勢群體的基本環境權利」（2013: 167）。

前述地政和城鄉環境學界人士所提出過政策層面兼具宏觀與微觀格局的視野，可以用以下的觀點做為總結。在宏觀層面上，李承嘉（2012: 263）認為，「社會價值或國家路線的選擇，本來應該由政黨的論述與競爭提供人民選擇，但是台灣的主要政黨都沒有盡到這一項義務。從開放黨禁到現在，政黨輪替已經成為常規，不過主要政黨在執政之後紛紛向資本家及財團靠攏」。[7]而鍾麗娜（2014: 141-142）在其區段徵收論的專書著作則針對利益團體與政商關係指出，「近年在區段徵收所謂『專案讓售』、『預售標』更是蔚成風潮下，形成以民間企業為主要行為者之抵價地式區段徵收。換言之，區段徵收制度之發展不僅緊扣著台灣的政經之發展脈絡，現行抵價地式區段徵收土地政策之實行，更已成為政府解決施政難題的萬靈丹，而非一謀求全民福祉的政策，及淪為國家機關與資本利益團體共同且汲取土地開發利得的工具」。此外，戴秀雄（2014: 95）也認

---

[6] 對於憲法上所保障人民的權利，徐世榮（2013: 76-77）曾經指出，國家因公用或因其他公益目的之必要，雖得依法徵收人民之財產（司法院釋字第516號、第652號解釋），但仍應符合憲法第23條規定之意旨。他更強調的是，土地徵收之立法，乃至法之運用或解釋，均應著眼在增進公共利益之徵收目的之外，亦有必要同時顧及保障人民財產權、生存權及工作權之內涵，意即應考量公益與私益之衡平，始能與憲法規定意旨相符（司法院釋字第409號）。

[7] 李承嘉（2012: 263）此處是引述澄社（2004）第八章的看法。

爲，「抵價地式區段徵收就跟重劃一樣，因爲土地做過交換分合，一旦執行抵價地式區段徵收，不只法定不可行使收回權，依目前大埔案裁判實務見解，事實上根本也沒有回復的可能性，成了一種具有事實上不可回復的徵收」。

甚至也有來自新聞工作者所提出的觀察和憂慮，彭顯鈞（2015/07/16）認爲，土地開發和其他政策議題本質上完全不同的是，「都市計畫完成開發後有『配餘地』，即土地開發後剩餘可建築用地，背後的利益驚人……都市計畫的背後，經常是政治利益交換的場域」。而在過去數十年來的政經社會發展過程，針對依附土地徵收或都市更新而產生的土地商品化之後遺症，崔慈悌（2015/07/16）也指出，因爲「政府財政問題嚴重，卻不敢對大型資本課予重稅，所需的建設經費只好從農地變更及以土地徵收爲本質的土地開發而來」。

無論是前述對政治的意識型態或是政商關係的互動，社會學者也提出跨科際研究途徑之觀點如下，「面對這台灣式現代生活與古老生產方式的強烈對比，城鄉的交錯與衝突，日復一日，身爲研究歷史與宏觀社會變遷的社會學者，苦惱與困惑帶來了問題意識……這問題意識促使作者除了本行的政治社會學外，也必須探索土地政策、都市發展、農業經濟等新領域。這幾個領域都與土地使用有密切相關。……但閱讀台灣學界在這些領域的研究出版……太多的研究是科系導向的，而非問題意識導向。學科分工阻絕了問題意識對現實的瞭解。……若要在社會科學裡尋求最能涵融不同學門的知識傳承，那無疑是習於歷史因果與比較分析，並觀文化與政治經濟，強調詮釋性瞭解的韋伯社會學」（黃樹仁，2002：43）。

對於前述學界人士無論是意識型態、社會運動、或是與法令修訂相關的政治經濟環境之論述，透過政策個案發展更全面清楚的描繪與瞭解，無疑是跨科際探討苗栗大埔徵地案的重要起點。就政策科學、特別是Kingdon（1984, 1995）多元流理論（multiple streams）而言，不只有助於吾人回歸到制度環境裡面所面對的政策價值衝突，透過運用公共政策的

專業和民主治理的契機，也得以重新思考並檢視大埔徵地案對於公共政策的個案啟示和理論回饋。

　　所謂多元流的理論概念是基於垃圾桶決策模式（Garbage Can Model）[8]，探討在混沌不明的政策系絡環境，對於不可知行動者所採取行動的組織抉擇（Pierre and Peters, 2005: 52; Mukherjee and Howlett, 2015: 66）。Cohen et al.（1972）三位學者認為，如此型態的組織抉擇出現在許多公共組織或是大學院校的教育機構內，「組織的決策通常是不同獨立流的結果或詮釋」[9]，而問題、解決方案（solutions）、參與者，以及抉擇機會（choice opportunities）彼此之間有時互不相干，有時匯合交會，其互動關係會決定社會矚目的政策議題，從而透過議程設定試圖解決受矚目的政策議題，端視四股力量的消長互動而定。

　　Kingdon（1984: 179）後來透過美國聯邦政府政策議程設定過程的實證研究，更進一步闡述政策的形成是問題流、政策流，以及政治流彼此互動的結果。他認為，政策視窗是政策方案倡議者促成偏好方案的出線，或是聚焦在其所關切政策問題的機會之窗（Kingdon, 2003: 165）；政策企業家需要機會之窗的開啟，透過民意調查和全國氛圍（national mood）影響到政策議程（2003: 146-149），進而將政策理念推上政府的議程並付諸於施行。[10]

---

[8] 他們提出的所謂「組織性的無秩序」（organized anarchies）有三個特質（Cohen et al., 1972: 1）：目標模糊、不一致且難以界定偏好（problematic preferences）；參與成員未能瞭解決策過程（unclear technology），以致於對於達成目標的手段與方法並不明確；以及參與決策成員流動性的參與（fluid participation）。Pierre and Peters（2005: 53-58）對「組織性的無秩序」三個特質也有很清楚的闡釋，他們特別指出，現代社會似乎有愈來愈多的政策參與並不是在輸入面，而是被導引到政府的產出面（more participation appears to be directed at the output side of government rather than at the input side）（2005: 58）。

[9] 原文譯自Cohen等人合著的期刊論文（1972: 2-3）如下："... a decision is an outcome or interpretation of several relatively independent streams within an organization."

[10] 根據Zahariadis（2003: 153; 2014: 31）所歸納出來多元流架構的結構要素包括：「問題流」的指標、焦點事件、回饋、負荷量；「政治流」的政黨意識型態、全國氛圍、利益平衡；「政策流」的價值可接受性、技術可行性、資源足夠性、網絡整

筆者以下依據Winkel and Leipold（2016: 114）歸納多元流理論的六個重點論述如下：問題流／政策流／政治流的三流；各流獨立；政策視窗（policy windows）；政策企業家（policy entrepreneurs）；政策企業家的能力；以及匯合交會（coupling）。

對於問題流來說，誰關注什麼和何時關注是非常重要的（Zahariadis, 1999: 75）；因為很多政策行動者在不同的時期參與程度也不同，這種或前或後、程度不一的流動性參與，隨著時間歲月的過去，政策的發展並不容易被社會大眾所注意或矚目。政治流的過程涉及到的是共識的建立，以及說服和擴散的長期過程（Kingdon, 1995: 159-162），許多專業論壇參與成員彼此間的爭辯、正反事實的陳述、或甚至是政策方案的利弊得失分析，其實往往都已經是行之有年。在多方政策參與者討價還價的互動過程內，任何一方忽視聯盟的建立，就必須在政治流裡面付出代價。由於參與者通常都會固守政策立場，並拒絕原則性的讓步，所以當機會視窗開啟時，變革的倡議者很難推動新的政策方案，而且敵對的陣營也會盡可能引介提出己方偏好的方案。所謂的政策流包括政策社群裡面贏取接受支持理念的「政策原湯」（policy primeval soup）（1995: 116-144），許多創新的想法在政策流裡面都有可能成為政策方案，這些想法來自逐漸形成的社會共識、民眾對於政策可能結果的瞭解，以及現有替選方案的重要性（1995: 139-143），最後端視「軟化調和」（softening up）（1995: 117）的長期過程而定，而這整個流程從浮動的理念開始，法案被引介進入，鏗鏘有力的演說，提案的草擬，乃至於回應行動的修訂，甚至再回到浮動理念的原點。

所謂政策視窗是方案倡議者趁勢提出自己偏好的解決方案之機會，或是借題發揮使自己的問題廣受矚目（Kingdon, 1995: 165）；政策視窗

合：「政策企業家」的部分有管道（access）、資源、策略，「政策視窗」包括的則是所謂的問題政治（problem politics）、匯合邏輯（coupling logic）、決策風格，以及制度環境。Zahariadis認為，政策流是透過政策企業家，再因為視窗的開啟進而與問題流和政策流匯聚在一起，從而形成最後的政策產出。

很少開啓，而且那扇門不會開很久的原因是政府必須處理很多議題，而只有在決策議程（decision agenda）上眞正備受重視的方案，才是可以立即送到立法部門審議，或是行政首長能夠直接頒布並付諸於施行（1995: 166）。由於議程本身受到問題流和政治流的影響比較多，而政策替選方案受到政策流的影響比較多；也因此，政黨輪替、行政首長和政治人物的更迭興替，就是最明顯的政策機會之窗的開啓。

所謂的「匯合交會」是指，政策流裡面替選方案從研擬、討論到修訂，是年復一年、日復一日的在公私部門多元的政策社群內各自正常運行，當重大的政治事件發生時，行政首長感受到強大的輿論指責，政治人物也承受利益團體遊說壓力，則原本就存在於政策社群內某個角落的解決方案此時如果需要，就能立刻派上用場（Kingdon, 1995: 172-173）。

此外，依據陳恆鈞、劉邵祥（2007: 6）對於「政策企業家」的詮釋，匯合交會是政策企業家運用技能與策略，促進政治菁英或政策制定者接受方案與問題之間的連結。值得重視的是Kingdon（2003: 204）所指出，公共政策過程當中的決策者並不必然會是政策企業家，它指的是那些願意投入資源以意圖獲取未來有利政策的人；他們可能是民選首長、政府官員、遊說團體、學者專家、或甚至是新聞記者。對於多元流理論有長期研究的Zahariadis（2015a: 467-469）將Kingdon政策企業家的概念更進一步釐清爲所謂的「國家領導人」（national leaders），制度性的角色與地位使得他們得以做出改變的承諾，而他們的聲譽讓他們可以比傳統的政策企業家擁有更高的合法化權威，同時可以運用匯合策略以規避可能會有的政治風險。這些領導統御的技藝包括：資源的交換、論述的雄辯，以及故事和意象的運用，在增加支持的同時，也減少反對他們偏好的解決方案。

基於以上所言，由於針對大埔徵地案進行跨科際的政策研究面向非常多元，筆者因而運用政策科學「非階段論」很重要的多元流途徑／架構（multiple streams approach/framework），期望對於「當行政遇到了民主」的政策治理場域進行更深刻的探討，提供給我國的政策實務界更具有

公民社會視野的分析案例，並有助於尋求治理和治理能力均衡的政策思考和理論學習。

第三節 研究目的與本書的章節安排

在本書的學術目的方面，筆者回顧傳統的政策理論文獻後固然認同，循序漸進與按部就班的理性決策性質是存在的，當公共政策的學術研究因爲階段論而有著起承轉合的理性決策性質時，社會大眾和輿論期盼按部就班的決策規劃制定執行，而政治人物也可以宣稱他們並沒有介入公共決策的制定或是政策的執行。然而，階段論的政策過程理論有時候並沒有辦法解釋在現實政治世界裡面所發生的事情，像是公共決策者的有限理性（bounded rationality），或是在政黨輪替後的有些政策缺乏延續性，最重要的是，所謂「階段論」的理論研究欠缺公共決策過程的宏觀視野（John, 1998: 36-37）。

由於Kingdon（1984, 1995）的研究個案訪談時間不只橫跨四年，而且還包括健康醫療（11個案，共133人）以及交通運輸（12個案，共114人）的不同政策議題，Kingdon運用歸納的方法探討議程設定和政策企業家對於政策方案抉擇的影響。依據他的理論，政策企業家透過指標和焦點事件的方式凸顯問題，運用政策視窗和匯流時機去推動各自偏好的政策方案。面對高度複雜性和政治性的決策環境，由於政府議程處於政治流或／與問題流匯流之內，每每可能受到重大事件或焦點事件的發生，經由新聞傳播媒體在短期間大篇幅密集的報導，不僅影響政府議程的設定，也影響到不同的政策企業家所提出或選擇的政策方案。

而與Kingdon不同的是，早在本書出版前三年，筆者在2013年就決定將苗栗大埔的區段徵收案做爲未來專書著作的研究主題。畢恆達（2005: 13）曾經指出，研究主題的選擇會受到研究目的之影響；對於筆者而

言，理論的選取和主題的採納，兩者之間並沒有很直接的時間先後順序。但比較明確的則是，筆者希望透過以證據做為基礎（evidence-based）的實證研究，拋磚引玉，嘗試提出能夠解決近年來愈來愈多爭議發生的農地區段徵收之政策衝突。而這也是筆者在學術目的上，所嘗試達成附加的實用目的（Maxwell, 1996: 15-16）[11]。

　　本書全文共有七章和附錄「研究設計的說明」，第一章是「緒論」，第二章是「多元流理論文獻的回顧與評述」，第三章是「苗栗大埔徵地案的過去與現在」，第四章是「碰撞與激盪」，第五章是「衝突與氛圍」，第六章是「交會與調和」，第七章是「結論：對於公共政策分析的啟發與影響」。有別於國內學者的經驗研究著作將「研究設計」列為專章，放在理論基礎和政策個案之後、各個分析篇章之前，為了不要影響分析論述在閱讀上的流暢性，筆者仿效Kingdon（1984, 1995）將對於研究方法和設計的說明放在本書最後的附錄。

---

[11] 為了避免出現「非絡化」（non-contextualization）的問題，筆者撰寫本書的心路歷程和個人目的，謹在此以頁底的註腳說明如下。筆者曾經在1997年9月就讀當時的國立中興大學公共政策研究所第三屆的博士班一個學期，當時筆者必修公共政策課程的授課老師柯三吉教授，所採用的英文學術著作之一就是John Kingdon在1995年再版的《議程，替代方案，公共政策》（Agendas, Alternatives, and Public Policies）。當時與同窗衛民分章研讀該書的時候就認為，該書作者極其宏觀的思維和視野，所呈現出來多元流面貌吻合真實政治世界的程度，讓當時在報社工作、又擔任過國會助理的筆者深感敬佩。

在筆者從2002年2月起任職於國立東華大學之後，從事公共政策分析課程的研究所教學，2015年9月起也開始大學部公共政策課程的教學工作，政策的「非階段論」一直都是筆者教學和研究的重點。2014年出版《誰說了算？從蘇花高到蘇花改政策變遷的倡議聯盟分析（1990-2014）》拙作後，筆者於2015年5月期間接到「倡議聯盟架構」（Advocacy Coalition Framework, ACF）主要原創者、已故的Sabatier教授所指導，目前任職於University of Colorado（Denver）的Weible教授之電子郵件，告知他得知筆者以倡議聯盟架構撰寫出版中文的專書著作。當時他擔任SSCI期刊、Policy Studies Journal的編輯。事後筆者在2016年初檢閱最新的研究文獻時，該刊在現任編輯Schlager的籌劃下，2016年2月以多元流途徑／架構（Multiple Streams Approach/Framework）為主題出版專刊，而這與筆者撰寫本書過程所進行的理論檢視和評述回饋也正好不謀而合。筆者在2016年6月10日到11日，參加由香港大學（Hong Kong University）舉辦的公共政策研討會期間，也與兩位教授及其研究團隊有過深入的對談。基於上種種因緣，筆者個人目的是希望以本書的付梓，做為印證二十年前求學心得和最近幾年所學所思之最後成果。

　　第一章「緒論」簡單敘述苗栗大埔徵地案的政策發展過程，以及多元流的視窗和政策企業家之理論視窗與發想連結，並概述本書採用的研究設計之後，筆者再陳述撰寫本書的學術目的和個人目的，並結束於本節對於本書各章節安排的說明。第二章「多元流理論文獻的回顧與評述」除了理論概念的詳加論述之外，也回顧1980年到2014年長達二十五年的討論與回饋，除了1980年代與1990年代學界人士對於議程的演進類型與研究命題，以及1990年代以來的研究成果和補充回饋，也特別闡述Zahariadis的長期耕耘和他的研究成果；此外，該章也沒有忽視2015年*European Journal of Political Research*專刊的架構與假設，以及2016年*Policy Studies Journal*專刊的歸納與啓發。第三章「苗栗大埔徵地案的過去與現在」基於「區段徵收」的法令規章、制度設計，以及政策實務，透過2010年之前的農業發展條例與土地徵收條例的來龍去脈之發展，鋪陳出啓動兩個回合多元流發展焦點事件：2010年「717凱道守夜行動」，以及2011年12月13日土地徵收條例修正案的通過；該章對於當時行政院長江宜樺於2013年8月22日所做出四點政策回應的宣示，以及截至2016年12月底的後續發展，也嘗試詳細的描繪出具體的圖像。

　　除了第四章「碰撞與激盪」的分析是基於內容分析法之外，深度訪談與焦點團體訪談是本書第五章「衝突與氛圍」和第六章「交會與調和」最重要的論據基礎。筆者最後在本書第七章「結論：對於公共政策分析的啓發與影響」，首先以宏觀的視野論述過去半個世紀以來，政策科學和行政革新在美國與英國的理論演進和實際發展，基於循證政策（evidence-based policy）的基礎，論述二十一世紀全球化年代對於當代政策科學在理論概念上的省思和啓發。其次，該章再依據各章節的分析結果，進一步回答本書所探討的研究問題，期望透過苗栗大埔徵地案的理論分析與經驗研究之探索，帶出民主治理應該結合「政策」與「管理」的最後結論。

第四節　研究方法與設計

　　本書的研究方法詳見本書附錄「研究設計的說明」，分別是：內容分析法、深度訪談法，以及焦點團體訪談，該附錄詳述系統化的搜尋分析資料之過程。其中有三點需要在此說明：第一，筆者在後續的章節裡面，凡是內容分析法所蒐集平面媒體的報社社論標題是用**粗體**的字體，而深度訪談和焦點團體訪談的內容則是用標楷體顯示。第二，內容分析法的信度與效度之檢驗，以及深度訪談的前測，都詳見於本書的附錄。第三，本節以下首先概述兩個研究問題的理論基礎，問題意識思考的追溯過程則見於本書最後的附錄，然後依序以表1-2「苗栗大埔徵地案報導強度計分法」、表1-3「研究對象一覽表」、表1-4「焦點團體訪談與多元流理論對照表」簡單說明依據研究時程所採用的研究方法。

　　由於對於本書兩個研究問題的發想是基於第二章「多元流理論文獻的回顧與評述」，該章最後一節在Zahariadis（2014: 31）的結構要素和Winkel and Leipold（2016: 114）的論述基礎上，筆者依據聚焦的三個理論要點[12]，所提出的研究問題如下：第一，誰有什麼價值理念，具備運用資源的技藝和意願，影響決策者的政策抉擇。第二，對於議程視窗與決策視窗的開啟及匯合，政策企業家在多元流的流動性參與過程，扮演何種交會與調和的角色。

　　首先，內容分析法所選取的素材相當多元，主要包括搜尋和「（區段）徵收」與「公共利益」相關的司法院大法官會議解釋之外，還有系統的蒐集大埔徵地案最初階段（2010/06/08-09/08），再將之分為6月8日至7月17日（61則），以及7月18日至9月8日（185則）兩個時期，中國時

---

[12] 基於本書第二章對於Kingdon多元流理論文獻的回顧與評述，筆者所歸納的三個理論要點包括：「是誰設定公共政策的議程，這賦予公民社會的民主治理什麼意義」；「不同政策企業家在不同階段的策略互動，對於政策理念的落實和替選方案的提出產生什麼影響，以及其限制的因素是什麼」；「多元流的匯合交會如何透過議程視窗和決策視窗，進而影響到政策的形成和決策的制定」。

報、自由時報、聯合報、蘋果日報等綜合性／全國性平面媒體報導；運用
「（區段）徵收」與「公共利益」的關鍵字進行查詢，檢索得到2010年6
月1日到2016年5月15日期間的行政法院判決。此外，筆者還透過不同平
面媒體的資料庫，使用「大埔」或／與「徵收」做為查詢關鍵字，蒐集
到2010年6月1日到2016年5月15日期間，財經平面媒體經濟日報和工商時
報的社論。此外，值得一提的是，筆者在第四章的分析裡面，還將所謂的
「報導強度」界定為照片的面積、文字字數，以及版次三者的得分總合。
簡言之，總和積分愈高者，則「報導強度」愈強。

表1-2　苗栗大埔徵地案報導強度計分法

項目	計分方式				
照片	$1\sim80cm^2$	$81\sim160cm^2$	$161\sim240cm^2$	$241\sim320cm^2$	$321cm^2$以上
A得分	4	6	8	10	12
文字	1~200字	201~400字	401~800字	800字以上	
B得分	2	3	4	5	
版次	A1版	A2~A3版	A4~A5版	A6~A7版	A8版以後
C得分	5	4	3	2	1
總分	照片得分（A）+文字得分（B）+版次得分（C）				

　　其次，隨著後續相關事件的演進，筆者嘗試再針對新的理論視野和政
策後續的動態發展，就先前受訪的人士和新增納入的人士進行深訪談，深
度訪談的題綱請見本書附錄的敘述。在2012年12月上旬到2013年2月下旬
筆者結束深度訪談的前測之後，2013年1月至2月當時接受筆者深度訪談
的人士共有五位。筆者後來在2016年初將魯炳炎（2012/11/09）研討會論
文的研究問題修訂為：「如何運用國家機關的能力，透過和社會團體互動
的過程建立政策的共識」，以及「如何進行議題管理，以影響政策執行的
效果」；而該次的深度訪談題綱則是：第一，行政院和苗栗縣政府應該如
何建立和公民組織團體之間的信任關係；第二，政府應該如何因應新聞媒

體的報導，強化政策執行的成效。

　　筆者重新啓動的深度訪談始於2016年1月下旬到5月下旬的期間，筆者與四位受訪人士進行前測之後，構思研究問題和確認訪談題綱，有賴於他們合計五次面談與電訪的回饋。2016年6月正式受訪的人士共有六位，除了再次受訪的曾任縣長之退休政務官、十七年平面媒體記者經歷的現職律師，以及地方民意代表之外，新增三位人士包括：政策專長的學界人士、二十年以上的資深法官、超過二十年立委資歷的前立法委員。筆者進行深度訪談的對象，如表1-3所示，訪談的題綱則詳見本書的附錄。

表1-3　研究對象一覽表

對象／研究設計	2013/1-2月	2016/6-7月	合計人數	說明
學者專家	1位（政策專長）	1位（政策專長）	2位	中外學者
社會團體組織人士	1位	0位	1位	文獻與焦點訪談人士
政府部門人士	2位	4位*	4位*（2+2）	行政／立法／司法都納入
其他人士	1位	1位*	1位*	多元身分
合計人數	5位	6位	8位*（5+3）	

說明：筆者兩次總共訪談8位人士，兩次都受訪人士的欄位會標示「」，影響到的是受訪人數之計算。

　　本書研究時程的最終階段止於筆者在2016年7月22日所舉辦一個場次的焦點團體訪談，希望透過面對面的討論和對話，藉著大埔徵地案檢視多元流理論及相關假設，期望能夠對我國公共政策理論發展有所啓發，同時也希望提供具體可行的政策建議，以解決各縣市政府徵收農業用地發展地方經濟的兩難局面。該場次邀訪會談的人士（依姓氏筆劃順序）包括：師大地理系教授李素馨；中研院政治所研究員吳重禮；政大地政系教授徐世榮；以及政大公行系教授蘇偉業。

　　筆者在焦點訪談的會前所寄發的資料除了本書書名與全書（當時預定的）目錄，以及第一章（當時尚未全部完成的）全文，還包括本書的研究問題和焦點訪談的題綱，Herweg et al.（2015: 436-446）和Zohlnhofer（2016: 90, 88-91）所提出的九個假設[13]，以及土地徵收條例的條文，詳見本書最後的附錄。由於應邀參與焦點訪談的學界人士之研究專長並不相同，為了更清楚的呈現出他們看法觀點與本書理論概念的連結，因此筆者將他們的發言要點和所論及多元流途徑／架構的重要概念連結起來，如表1-4所示。

表1-4　焦點團體訪談與多元流理論對照表

訪談人士／理論概念	問題流	政治流	政策流	政策企業家	匯合交會
李素馨		■*	■	■	■
吳重禮		■		■	■
徐世榮	■	■	■	■	
蘇偉業		■	■		■

* 說明：黑色方塊表示發言內容有論及該項理論概念。

---

[13] 由三位德國學者Herweg et al.（2015: 436-446）和Zohlnhofer（2016: 90, 88-91）所提出的九個假設，除了「問題流」只有一個假設，其他像是「政治流」、「政策流」、「議程視窗」、「決策視窗」則都各自提出兩個假設。詳見本書第二章「多元流理論文獻的回顧與評述」的第三節「2015年與2016年的理論發展」。

　　早在上個世紀中葉，Lasswell（1951: 3-15）就已經強調「政策導向」（policy orientation）必須要從「政策過程」和「政策內容」兩個面向探討社會議題，而對於政策科學的學術研究影響深遠的則是英國學者Parsons（1995: xvi）在回顧Lasswell（1956, 1970, 1971）的相關著作後，所歸納出來多元方法、跨科際、問題取向、重視政策過程的環境系絡、政策替選方案和政策結果，以及有助於社會民主化的知識整合與決策和公共選擇之分析等等所謂「政策導向」的特點。進入二十一世紀以來，deLeon and Martell（2006: 31-33）在論述公共政策階段論時，則是提出三個重點：問題導向（problem-oriented）、跨科際（multi-disciplinary），以及價值導向（value-oriented）。就價值導向而言，公共政策的理性和活動是為了改善世界而存在的，所以很難避免做價值的歸類（value classification）（Lasswell, 1948: 122）。也因此，Lasswell（1971: 13）指出，如何在「公民秩序」（civic order）的政策環境裡面制定決策，才是政策科學研究者應該要關心的研究焦點；而由於政策制定過分重視政治精英和行政官僚的專業意見，Lasswell因而反對寡頭政治（oligarchy）和官僚主義（bureaucratism），因為這樣會破壞以民主政治為核心的公民秩序。

　　事實上，當落實到研究與教學的場域時，很多公共政策學者探討政府決策過程採用的是階段論，就誠如Jones（1970: 13）所言，在每個決策階段裡面，其過程都可以被確認為各自功能可以達成政策的目標。這種隱喻式的政策分析透過階段論強調政策動態的影響力量，簡單的公共決策過程像是Nakamura and Smallwood（1980）所提出，相互影響、不

能偏廢的「政策形成」、「政策執行」、「政策評估」三個環節。Dye（2008: 32）將政策制定的過程分為「問題認定」、「議程設定」、「政策形成」、「政策合法化」、「政策執行」，以及「政策評估」等階段。此外，Wu et al.（2010: 7）與Mukheriee and Howlett（2015: 72）所歸納的政策過程則是包括：「議程設定」、「政策形成」、「決策」、「政策執行」，以及「政策評估」。[1]

　　由於循序漸進與按部就班的理性決策性質確實是存在的，然而無論是Teisman（2000）和Teisman and van Buuren（2003）所論及決策過程的階段（phases）、回合（rounds）、或是軌跡（tracks），還是Kingdon（1984, 1995）的多元流（streams），涉及到的除了公共層面的機構互動和個人隱而未現的互動（Collins, 2002: 14），也都試圖解釋並分析日益複雜、沒有一個人說了就算數，而且瞬息萬變、相互影響的決策作為和系絡環境（Bryson and Crosby, 1992; Kickert et al., 1997; 魯炳炎，2014）。當公共政策的學術研究因為階段論而有著起承轉合的理性決策性質時，社會大眾和輿論期盼按部就班的決策規劃制定執行，而政治人物也可以因而宣稱他們並沒有介入公共決策的制定或是政策的執行。但是，階段論的政策過程理論有時候並沒有辦法解釋在現實政治世界裡面所發生的事情，像是公共決策者的「有限理性」（bounded rationality），或是在遭遇政黨輪替時的有些政策缺乏延續性，最重要的是，階段論的理論研究欠缺公共決策過程的宏觀視野（John, 1998: 36-37）。

　　因此就如同Riker（1982: 210）所指出，「不均衡」在政治的場域裡面是一個常數（constant），則決策制定是Lindblom and Woodhouse

---

[1]　在其他歐洲和澳洲學者方面，Bridgman and Davis（2000: 27）提出符合澳洲國情的政策循環是從「確認議題」開始、「政策分析」、「政策工具」、「諮商」（consultation）、「協調」（coordination）、「決策」、「執行」，以及「評估」等八個階段。歐洲學者Knoepfel et al.（2007: 31-33）提出的「議程設定」、「政策形成」、「形成與政策方案採納」、「政策執行」，以及「政策評估」。簡言之，他們將所謂的「政策形成」（formulation）和「決策」（decision-making）視為重要的政策場域。

（1993: 11）所描述，一個沒有起點或終點、複雜互動的決策制定過程就並不令人感到意外。從這個角度來看階段論的公共決策相關理論的話，則非階段論將政策問題視為互賴的問題系統，無法分門別類、循序漸進的制定決策，甚或是解決亟需解決的重大政策議題，就有實際存在的價值。或許正因為如此，像Simon所提出引起矚目、探求和設計可能政策行動，以及選擇特定行動的三段式決策架構，就被Kingdon（2003: 3）歸納為「議程（agenda），方案（alternatives），抉擇（choice）」。由於決策者的有限決策理性，在面對政治體制或政策次級系統內部不同的參與機構和行動者，以及外部利害相關之個人、組織與團體的時候，隨著公共決策過程不同發展階段的進行，政策的結果也有可能因為行動者持續的策略互動而有所不同。

　　本章基於多元流理論概念的源起，在探討該架構／途徑之後，並檢視從1980年代以來的理論對話和修訂回饋，最後針對2015年和2016年多元流理論的重要篇章，探討相關的概念和假設。

第一節　多元流理論的概述

　　就字面上的意義來說，階段是phase或stage，過程是process，議程是agenda，而stream既不是過程，更不是議程。筆者依據丘昌泰（2008: 143-144）及陳恆鈞、劉邵祥（2007）的譯名，將stream譯為「流」，將multiple streams譯為「多元流」。[2]所謂多元流的理論概念是基於垃圾桶決策模式（Garbage Can Model），探討的是在混沌不明的政策系

---

[2]　事實上，歐美學界對於多元流的稱謂並不一致，例如Zahariadis（2007）和 Mukherjee and Howlett（2015）稱為「多元流架構」（Multiple Streams Framework, MSF），而Zahariadis（2014）、Cairneyand Jones（2016）與Zohlnhofer（2016）則稱之為「多元流途徑」（Multiple Streams Approach, MSA），然而這並沒有影響到彼此聚焦於相關理論概念的探討。

絡環境裡面，對於不可知行動者所採取行動的組織抉擇（Mukherjee and Howlett, 2015: 66）。這個由Cohen et. al.（1972）與March and Olsen（1979）所提出「組織性的無秩序」（organized anarchies）有三項特質（Cohen et al., 1972: 1）：目標模糊、不一致且難以界定偏好（problematic preferences）；參與成員未能瞭解決策過程（unclear technology），以致於對於達成目標的手段與方法並不明確；以及參與決策成員流動性的參與（fluid participation）。[3]

　　Cohen等三位學者強調，組織是「理念的鬆散組合，多過於前後一貫的結構；它透過行動去探索偏好，多過於它做為偏好的基礎」（1972: 1）。[4]他們認為，如此型態的組織抉擇出現在許多公共組織或是大學院校的教育機構內，「組織的決策通常是不同獨立流程的結果或是詮釋」[5]，而問題、解決方案（solutions）、參與者，以及抉擇機會（choice opportunities）彼此之間有時互不相干，有時匯合交會，其互動關係會決定社會矚目的政策議題，從而透過議程設定試圖解決受矚目的政策議題，端視四股力量的消長互動而定。

　　針對Cohen et al.（1972: 1-25）三位學者針對大學院校所提出的數理化模式，Kingdon（1984: 3）在《議程，方案，以及公共政策》（*Agenda, Alternatives, and Public Policies*）的經典著作裡，將議程設定定義如下：「政府官員在任何時間都必須正視的議題或問題」，他將政策變遷視之為持續進行，並將政策的形成視之為問題流、政策流，以及政治流彼此互動的結果。他的著作對於「是誰設定公共政策的議程」[6]和「政

---

[3] 有關垃圾桶決策模式所謂「組織性的無秩序」，亦可詳見Pierre and Peters（2005: 51-58）的闡述。

[4] 該段話的原文如下（Cohen et al., 1972: 1）："a loose collection of ideas rather than a coherent structure; it discovers preferences through action more than it acts of the basis of preference."

[5] 原文譯自Cohen等人合著的期刊論文（1972: 2-3）如下："... a decision is an outcome or interpretation of several relatively independent streams within an organization."

[6] 此處公共政策的議程就Kingdon （1984: 179）的定義而言，所謂的「決策議程」（decision agenda）是指，政府議程上準備好一項行動決策的清單上之議題（the list

策企業家的決策作為」有極其深入的研究。他特別強調的議程設定牽涉到幾項變數[7]：首先，自變數是限制政策理念發展的因素；其次，因變數是從觀念演變到提案的時間點；再者，所謂的干擾（intervening）變數是使得理念發展進入議程的情況，包括政策視窗（policy window）、政策企業家（policy entrepreneur）[8]以及外溢效果（spillovers）；最後，所謂前提式（antecedent）的變數則是對於政策問題和理念的理解。[9]

　　就其所探討的政策個案而言，和Cohen et al.（1972: 1-25）以公共組織、尤其是大學院校做為研究案例不同的是，Kingdon（2003: 231-244）研究個案訪談的時間橫跨1976-1979年，四年期間訪談的人數總共247人次，包括健康醫療（11個個案，共133人）與交通運輸（12個個案，共114人）。Kingdon（1984: 179）透過美國聯邦政府政策議程設定過程的實證研究指出，政策企業家需要機會之窗（windows of opportunity）的開啟，透過民意調查和全國氛圍（national mood）影響到政策議程（Kingdon, 2003: 146-149），進而將政策理念推上政府的議程並付諸於施行。

---

of subjects within the governmental agenda that are up for an active decision），而所謂「政府議程」（governmental agenda）則是較大範圍的包括正在引起關注矚目清單上的議題（the list of subjects that are getting attention）。

[7] 轉引自Greene（2005: 278）圖7-2的"The Agenda-Setting Process—The Kingdon Model"。包括：factors that constrain the development of policy ideas; the point where an idea becomes a proposed law; conditions that enable development ideas to enter the agenda; perceptions of policy problems, ideas, and reforms.

[8] 國內學者林水波與莊順博（2009: 2-3）將policy entrepreneur譯為「政策中人」，並將policy stream譯為「方案流」，而非一般譯名的「政策流」。筆者在本文依據丘昌泰（2008: 143-144）及陳恆鈞、劉邵祥（2007）的譯名，將policy entrepreneur譯為「政策企業家」。

[9] 截至2016年12月為止，筆者認為，對於Kingdon多元流架構最精簡的圖示是Jones et al.（2016: 15），不但顯示出重要變數之間的關係，圖內代表每個變數的方格也明確列出他們歸納整理出自原著最重要的構成要素；此外，Jones et al.（2016: 14-16）也以文字的概述簡介多元流的基本概念。

多元流架構／途徑之理論概念

對於多元流的理論，Winkel and Leipold（2016: 114）將其歸納爲六個重點：問題流／政策流／政治流的三流；各流獨立；政策視窗；政策企業家；政策企業家的能力；以及匯合交會。相對於Jones et al.（2016: 15）提出多元流途徑的簡圖而言，Winkel and Leipold（2016: 113-114）更重視的是匯合交會（coupling）、政策企業家的能力，以及論說策略（discursive strategies）；他們將三流視爲「論說型態」（discursive pattern）的不同，也更強調詮釋性的（interpretive）政策分析和政策論說分析（Winkel and Leipold, 2016: 113-116），而這些也都和政策企業家能力的運用和「順勢」（riding waves）的作爲有關。

對於問題流來說，誰關注什麼和何時關注是非常重要的（who pays attention to what and when is critical）（Zahariadis, 1999: 75）；因爲很多政策行動者在不同的時期參與程度也不同，這種或前或後、程度不一的流動性參與，隨著時間歲月的過去，政策的發展並不容易被社會大眾所注意或矚目。問題流包括決策者用來探詢狀況的焦點事件、指標、回饋、意象（image）、乃至於決策面對社會大眾所矚目困難政策議題多寡的所謂問題負荷量（problem load）（Zahariadis, 2003: 153-154）；簡言之，像是政府預算赤字、通貨膨脹、劇增的健康醫療成本，以及環境災難事件等等都屬於問題流。Jones et al.（2016: 15）的研究團隊特別強調的是，突如其來的重大焦點事件之影響所及，在短期間內會立即而明顯的受到社會輿情極高度的矚目，可能就此改變一般民眾對於政策問題的認知，甚至在政治流或政策流形成關鍵性左右結果的力量。

依據Herweg et al.（2015: 438）三位德國學者的詮釋，政治流包括全國氛圍（national mood）、政府以及利益團體。Kingdon（2011: 66, 147）所謂的全國氛圍是決策者所體認一切有關社會大眾對於特定政策的接受程度，也就是「國家裡面相當多的民眾正在想著相同的事情」（a rather large number of people out in the country are thinking along the common lines）（Kingdon, 2003: 146）。換言之，政黨的意識型態、民選政治人物感受到的民意走向與基層文官近距離貼近民意的全國氛圍，政黨輪替後所採納的政策不同或是政府重要人事的更迭、或是政府機構組織變革致使職權範圍（jurisdiction）有所調整從而影響到政策的產出，乃至於利益團體、政治動員、政治菁英行為的有組織之政治力量（organized political forces）（Kingdon, 1995: 146-153），都屬於政治流的範疇。

　　政治流的過程涉及到的是共識的建立（consensus building），以及說服和擴散（persuasion and diffusion）的長期過程（Kingdon, 1995: 159-162），許多專業論壇參與成員彼此間的爭辯、正反事實的陳述、或甚至是政策方案的利弊得失分析，其實往往都已經是行之有年。也就是說，要能夠得到行政部門採納方案付諸施行絕對不只是政治說服而已，而是決策者密切關注民意動向透過政策輸送滿足民眾需求以換取下次選舉的支持。正因為如此，在多方政策參與者討價還價的互動過程內，任何一方忽視聯盟的建立（coalition building），就必須在政治流裡面付出代價。由於參與者通常都會固守政策立場，並拒絕原則性的讓步，所以當機會視窗開啟時，變革的倡議者很難推動新的政策方案，而且敵對的陣營也會盡可能引介提出己方偏好的方案，Kingdon深度訪談受訪者的用語包括「加入賽局」（wanting to be in the game）、「加入協調」（trying to be dealt in）、「加入以避免為時太晚」（jumping on before it's too late）。透過介入多元而且分歧的利益，有時候共識的建立也可能很迅速，因為一旦某項議題的討論氛圍開始有所轉變時，所有的利害關係人深怕利益受損就可能蜂擁而上，傾巢而出倡導自己偏好的政策方案。

　　Kingdon（2003: 227）曾經說過，「每個流都有自己的生命，它們自我運行，不需要考慮其他流發生什麼事情」。[10]所謂的政策流包括政策社群裡面贏取接受支持理念的「政策原湯」（policy primeval soup）

---

[10] 該句話的原文如下（Kingdon, 2003: 227）："each of these streams has a life of its own, and runs along without a lot of regard to happenings in the other streams."

（Kingdon, 1995: 116-144），政策社群（policy communities）是由特定政策領域裡面的學者專家、研究人員、行政部門的政策規劃評估和預算審核人員、或甚至是國會議員的幕僚所組成，他們對於未來的大政方針有模擬的概念（vague notions of future directions），而且有非常具體的政策提案（Kingdon, 1995: 116）。許多創新的想法在政策流裡面都有可能成為政策方案，這些想法來自逐漸形成的社會共識、民眾對於政策可能結果的瞭解，以及現有替選方案的重要性（Kingdon, 1995: 139-143），最後端視「軟化調和」（softening up）（Kingdon, 1995: 117）的長期過程而定，而這整個流程從浮動的理念（floated ideas）開始，法案被引介進入，鏗鏘有力的演說，提案的草擬，乃至於回應行動的修訂，甚至再回到浮動理念的原點。

　　依據Kingdon（2003: 155-159）的看法，由憲法、法律，以及法令規章建構而成的職權範圍（jurisdiction），會影響到政策參與者彼此在設定議程時的最終決定權，特別是涉及到學者專家的政策領域，必須由專業所決定的議程就會受到本位主義的影響。[11]甚至可能發生在制定政策的過程當中造成政策分裂（policy fragmentation），使得左右手彼此扞格不入，都不知道對方在做什麼（Kingdon, 2003: 118-119）；換言之，部際或是府際之間，行政官員和專家幕僚因為擁有對於議程設定的影響，各自極力促成所偏好的政策方案，致使成決策的不穩定性也因而提高。

　　除了政策社群成員和多元流參與者的互動與較勁之外，對於方案之所以會被選取的標準，Kingdon（1995: 131-139）指出，由於決策者無法預知政策行動的所有後果，因此問題解決方案必需要有「技術上的可行性」（technical feasibility）；政策方案必須要符合專家社群的價值觀，而不同政策領域也可能會有不同的政治文化或主流意識型態，乃至於傳統倫理道德觀念或社會大眾普遍反對的理念，而這些都是「價值的可接受性」

---

[11] 該句話語出Allison（1971: 176）："Where you stand depends upon where you sit." 轉引自Kingdon （2003: 155）。

（value acceptability）之所以重要的原因。政策社群專家們的考量還有務實層面像是「資源的充足性」（resource adequacy），以及「網絡的整合」（network integration）（Jones et al., 2016: 15-16），乃至於民選行政首長在政治實務上所高度關切，「對於未來限制的預判」（anticipation of future constraints），包括：預算的限制、廣大群眾的默認（public acquiescence），以及專業族群（specialized public）的首肯。

　　所謂政策視窗是方案倡議者趁勢提出自己偏好的解決方案之機會，或是借題發揮使自己的問題廣受矚目（push attention to their special problems）（Kingdon, 1995: 165）；簡言之，打鐵就要趁熱（strike while the iron is hot）（1995: 170）。當計畫方案會定期更新或法律有規定必須定期檢討時，視窗的開啓固然是可以事前預料，然而多數的時候視窗開啓是不可預期的，這時候的政策企業家就必須方案在手，萬事俱備，以免機會之窗稍縱即逝。只有當政策社群對於問題確認並備妥方案，才有可能在適當的時機促成政策的改變。Kingdon（1995: 166）認爲，政策視窗很少開啓而且那扇門不會開很久（open infrequently and do not stay open long），原因之一是政府議程（government agenda）[12]必須處理很多議題，而眞正在決策議程（decision agenda）上備受重視的方案，才是可以立即送到立法部門審議，或是行政首長能夠直接頒布並付諸於施行。

　　簡言之，議程本身受到問題流和政治流的影響比較多，而政策替選方案（alternatives）受到政策流的影響比較多。

　　也因此，行政部門的興替（a change of administration）、國會席次的變化，以及政治人物的更迭是最明顯政策機會視窗的開啓。而視窗的關閉則各有不同的原因，例如：政策參與者雖然認爲已經透過決策或立法途徑解決該項問題，但事實上則不盡如意；參與者並沒有投入足夠的時間精力和其他政治資源；重大危機或焦點事件不再受到社會大眾矚目，或是新

---

[12] Cobb and Elder（1983: 85-87）認爲，政府議程指的是權威決策者高度關切、而且以具體政策行動去解決問題。

政府上台後與國會和社會各界之間的蜜月期結束；「鐵打的衙門，流水的官」，關鍵政府官員的上台和下台，可能開啟也可能關閉政策的機會視窗。此外，政策社群裡面贏取接受支持理念的「政策原湯」在政治流裡面的調和過程，不再有政策替選方案經過各方專業成員的研擬討論與修訂，當政策社群不再方案在手，萬事俱備的時候，機會之窗就會過門而不入（Kingdon, 1995: 169-170）。

匯合交會（coupling）在多元流理論占據重要的地位，值得特別進行解析說明。政策流裡面替選方案從研擬、討論到修訂是年復一年、日復一日的在公私部門多元的政策社群內各自正常運行，當重大的政治事件發生時，行政首長感受到強大的輿論指責，政治人物也承受利益團體遊說壓力，則原本就存在於政策社群內某個角落的解決方案此時如果需要，就能立刻派上用場（Kingdon, 1995: 172-173）。就此而言，解決方案隨著政策問題的突然爆發而順勢應運而生，政策提案連結著焦點事件，而替選方案隨即在決策議程上被引介進入趁勢改變原有的政策。也就是說，很可能政策問題是原來的問題，解決方案也是原來就有的方案，只是因為新的政治情勢（political situation）改變了政策議程，而政治流和問題流糾纏在一起的結果，則促使政治事件（political event）得以開啟一扇視窗（Kingdon, 1995: 174-175）。

政策企業家與機會之窗

對於所謂的政策企業家（policy entrepreneur），陳恆鈞、劉邵祥（2007: 6）的詮釋是，匯合交會是政策企業家運用技能與策略，促進政治菁英或政策制定者接受方案與問題之間的連結。值得重視的是Kingdon（2003: 204）所指出，公共政策過程當中的決策者並不必然會是政策企業家，它指的應該是那些願意投入資源以意圖獲取未來有利政策的人；他們可能是民選首長、政府官員、遊說團體、學者專家、或甚至是新聞記

者，其可能的多元動機則包括：對於特定問題的高度關切；追求自我利益，以擴增或保障科層官僚的預算或是政績；政策價值的提升；乃至於只是尋求參與決策過程的樂趣等等（Kingdon, 2003: 204-205）。

　　這樣的政策企業家會積極推動特定的問題進入政府的正式議程，或是尋求特定政策方案能夠脫穎而出，在政治系統內得到採納；而且在面臨到問題流、政策流，以及政治流的匯集狀況時，一旦政策視窗開啓，一個有技巧、而且堅持到底（persistent）的政策企業家就會借力使力，促成既有政策方案的出線被採納。Kingdon（1984: 179）透過美國聯邦政府「政府議程」設定過程的實證研究指出，他們需要「機會之窗」（windows of opportunity）[13]的開啓，透過民意調查和全國氛圍影響到政策議程（Kingdon, 2003: 146-149），進而將政策理念推上「政府議程」並付諸於施行。[14]

　　而就前述辨識機會之窗開啓的要點觀之，「機會是給準備好的人」，高居廟堂之上的政策企業家有能力在官僚體制之內整合出具有凝聚力的團隊，促成理念的付諸實現，並提出政策的替選方案，而其中的關鍵莫過於長期被學界人士所忽視「計畫精英」（programmatic elite）做為政策企業家的角色功能。法國學者Genieys and Smyrl（2008: 113-115）的解釋是，這些傳統被認爲是行政體制內一般政務計畫方案的制服組決策者和

---

[13] 對於政策的「機會之窗」，Tuohy（1999）在英國、美國和加拿大健康保險服務的比較研究裡面曾經指出，「機會之窗」對於決策者有兩點重要的啓發。第一，需要結構式或是制度性的改變（structural and institutional change），機會之窗開啓的可能性並不高；第二，決策者必須在機會之窗開啓之前，就已經早早準備好政策的替選方案（Tuohy, 1999: 263-264）。

[14] Pollitt（2008: 162-163）指出，辨識視窗或機會之窗開啓的要點有三個：首先，通常政治系統經常必須面對重大的威脅或是外部的壓力，而且它們可能是財政危機或科學技術和能力的提升。其次，必須已經存在對決策者來說並非全然陌生的替選方案。最後，無論是Tuohy（1999: 264）或是Kingdon（1995: 165）都曾經提到，「政治系統內必要的權威能否發起動員」（'can the necessary authority be mobilized within the political system'），這樣的權威如果不在，機會就可能消失；因此，對於尋求改變而且又需要外援的政治人物而言，最重要的莫過於整合出那樣的權威（assembling that authority）。

部門的精英（sectoral elite），他們在面對民選行政首長和政策資源限制以及自己本身認知和決策抉擇之間的關係時，雖然並無法自外於專家決策的技術官僚世界（"technical" world of expert decision-making），然而相對來說，國際政經形勢的衝擊和社會輿情的反對，卻也並不像吾人刻板印象當中那麼明顯的具有影響力。

第二節　1980年代以來的討論與回饋

從1980年代末期開始到1990年代，無論是Majone（1989: 2）、Hall（1993: 291-292）、Jenkins-Smith and Sabatier（1993: 44-45）、Zahariadis and Allen（1995），乃至於二十一世紀以來的Kettell and Cairney （2010: 301）、Cairney（2012: 182-187, 279），很多歐美學界人士將Kingdon的多元流架構／途徑視為與「理念」（ideas）有關的理論概念，其原因在於他基於垃圾桶決策模式所提出的理論可以用「普遍（適用）」（universal）的抽象概念而適用於絕大多數的個案研究。

英國學者John（2003: 487）將多元流途徑視之為綜合性（synthetic）的理論，並進而總結歸納出政策科學研究文獻裡面五個重要的元素是：「制度」（institutions）；「網絡」（networks）；「社經過程」（socio-economic process）；「抉擇」（choice）；以及「理念」（ideas）。此外，Cairney and Heikkila（2014: 375-376）則指出，多元流理論架構裡面的「行動者抉擇」、「制度」、「網絡」、「理念」、「（環境）系絡」（contexts）、「事件」（events）等等的概念，都對政策科學理論的建構和發展有重要的影響。簡言之，他們都同樣重視的有「理念」、「制度」，以及「網絡」，而其間的核心、相對在現實政治世界裡面也比較有運作空間的，則莫過於所謂的理念。

就此而言，由於Kingdon聚焦在如何使得「理念」成為解決問題的

政策方案（Cairney and Weible, 2015），因此雖然他只以美國在1976年到1979年期間的健康醫療政策和交通運輸政策做爲個案，而提出的概念和隱喻則和不同政策場域、甚至不同國家的不同政策案例分析都有共同的語言。這些在政策科學研究場域可以共通的理論概念包括：混沌不明（ambiguity），所以有很多方式可以形塑政策問題；競逐矚目（competition for attention），只有很少的問題能送達議程之上；不完美的選擇過程，新的訊息很難匯集並加以操作；行動者的時間有限，因此迫使民眾在本身偏好很清楚之前就必須要做出抉擇；以及決策過程既不是普遍理性（'comprehensively rational'），也不是線性的（linear）（Cairney and Jones, 2016: 37）。

　　早在Kingdon（1984）的經典著作出版之後，Durant and Diehl（1989: 196）就將政策替選方案具體的概念化成爲研究假設或理念組合（idea sets），這樣的理念組合有三項要素：中心概念（central concepts）；定理（axioms）；以及歸納的命題（deductive propositions），像是「如果怎樣，就會怎樣」（'if ... then' statement）。他們運用解析美國的外交政策總結指出，多元流架構「前決策的政策過程太過狹隘概念化」（too narrowly conceptualized）；他們的看法是，所謂前決策（pre-decision）的政策過程就是「替選方案的具體化」（alternative specification）（Durant and Diehl, 1989: 192）。

　　他們因而主張，吾人必須更重視政策方案被採納之前「調和軟化」（softening）過程的步調之快慢（pace）、持續與否（persistence），以及範圍的大小（scope）（Durant and Diehl, 1989: 192-193）。替選方案會隨著時間的改變，內容而有所差異，而這樣的差異可能進一步改變方案在取得議程地位、合法化、執行過程當中的政治動態（1989: 196）。根據Durant and Diehl（1989: 196）的看法，Kingdon議程設定的過程是以非漸進、間斷性的方式進行，備選的替代政策方案則通常是漸進調適過程的產物，但是就「替選方案的具體化」來說，Durant and Diehl（1989: 181）則認爲漸進式和非漸進式兩者兼而有之。

此外，在1990年代初期，Mucciaroni（1992: 463）則從多元流架構的變數關係指出，「自變數太粗略而且不夠明確」（too gross and encompassing），因此，政策問題和解決方案應該要加以更精細的歸類，以對應到相關的政治變數或制度變數。例如，什麼樣的問題可能和什麼樣的方案進行匯合，而什麼樣的政治情勢使得它們更可能被排進議程之上，研究的命題或假設如此一來就得以提出（1992: 464）。Mucciaroni（1992: 465）認為，對於「為什麼有些項目在某些時候能夠送達（或不能送達）到議程之上，而其他項目則不能」[15]，或者是「為什麼有些項目就是能夠送達（或就是不能送達）到議程之上」[16]，垃圾桶決策模式對於前者的回答優於對後者的回答，原因就在於Kingdon「現時的」（temporal）或「情境的」（situational）分析單位，Kingdon（1984: 93）將政治的運行理解為「政治氣候」（political climate），無論是民意的變動受到全國氛圍的影響、決策者偏好的改變、還是國會的政黨輪替和行政部門內閣的更迭、乃至於新的利益團體之崛起等等。簡言之，Kingdon將政治視為「流動、變化」（fluid, changeable）的觀點，使得他忽略了制度結構的重要性。

國家領導人透過政治氣候醞釀社會大眾的情緒

誠如Zahariadis（2014: 30）所詮釋的，政策方案本身是不是夠好（"good enough"），這並不是由政策企業家決定，而是由決策者所決定；問題和方案的連結以及最後的政治抉擇，可能會受到政治流和政策流於政府體制裡面的分殊化、乃至於政策視窗的類型之影響；政策企業家可以做的是，和決策者競逐對於符號標誌和象徵意義之話語權。也因此，

---

[15] 該句提問的原文如下（Mucciaroni, 1992: 465）："why do certain items reach (or fail to reach) the agenda at certain times but not at others?"

[16] 該句提問的原文如下（Mucciaroni, 1992: 465）："why do certain items reach (or fail to reach) the agenda ever or at all?"

Zahariadis（2003: 1）強調的是，「混沌不明是政治生活的事實，民眾並不知道他們要什麼」；「政策企業家理性追求自我的利益，將政策過程轉變成爲創建意義的活動」（Zahariadis, 2003: 163）。[17]從1990年迄今，Zahariadis長期以來對於多元流理論概念的辛勤耕耘，也不容忽視。檢視Zahariadis二十多年來對多元流途徑或架構的研究成果，可以分爲「混沌不明」（ambiguity）和「政治操控」（political manipulation）兩個理論概念。

在Sabatier and Weible（2014）所共同編纂第三版《政策過程理論》（*Theories of the Policy Process*）的專書，Zahariadis（2014: 28-29）提出三個重要的前提假設（assumption）如下：第一，個人的矚目是序列的，系統的矚目是平行的；第二，決策者的運作，是在時間的侷限之下；第三，系統內的多元流是各自獨立的。[18]他認爲，「混沌不明指的是，可以針對同樣的情況和現象想到很多的方法，這些方法未必能夠加以調和，所以就可能形成模糊、混亂，以及壓力」。[19]從這個角度來說，政治操縱有助於管理決策者所面臨政策環境內混沌不明、複雜的政策議題，混沌不明使得政策的詮釋出現裁量的空間，這對於政策過程不同環節因而產生不同的影響（Zahariadis, 2014: 29-30）。

他的著作將emotion（情緒）和mood（氛圍）視爲同義字並交互使用（Zahariadis, 2015a: 466），更加重視的是國家領導人在對全國氛圍感同

---

[17] 前兩句話是Zahariadis（2003: 1）專書開宗明義的前兩句話，原文如下："Ambiguity is a fact of political life. People do not know what they want." 而後者則是他在同書最後一章的結論之一，原文是："The rational pursuit of self-interest by policy entrepreneurs transforms policy process into a meaning-generating activity."（Zahariadis, 2003: 163）同樣認爲民眾並不瞭解自己真正的偏好，March（1997: 23）強調的是，決策因而應該從「意義」（meaning）的層面，而不是「行動」（action）的層面去理解。

[18] 這三個前提的原文如下（Zahariadis, 2014: 28-29）："Individual attention or processing is serial; systemic attention or processing is parallel. Policymakers operate under significant time constraints. The streams flowing though the system are independent."

[19] 依據Zahariadis（1999: 74）的原文是："Ambiguity refers to a state of having many ways of thinking about the same circumstances or phenomena. These ways may not be reconciliable and thus may create vagueness, confusion, and stress."

身受之餘，還能夠善加運用成為匯合交會的策略，以扼阻政策的改變；而這樣的力量雖然在短期間會經由社會情緒的攪動，從而有利於聯盟的建立，但卻可能在長期間重新形塑、甚至使得政治支持進而被減弱（2015a: 467）。就政治流裡面的所謂全國氛圍（national mood），他所提出領導統御（leadership）和情緒特質效果（emotional endowment effects）的觀點如下：領導者影響決策，並不只是善用現有的全國氛圍，同時也透過最便捷的政治方式形塑出當下的氛圍。

簡言之，Zahariadis（2015a: 477）認為，「增強恐懼就能有效扼阻政策改變」（raising fear can effectively block policy change）；而當「情緒的強度愈高，改變政策所需要攪動付出的政治成本就愈高」，因此當「領導人愈想以政治氣候醞釀出（社會大眾的）情緒，他們的匯合策略就愈可能成功，但是他們事後嘗試改變的限制也會愈大」。

而Zahariadis（2015a: 469-470）所提出「情緒特質效果」（emotional endowment effect）的兩個假設如下。假設一：「相對於所引發的正面情緒而言，新事件所引發情緒恐懼的負面效果比較大」；假設二：「廣受關注矚目高強度而且持久的恐懼、任務的不熟悉性和複雜性，以及不一致的偏好，有助於影響使政策比較不容易發生改變的匯合」。[20]

第三節　2015年與2016年的理論發展

從1990年代以來有系統的研究成果彼為豐富多元，以下筆者針對2015年*European Journal of Political Research*和2016年*Policy Studies*

---

[20] 這兩個假設的原文如下（Zahariadis, 2015a: 469-470）："H1: Novel events that evoke negative (fear) have greater inertia than those evoking positive emotions. H2: More intense and longer-lasting fear under high salience, task unfamiliarity and complexity, and inconsistent preferences encourage affect-congruent coupling, making policy less likely to change."

*Journal*的專刊，就多元流理論概念的補充、回饋、修訂，乃至於相關假設的提出進行論述如下。

2015年*European Journal of Political Research*專刊的架構與假設

　　從2013年以來，歐美學界對多元流理論的研究愈來愈熱烈，例如2013年美國公共行政學會（American Society for Public Administration, ASPA）的年會研討會（Annual Meeting, Panel 25-6），以及歐洲政治學會（European Consortium for Political Research, ECPR）的聯合會議工作坊（Joint Sessions of Workshops, Workshop 7），乃至於2015年兩年舉辦一次的公共政策國際研討會（International Conference on Public Policy, ICPP）（Panels T01P09與T01P10），以及HKU-USC-IPPA Conference on Public Policy首次在美國境外，由香港大學所舉辦第一屆區域公共政策研討會[21]，對於多元流理論的回饋和省思都有不容忽視的貢獻。2015年*European Journal of Political Research*的專刊，匯集2013年3月在德國美因茲（Mainz）所舉辦ECPR會議所發表的論文，該次工作坊的研究主題是「混沌不明與時間限制下的決策：多元流途徑的檢視」（Decision Making under Ambiguity and Time Constraints: Assessing the Multiple Streams Approach）。

　　回顧Kingdon（1984, 1995）專書著作出版後二十多年的文獻，政策議題的探討範疇廣泛，不僅發生在內閣制的國家，也有發生在半總統制的國家，二十一世紀之後還有愈來愈多的歐洲學者運用多元流理論探討歐盟

---

[21] 在該次「第一屆區域公共政策研討會」（The First Regional Conference on Public Policy）的國際會議（2016年6月10日到11日），美國公共政策知名學者、德州大學奧斯汀分校Brian Jones教授，在一個小時「日益複雜世界裡面的公共政策與人性本質」（Public Policy and Human Nature in an Increasingly Complex World）的專題演講裡面，他有系統的檢視了包括多元流和其他重要的公共政策理論。筆者當時全程參與兩天研討會所有場次的論文發表，包括現場聆聽這場重要的學術演說。

的政策議題，開發中國家的相關研究相對而言反而比較少見（Zohlnhofer et al., 2015: 414）。John （2003）和Nowlin（2011）曾經針對其他不同的研究途徑與多元流架構進行比較研究，固然是各有優劣，但是就更宏觀的學術視野來看，筆者向來重視「人」和「時間」對於政策科學的影響。也因此，該期專刊對於本書而言有三個重點：「問題掮客」；「領導統御與情緒特質效果（emotion endowment effect）對於全國氛圍的營造」；以及「多元流與政策過程的連結與假設的提出」。

問題掮客與其政治影響力的資源運用

Knaggard（2015: 451）將公共問題界定為需要採取政治行動的問題，但由於問題的複雜性與互賴性，不同行動者所界定出來的問題本質並不一定相同，「問題出現在前」、「解決方案提出於後」，在現實的政治世界也不必然是依序發生，也未必能夠完全切割成為兩個不同階段進行分析。當特定的政策替選方案嘗試一次就解決多元面向的問題時，此時Kingdon所重視政策企業家扮演極其重要的角色；然而與Kingdon不同的是，Knaggard（2015: 451-452）更強調的是所謂「問題掮客」（problem broker）對於政策問題界定的形塑能力，以及影響決策者針對公共問題所採取的對策。

除了「問題的仲介因此是一種策略性的作為」（problem brokering is thereby a strategic act）（2015: 452），對於多元流理論的意義而言，問題掮客出現在問題流的政策過程除了界定問題之外，也可能同時在匯合政策替選方案時扮演政策企業家促成方案抉擇的角色。Knaggard（2015: 454）認為，「形塑」（framing）分為個人（individual）的認知層次，以及總合（aggregated）的影響兩個層次；前者涉及個人對政策問題的感受，後者則著重傳播媒體的形塑角色如何影響社會大眾對問題的認知，或是不同行動者共同形塑出來的政策問題，會如何影響議程設定和決策

制定（Baumgartner and Mahoney, 2008; Kangas et al., 2014; Wolfe et al., 2013）。

情緒特質效果對於全國氛圍的營造

　　問題流裡面的問題掮客彼此競爭的本質，正如同Bosso（1994: 192）所指出，整個問題界定的過程其實也涉及到政治流盤根錯節的系絡環境，政治菁英、利益團體、乃至於新聞媒體都不能置身事外，也無法單方面為所欲為。Zahariadis（2015）所提出領導統御與情緒特質效果（emotion endowment effect），其實也和前述問題掮客在某些政策系絡環境內的全國氛圍有關。當決策者對方案的偏好並不一致，而且又受到外在焦點事件的影響時，政策企業家願意投注時間、精力、資源在多元流匯合，從而有助於自己所偏好解決方案給決策者採納。

　　然而，Kingdon這種政策企業家的概念仍然不能清楚解釋一個問題，那就是：「為什麼國家領導人能夠有效建立起在政治上的聯盟，成功的動員起廣泛的社會支持基礎」。Zahariadis（2015a: 467-469）將Kingdon政策企業家的概念更進一步釐清為所謂的「國家領導人」（national leaders），制度性的角色與地位使得他們得以做出改變的承諾，而他們的聲譽讓他們可以比傳統的政策企業家擁有更高的合法化權威，同時可以運用匯合策略以規避可能會有的政治風險。這些領導統御的技藝包括：資源的交換、論述的雄辯，以及故事和意象的運用，在增加支持的同時，也減少反對他們偏好的解決方案。

　　就此而言，政治領袖或國家領導人藉著氛圍的形塑建立起來的聯盟，固然足以改變多元流匯合的策略，但對於「什麼樣的因素能夠解釋此等情緒特質效果得以持續」（what factors explain the persistence of emotion），Zahariadis（2015a: 469-472）提出兩個假設：「新奇的事件」（novelty of events）和「適合一致的策略」（congruence strategies）；前者解釋了為什麼社會情緒的氛圍雖然持續下去，但是政策方案卻並沒有因此而有所改變；而後者解釋的則是，這樣的情況會在什麼時候發生。

首先，當威脅愈大，被體認到的可能損失愈大，則恐懼和不安全感的強度就愈強；也因此，負面的訊息和情緒被釋放出來愈多就愈可能觸發衝突對立的回應。而當愈來愈多民眾受到社會情緒氛圍的影響時，他們就愈有可能尋求並過濾出和他們情緒一致的相關資訊，這可能促使引導找到更多讓他們感受到威脅的證據，然後更進一步使得他們有更高的不安全感。就Kingdon全國氛圍的觀點而言，這樣就可能讓民眾更接受、或是反而限制他們在政治流裡面接受特定的政策方案，如此的惡性循環更加速促成對立的行動（confrontation action）。

其次，或許因為在政治流裡面對於社會氛圍的操弄得以促成大眾的矚目，以及重新界定政策問題的優先次序，受到此等情緒影響並選擇性汲取負面資訊的民眾，遠比情緒中性（emotion-neutral）的民眾要來得更多。最新、而且廣受矚目重大事件的發生可能會打斷原先決策者和社會大眾正在評估所能形成的威脅，面臨模糊和不確定性的此時，更多的政策論辯也會引起民眾對相同情勢的不同解讀產生更多的疑慮，而瀰漫社會的恐懼也因而會一直延續下去。此時，國家領導人就可以透過全國性氛圍的運作和適合策略的採納，以提高成功匯合多元流的可能性。換言之，當新的焦點事件發生，針對某個迫切需要解決的問題而開啟一道政策視窗時，情緒特質效果的概念對於多元流理論的啟示，就在於能夠營造出恐懼的氛圍，政治人物在當下短期間所支持的政策，也同時限制了決策者即使後來面對更大損失時，選擇其他政策方案的彈性。

多元流與政策過程的連結與假設之提出

除了前述問題掮客和社會情緒對全國氛圍營造的影響之外，Herweg

et al.（2015: 448）海德堡大學政治學系的三位學者指出，他們可以接受將民意調查的結果做爲替代瞭解全國氛圍的實證研究，但他們強調，1970年代後，當Kingdon進行大規模深度訪談的時候，當時美國兩黨政治的發展和政黨選舉的策略就已經很懂得有系統的操作運用民調數據的結果。也因此，對於問題掮客和政策企業家的策略性作爲，他們認爲就有必要輔以其他的研究文獻和文件檔案，才能夠更清楚的描繪出決策者在特定政策情境下的看法和意見。而基於他們對於德國政府勞動政策相關替選方案複雜性的實證研究，Herweg et al.（2015: 442）將可行的政策替選方案（viable policy alternative）界定爲：「整個（方案）被政黨採納」（adopted by a political party as a whole），無論其方式是黨代表大會通過、明列在政黨的黨綱、或是政黨最後的決定。

　　儘管Herweg et al.（2015: 445）嘗試將多元流的理論架構連結到政策階段式發展的過程，但是與Zahariadis（2003: 153）基於混沌不明和政策抉擇所提出「問題視窗」和「政治視窗」不同的是，Herweg et al.（2015: 445）更強調政策或政治企業家將政策議題納入「議程視窗」和「決策視窗」的角色功能。[22]依據Herweg et al.（2015: 445）所修訂的架構，問題流和政治流同樣進入到議程視窗（agenda window）之後，再結合政策企業家所推動政策流的提案，然後進入第二回合的政策流，所制定出來最後的政策方案經過下一回合的決策視窗（decision window），還必須再與第二回合的問題流和政治流匯合，在政治企業家的居間運作和借力使力之下進入第二回合的決策視窗，形成具體的政策方案和計畫措施，再經過立法部門的審議並完成政策合法化，才能夠獲致最後的產出。[23]

---

[22] 雖然都同樣重視政策企業家推動議程的貢獻，但是，美裔的希臘學者Zahariadis（2003: 153）認爲，問題流單獨開啓了問題視窗（problem window），政治流單獨開啓了政治視窗（politics window），而政策流則必須透過政策企業家發揮功能，再進而匯合三個分流後才會得到政策產出。

[23] 根據Herweg et al.（2015: 444-446）的構想，政策流裡面的政策企業家如果能善用問題流和政治流匯流後所形成議程視窗的機會，將原本可能只是坐而言，不是起而行的政府議程，發揮臨門一腳的功能，直接推動進入決策的議程之上。進入到第二回合之後，問題流（如果還有的話）和政治流有可能因爲政治企業家的努力以赴，進

換言之，不同於Zahariadis（2003: 153）的問題流和政治流是相互獨立進行各自的視窗，Herweg et al.（2015: 445）則是問題流和政治流匯流之後，再進入議程視窗。議程視窗的開啓是因為問題流或政治流的改變，而決策視窗的開啓則是經過議程的匯合後，政策流裡面的提案正式取得進入議程的地位（Herweg et al., 2015: 444-445）。

2016年*Policy Studies Journal*專刊的歸納與啓發

在2016年2月，*Policy Studies Journal*多元流專刊裡面，除了有針對2000年到2013年重要研究文獻進行內容分析，以及有系統的提出多元流的假設，對於多元流過去三十多年來的理論研究，歐美學者在歸納整理和概念啓發兩個方面，做出了重要的貢獻。2016年2月的*Policy Studies Journal*專刊有兩篇文章提出理論假設，Zahariadis and Exadaktylos（2016: 59-82）提出的多元流假設是從混沌不明、衝突不斷、危機發生的角度，探討「政策成功，計畫失敗」（policies that succeed and programs that fail）。他們認為，Kingodn所謂政策企業家對於匯合交會的努力，並不只在於政策的形成制定之階段，也同時會發生在付諸執行的階段。「企業家精神的策略」（entrepreneurial strategies），以及「政策成功，計畫失敗的執行失靈」（implementation failure），是他們最主要的論述。

針對希臘高等教育政策的實證研究，Zahariadis and Exadaktylos（2016: 64）因而提出：在什麼狀況之下，執行匯合交會策略的抗拒能夠成功的假設是，「當政治影響到現狀的維持，則成功的議題連結和形塑之企業家策略、附加的代價，以及制度規則的操控，就愈可能在危機、中央

而在決策視窗開啓時制定政策並通過政策的合法化；而第二回合也有可能會有政策替選方案在制定後就因為決策視窗的開啓，也同樣形成政策並通過合法化的過程，得到最後的政策產出。

壟斷,以及首尾不一貫的政治傳播之狀況下,進而使得執行失敗」。[24]

兩位作者認為,之所以會產生「政策成功,計畫失敗」的狀況,是因為希臘高等教育政策場域沒有成功匯合、連結起政策問題和解決方案,從而使得在政治流的支持力量變弱,而公平和效率在政策流也沒有達到應該看到的成效。他們因而將所謂的「執行失靈」定義為:「在法定的時間框架內,欠缺能力和意願將法令的精神付諸於施行」(Zahariadis and Exadaktylos, 2016: 59)。[25]

2016年2月*Policy Studies Journal*專刊另一篇文章作者是Herweg et al.(2015)三位作者之一,Zohlnhofer(2016: 86-91)將多元流途徑適用到歐洲內閣制國家的決策階段之場域,他提出的問題流、政治流、政策流、議程視窗、決策視窗總共五大類的九個假設(Zohlnhofer, 2016: 90),仍是延用三位德國學者Herweg et al.(2015: 436-446)的假設。三位德國學者Herweg et al.(2015: 436-446)與Zohlnhofer(2016: 90, 88-91)提出的九個假設,除了問題流只有一個假設,其他則都各自提出兩個假設。

與多元流相關的假設共有五個。[26]「問題流假設1」:決策者的選舉連任愈有危機,就愈可能在問題流裡面開啟一扇政策視窗。「政治流假設2」:政黨愈偏好某個政策方案,無論是(A)在他們自己的議題領域,或(B)受到選民的歡迎,還是(C)強有力的利益團體不會在選舉時進行反輔選。「政治流假設3」:當執政黨體認到某個處理問題的政策方案

---

[24] Zahariadis and Exadaktylos(2016: 64)所提出假設的原文如下:"When policies adversely affect the status quo, successful entrepreneurial strategies of issue-linkage and framing, side payments, and institutional rule manipulation are more likely to lead to implementation failure under conditions of crisis, centralized- monopoly, and inconsistent political communication."

[25] 該定義的原文如下:"We define failure as inability or unwillingness to execute the law in letter or spirit within the legally prescribed time frame."

[26] 這五個和問題流、政治流、政策流相關的假設之原文請參閱Herweg et al.(2015: 437, 441-442)。

之持續存在，會危及他們選舉的連任，就愈有可能偏好某個不受大眾歡迎的政策方案，或是偏好不利於利益團體追求的方案。「政策流假設4」：政策方案愈可能被特定政黨所採納，如果是連結到基本的政黨意識型態，或它們和廣為人知核心位置有相關。「政策流假設5」：如果政策方案不能符合抉擇的標準，則獲得議程地位進而匯合各分流的可能性就會嚴重的降低。

　　除了前述三流的假設之外，與視窗相關的假設共有四個。[27]「議程視窗假設6」：當政策視窗開啟、各分流的發展成熟、或政策企業家推動議程的變更，則議程的改變就愈有可能發生。「議程視窗假設7」：在政策視窗開啟的期間，政策企業家愈成功的匯合多元流，就愈能夠擁有愈多上達天聽給核心決策者的管道。此外，「決策視窗假設8」：政策的採納變得愈有可能，如果（A）在政府裡面推動該方案的政治企業家是民選出身；（B）執政黨或治理聯盟偏好的方案，並不會受到其他否決行動者的扼阻；（C）不同政黨所偏好不盡相同可行的政策替選方案，可以整合成一個各方不會反對的包裹方案；（D）選民對於方案所要解決的問題都非常的重視。「決策視窗假設9」：如果（A）執政黨之外的行動者擁有否決的權力，以及（B）強有力的利益團體反對原始的方案內容，則最後被採納的方案和原先最早的提案就會大不相同。

　　筆者認為，德國海德堡大學政治系教授Zohlnhofer（2016: 104）最重要的貢獻在於，他對於政治流要到什麼時候才可以被視為「成熟」（ripe）的界定論述，直接否定了他和另兩位同僚所合著Herweg et al.（2015）的看法。針對德國勞動市場改革的政策個案所得到的啟發是，在議程設定的階段，政治流的成熟與否並不在於是否在國會擁有需要的多數決席次，政治企業家[28]很可能沒有能力在國會促成政策提案多數通

---

27 這四個和議程視窗與決策視窗相關的假設之原文請參閱Herweg et al.（2015: 443, 446）。

28 和Kingdon觀點不同的是，Herweg et al.（2015: 445-446）更加重視政府部門內部，特別是民選出來的政治人物，也就是所謂的「政治企業家」（political

過，並進而排定到議程之上。重要的反而是，必須要有關鍵性的政治行動者（key political actors）因為體認到要解決一個重大議題，從而對某個政策提案產生興趣。雖然Zohlnhofer（2016: 104）並沒有提出「成熟的」政治流所應該要具備的特徵，但是他認為，Herweg et al.（2015）對於政治流的操作型定義太過於狹隘（too strict）[29]；對於在政黨凝聚力（party cohesion）和聯盟治理（coalition governance）的整合過程，關鍵性的政治行動者所擁有舉足輕重的地位，才會是政治流是否成熟的重要特徵之一。

第四節　小結

　　綜合本章以上所言，雖然從理論概念的源起闡釋與擴充增補的發展過程仍然在持續進行當中，多元流的基礎理論仍然沒有超脫出Kingdon（2003: 2-3）所化約而成的「議程設定」、「政策方案制定」、「特定政策方案的權威抉擇」（authoritative choice），以及「決策執行」。對於筆者而言，無論是Durant and Diehl（1989: 196）所指出，Kingdon議程設定的過程是以非漸進、間斷性的方式進行，備選的替代政策方案則通常是漸進調適過程的產物，但是就「替選方案的具體化」來說，Durant and Diehl（1989: 181）就認為，漸進式和非漸進式兩者其實是兼而有之；Mucciaroni（1992: 465）也提醒，Kingdon將政治視為「流動、變化」（fluid, changeable）的觀點，使得他忽略了制度結構的重要性。有鑒於此，筆者基於我國土地徵收政策的相關法令規範，將以專章論述並分

---

entrepreneurs），才是擁有法定權威並得以選擇最有利時機，針對各分流匯合時所開啟決策視窗，只要各方偏好的方案不是彼此互斥，就可以設計並運用「包裹交易」（package deals）、面對否決行動者（veto voters）或強有力利益團體反對的「以退為進」（concessions），以及「策略操作」（manipulation strategies），成功的促成政策方案最後被採納。

[29] 這裡所謂政治流的操作型定義是指Herweg et al.（2015: 438-441）政治流的假設2和假設3。

析政策企業家在大埔徵地案過程當中的流動性參與，以及他們對於「以地換地方案」與「抵價地式」區段徵收方案的想法與意見。

　　此外，無論是Zahariadis（2015a: 469-472）所提出「新奇的事件」（為什麼社會情緒的氛圍雖然持續下去，但是政策方案卻並沒有因此而有所改變），以及「適合一致的策略」（這樣的情況會在什麼時候發生）兩個假設，以及Zahariadis（2015b）所強調「政治操控」（political manipulation）本質的重要性；抑或是Herweg et al.（2015: 436-446）和Zohlnhofer（2016: 90, 88-91）所提出具有宏觀政治視野的九個假設，特別是Herweg et al.（2015: 445）所認為問題流和政治流匯流後再進入議程視窗，明顯不同於Zahariadis（2003: 153）問題流和政治流是相互獨立開啟各自視窗的觀點；而且議程視窗的開啟是因為問題流或政治流的改變，決策視窗的開啟則是經過議程的匯合後，政策流裡面的提案正式取得進入議程的地位（Herweg et al., 2015: 444-445）。而本書對於議程設定重要性的正視，也將透過對公共利益價值衝突過程的呈現，探討「問題視窗」和「政策視窗」的開啟，如何進一步啟動第二回合的多元流。

　　綜合本章前述理論概念的簡介與回饋，基於本書第一章所引用Zahariadis（2014: 31）的結構要素與Winkel and Leipold（2016: 114）的論述重點，筆者將大埔徵地案的理論分析聚焦在以下三點：

　　第一，是誰設定公共政策的議程，這賦予公民社會的民主治理什麼意義；

　　第二，不同政策企業家在不同階段的策略互動，對於政策理念的落實和替選方案的提出產生什麼影響，以及其限制的因素是什麼；

　　第三，多元流的匯合交會如何透過議程視窗和決策視窗，進而影響到政策的形成和決策的制定。

第 三 章　苗栗大埔徵地案的過去與現在

　　所謂的「苗栗大埔徵地案」，如果參照內政部營建署新聞稿（2010/08/12），是指苗栗縣政府所辦理的「『（擬定）新竹科學園區竹南基地暨周邊地區特定區計畫』區段徵收爭議案」；而依據監察院調查報告（2010：1），指的是苗栗縣政府所辦理之「『（擴大）新竹科學園區竹南基地暨周邊地區特定區主要計畫』區段徵收案」。該案起源於2004年，「苗栗前縣長傅學鵬以竹南科學園區將額滿，科學園區周邊生活機能需加強為由，提出300公頃計畫。由於面積龐大，地主爭議多，95年（筆者按：2006年），苗栗再提面積減半的新方案」（陳一姍，2010：40）。爭議中苗栗大埔的區段徵收案之土地總面積是136.62公頃，其中私人所有的面積是124.61公頃，而供農業使用的面積則有80.52%；由於農地重劃區的土地占區段徵收土地的76.46%（鍾麗娜，2014：254-255），也就是說，「高達七成六土地係屬特定農業區經辦竣農地重劃須加以特別保護之優良農業用地被徵收」（鍾麗娜，2014：255）。

　　根據苗栗縣政府官方網站（2016/09/08），「苗栗山城」在第二次世界大戰後初期隸屬於新竹縣，1950年施行地方自治後，苗栗縣再次建置設縣，其行政區域沿用至今。該縣位於台灣的中北部，北邊和東北邊與新竹縣為鄰，南邊和東南邊隔著大安溪、雪山山脈與台中縣接壤，西濱台灣海峽。全縣東西寬約64公里，南北長約50公里，面積1820.3平方公里。在人口統計方面，根據苗栗縣戶政服務網截至2016年8月31日為止的數據顯示，苗栗縣人口總數為56萬745人。而依據苗栗縣戶政服務網截至2016年8月31日的統計數據，竹南鎮28258戶，人口數為84890人，其中的大埔里

共有1458戶，4205人。[1]

　　由於社會變遷，竹南鎮已經由農業社會漸次走向工商社會，農業人口日漸減少，目前耕地面積有1250公頃，可耕田地爲1000公頃，旱地有250公頃，大多種植稻作、蔬菜、西瓜（苗栗縣竹南鎮公所全球資訊網，2016/09/08）。大埔農民因爲家族和土地生活的差異而逐漸發展出不同的文化特色，傅偉哲（2012: 107）指出，「（如果）以族群做爲地理分界，可分爲閩南人和客家人兩個主要聚落。閩南人以蕭、林、顏家爲主；而客家人則以陳、何、徐家爲主。……國民政府來臺之後，中大埔一方面仍有相當大量的甘蔗栽替，台糖也在此設置工廠。大埔水庫興建完成之前，因爲水利設施尚未完備，因此，家家戶戶都有埤塘，做爲旱田的灌溉水」。[2]前述所謂的竹南基地位於苗栗縣竹南鎮頂埔里，「源於灣寶趕走的竹科四期於此地落腳。竹南科學園區……進駐廠商主要爲光電、太陽能以及LED等產業」（胡慕情，2015：247）。這個俗稱「竹南『大埔』事實上在當地被指涉爲一個更大範圍的區域，由於科學園區的用地擴大，進行土地徵收所引發的爭議，在當地被稱爲『中大埔』，此區域的開發史，最早可以被追溯到清朝乾隆期間。當地反土地徵收自救會長，陳文彬先生曾轉述這裡早期種了不少茶」（傅偉哲，2012：106-107）。[3]

---

[1] 依據苗栗縣竹南鎮公所的全球資訊網簡介，竹南鎮位於苗栗縣西北端，西臨台灣海峽，是苗栗縣最北的濱海鄉鎮，縱貫鐵路山海線的岔點，也是中港溪流域的重心；如果以102.45公尺的尖筆山爲基點，尖筆山以南的平地是海拔30公尺的大埔平原，也是竹南鎮的米倉地帶。1945年台灣光復後，8月設新竹縣竹南區竹南鎮，1950年調整行政區域，改隸屬於苗栗縣。

[2] 依據傅偉哲（2012: 107）在《巡田水，誌農鄉：2011夏耘農村草根訪調文集》的介紹，「由於埤塘的水源來自於雨水，因此，旱田又被當地人稱爲看天田。這樣的看天田，對在地居民來說，不是一個穩定的收入來源，許多農民會透過一種以上的方式來達到維持家庭生活的收入」（傅偉哲，2012：107）。

[3] 傅偉哲（2012：106-107）同時也指出，「而在日治時代，灌溉水利設施尚未建立之前，以種植甘蔗爲大宗，另外仍有少部分的茶。國民政府來臺之後，民國43年以前仍以延續日治時代的甘蔗種植，直到大埔水庫興建，水利設施設立完備之後才有穩定的灌溉水源，當地人從所謂的『看天田』轉變到『水田』。而當地全境才開始種植水稻，一年兩期」。

　　本章基於我國土地徵收相關法令規範和政策實務之歷史沿革，從大埔徵地案導火線2010年6月之前開始細說從頭，在概述2010年6月到2012年期間主要發展的來龍去脈之後，結束於2013年到2016年底的後續發展。

第一節　歷史沿革：法令規範和政策實務

　　我國的土地使用管理基本上是以傳統的「分區使用管制」（zoning）制度做為基礎，配合使用分區對土地使用的類型和強度之訂定，達到控制環境品質與土地資源的效率（呂宗盈、林建元，2002：136）。由於時空環境的變遷和土地使用的複雜性，從1945年到2000年包括地政類、規劃類、建築管理類，以及其他類為數44項的土地使用管理法令之廢止、修正、訂定，已經逐漸演進成為彈性的「開發許可制」，而為了減輕土地開發對環境造成的不利影響，1994年政府所制定的環境影響評估法，則希望顧及環境的容受力和承載力（呂宗盈、林建元，2002：147-149）。

　　早期的土地使用之規範主要是都市計畫法，該法適用於占全台灣13%面積而且已經發布為都市計畫的區域，對於87%的非都市土地並沒有進行管制；因此現行對於土地使用規劃的管制法令基礎，是植基於1974年的區域計畫法和1976年的非都市土地使用管制規則之先後制定（徐世榮、廖麗敏，2012：287）。由於土地徵收涉及到包括土地開發和變更之土地利用計畫的改變[4]，都市土地必須經過都市計畫委員會、非都市土地必須經過區域計畫委員會的審議，除了有些個案還要經過環境影響評估委員會的通過之外，依據現行的規定，內政部所擁有對於徵收核准的審查程序，

---

[4] 我國的土地開發和變更詳見徐世榮、廖麗敏（2011: 405-406），一般而言可以分為四個階段：土地規劃；開發的許可審議；辦理變更；以及建築許可（徐世榮、廖麗敏，2012：287-288）。有關我國的土地開發流程，詳見徐世榮、廖麗敏（2011: 408），內政部的區域計畫委員會、都市計畫委員會，以及土地徵收審議委員會，負責審查土地使用及徵收計畫。

是經過土地徵收審議委員會的審議，由中央主管機關內政部核准（徐世榮，2010/06/29）。

簡言之，我國土地開發的流程在土地規劃階段，先由開發者提出「興辦事業計畫」，經過各該目的事業主管機關的同意，而在開發許可審議的階段則是由開發者向縣市政府提出申請，主管機關主要針對「土地使用計畫」進行審議，並進行土地使用的變更；此其間，如果「興辦事業計畫」涉及到私有土地的徵收，則需要另外提出「土地徵收計畫」，由主管機關進行審議（徐世榮、廖麗敏，2011：405-406）。[5]

法令規範

我國的區段徵收制度之變革是承襲國父遺教裡面「實業計畫」的主張，仿照德國當時占領青島膠州灣的市地開發方式（楊松齡，2014：78），因此在民國19年（1930年）土地法就明訂區段徵收的制度，原土地所有權人可以優先買回區段徵收後的土地，主要是著眼於由政府照價徵收擬建設地區的土地，以防止私人壟斷土地，實現平均地權，強調漲價歸公的傳統式區段徵收（行政院研考會編印，2012：159；鍾麗娜，2014：134）。這種制度設計精神具體的落實在1954年所頒布的「實施都市平均地權條例」[6]，可是因為土地法同時存在的關係，對於區段徵收後的地主和土地的處理方式並沒有明確的規範。

由於土地徵收和財產權的保障密不可分，監察院調查報告（2014：

---

[5] 徐世榮、廖麗敏（2011: 407）特別指出，「興辦事業計畫」以往大抵是由中央政府所提出，例如興建科學園區、工業區、加工出口區、高速鐵路等等；而地方政府則是在此「興辦事業計畫」周遭另外再提出相關的「土地使用計畫」之變更或新設，例如都市計畫區的擴大或新訂都市計畫區。

[6] 該條例在1977年，全台灣實施平均地權之後，更名為「平均地權條例」，才確立土地所有權人可以按照它的價值比例優先買回土地。

3）就指出，「根據憲法第15條及司法院釋字第400號、第409號等相關解釋意旨，土地徵收係基於興辦公共事業需要，為實現公益目的而侵害人民財產權之不得已措施，其實施將對人民應受國家保障之財產權發生嚴重影響」。學界人士對於區段徵收提出的看法包括徐世榮（2011/04/01）所指出，目前的土地法規對於我國所獨創的「區段徵收」制度並沒有明確定義，只有土地法第212條第2項有如下的規範，「謂於一定區域內之土地，應重新分宗整理，而為全區土地之徵收」，由於這個定義不夠精準，使得區段徵收隨著政治經濟情勢的變遷，而有不一樣的詮釋。而陳明燦（2013：179）在比較一般徵收和區段徵收強調的則是，後者有多重的實施目的，沒有徵收回收權可資適用，除了金錢補償之外也有必須申請的抵價地補償，中央主管機關要核准的次數比較多（抵價地比例和區段徵收計畫書），而且必須先行向中央主管機關報告徵收計畫的公益性和必要性，區段徵收的面積相對比一般徵收狹小，土地權利和義務的終止時點是在接到抵價地的核定通知時。

　　由於我國區段徵收制度設計的特點在於財務的自償性，從而涉及包括現金、土地債券、抵價地在不同年代不同的地價補償標準（鍾麗娜，2014：99-103）。[7]也因此，監察院調查報告（2014：3）指出，「政府因公益需要，為取得公共事業所需用地，得採行協議價購、土地交換、土地重劃、接受捐贈或徵收、區段徵收等多種方式」。而陳明燦（2013：271）更進而論及，「以有償撥用或讓售之公共設施土地予需地機關所得價款以及配餘可建築土地公開標售所得價款，以抵付區段徵收開發建設費用，倘有餘額則撥充實施平均地權基金，如有不足則由平均地權基金貼補之，是其乃屬財務自償性之一種綜合土地開發事業」。

---

[7] 依據內政部的委託研究報告、謝靜琪等人（2001：8）所歸納抵價式區段徵收之特性，除政府可以無償取得公共設施用地，強制性的提高土地利用效率，還包括：讓售總額有剩就全部撥充實施平均地權基金，不足則由該基金補貼之成本回收原則，以及透過讓售、撥用或標售可建築用地之地價收入回收的自償性投資開發計畫之本質。

　　基於前述的特性，陳明燦（2013：8-11）因而將之區分爲「公用徵收與政策（性）徵收」和「公益徵收」。就我國憲法第108條第1項第14款「公用徵收」與土地法第208條[8]觀之，前者所謂「公用徵收」在土地徵收條例於2000年制定公布做爲準據，土地徵收條例第3條所稱的公益事業對象「稍有『增加』」（陳明燦，2013：10）之後，土地法第208條的規定事實上已經形同具文。前者所謂「政策（性）徵收」的法源依據是土地法第209條所規定，「政府機關因實施國家經濟政策，得徵收私有土地。但應以法律規定者爲限」。如果以區段徵收爲例，則除了土地法第14條（土地政策目的，特定土地禁止私有），以及第29條（超過私有法定面積土地之禁止）之外，爲了實施國家經濟政策而發動的相關法律可以說是不一而足。[9]就後者所謂的「公益徵收」而言，土地徵收條例第3條[10]所規定公益徵收之適用範圍，「徵收後之土地並非供『一般全體』國民所使用，亦即『公共使用』已非爲實施徵收之唯一要件」（陳明燦，2013：11）。

　　土地徵收的法律除了土地法之外，還有促進產業升級條例、科學工業園區設置管理條例、平均地權條例、國民住宅條例等等，各自有不同的程序和補償的標準（陳立夫，1998：97）。在前述法令規章的基礎之上，吾人探討苗栗大埔徵地案，必須先瞭解土地徵收的法令規章以及政策大環

8　所謂的「公用徵收」明定於憲法第108條第1項第14款，由中央立法並執行之，或得交由省縣執行之，土地法第208條因而明確的規定如下：「國家因左列公共事業之需要，得依本法之規定，徵收私有土地，但徵收之範圍，應以其事業所必需者爲限。一、國防設備。二、交通事業。三、公用事業。四、水利事業。五、公共衛生。六、政府機關、地方自治機關及其他公共建設。七、教育學術及慈善事業。八、國營事業。九、其他由政府興辦以公共利益爲目的之事業」。

9　例如：國際機場園區發展條例第11條第1項；發展觀光條例第15條；新市鎮開發條例第6條第1項；以及促進民間參與公共建設法第19條第1項等等。

10　土地徵收條例第3條所規定的公益徵收範圍如下：「國家因公益需要，興辦下列各款事業，得徵收私有土地；徵收之範圍，應以其事業所必須者爲限：一、國防事業。二、交通事業。三、公用事業。四、水利事業。五、公共衛生及環境保護事業。六、政府機關、地方自治機關及其他公共建築。七、教育、學術及文化事業。八、社會福利事業。九、國營事業。十、其他依法得徵收土地之事業」。

境的來龍去脈，而與土地徵收最密切相關的法律規範則莫過於土地徵收條例，內政部編印的兩本書籍清楚的敘述該條例的立法過程和該部所辦理過的指標性區段徵收個案。內政部編印（2003）的《土地徵收條例制定實錄》詳述該條例的制定過程，當年草案總說明曾經指出，行政院之所以提出該條例草案是因為土地徵收法令「規定分歧，形成一制數法之現象，非但執行不便，亦經常發生困擾，尤以土地徵收程序互異，補償項目及標準不一，造成徵收土地之阻力日益增劇，為整合分歧不一之現行徵收法律，以突破土地徵收之瓶頸」（立法院公報，2000/01/19：145；鍾麗娜，2014：88）。內政部編印（2005）的《麻雀地變鳳凰城：台灣區段徵收案例實錄》，則是將區段徵收為數13個的開發案例分為三種類型：「中央與台灣省政府辦理開發地區」；「北高兩市政府辦理開發地區」；以及「縣市政府辦理開發地區」。[11]

　　回顧過去我國區段徵收制度的演變，就可以看出潮流趨勢和觀念改變。例如，行政院研考會編印（2012: 144-152）[12]與陳明燦（2013: 279-281）將我國的區段徵收制度理念之變遷分為三個階段：「漲價歸公的區段徵收（1986年前）」；「平均地權條例抵價地模式區段徵收（1986年至2000年）」；「土地徵收條例公布後的區段徵收（2000年迄今）」。其中，特別值得一提的是，1986年平均地權條例修正公布，增加了兼顧人民權益的「公私協力」（陳明燦，2013：280），將區段徵收的實施要件擴大到都市計畫、農業區、保護區變更為建築用地之開發（鍾麗娜，2014：140）。此外，土地所有權人也可以自行選擇申領抵價地或是現

---

[11] 當時擔任地政司司長的張元旭指出，區段徵收是有效解決公共建設用地取得的最佳開發方式，由於辦理的主體是政府機關，有關開發計畫的規劃或工作進度及開發成果均是由政府主動掌握，而且公私合作可以共享整體開發所帶來的地價增值利益，可以彌補都市計畫因劃設使用分區、用地別不同而產生土地所有權人權益不公平之不足現象（內政部編印，2005：8-9）。

[12] 行政院研考會編印（2012）的我國土地徵收制度之評估，是研考會委託元貞聯合法律事務所的研究報告。該事務所的主持律師詹順貴（2012a, b, c）曾經積極參與苗栗大埔徵地案，他認為，土地徵收的三大基本原則是：須有「公共利益」、須踐行「正當法律程序」、須為「公正補償」。

金補償，抵價地的發還比例是徵收總面積的40%至50%（平均地權條例第54條），這種「抵價地式的區段徵收」進一步將內政部在1980年所訂頒「實施區段徵收改進要點」的行政命令加以法律化（內政部，1983：155；陳明燦，2013：279-280）。[13]

　　針對1990年代後期到二十一世紀，政府當時區段徵收的諸多積極之政策作為，鄭明安（1993: 5）認為其中蘊含了三個意義指出，「第一，在解決大規模土地取得問題，一舉完成多項目標開發建設事業；第二，加速實現都市計畫構想；第三，尋求『受益與付費對等原則』的開發模式，達成土地的公平與效率之目標」。從鍾麗娜（2014: 93-94）《區段徵收論》所列出與區段徵收相關條文修訂之編年表可以看出，區段徵收整個思維的與時俱進。從1930年代舊土地法第343條的「以公共利益為目的之事業之徵收土地，於必要時，得為附帶徵收及區段徵收」之規定，1946年土地法第212條刪除掉「公共利益」的字樣，1950年代和1960年代的實施都市平均地權條例，則是將之擴大為「得視都市建設發展之需要」（1954年／第30條第1項）、「各級政府得視都市發展之需要」（1968年／第47條第1項），乃至於1970年代和1980年代的平均地權條例所規定「各級政府為都市發展或開發新社區之需要」（1977年／第53條第1項）、「各級主管機關得就下列地區報經行政院核准後施行區段徵收」（1986年／第53條第1項）。[14]如果比較1986年平均地權條例第53條第1項

---

[13] 內政部所研擬的「當前土地政策之檢討與建議」，在1981年10月1日第1750次會議通過，並經行政院以台七十內第14460號函指示內政部和財政部將平均地權條例修正報請行政院核辦，其中有關如何促進都市土地利用問題的結論裡面，有關加強實施區段徵收之相關內容包括後來影響十分深遠的兩個重點（內政部，1983：155；鍾麗娜，2014：120-121）：第一，應給予補償地價，得以規劃整理後可供建築之土地，按土地所有權人應領補償地價比例折算抵付（簡稱抵價地）；第二，抵價地總面積40%為準，至區段徵收範圍內的土地，經規劃整理後，國民住宅用地則讓售給需要用地的機關。

[14] 1986年平均地權條例第53條第1項的規定如下：各級主管機關得就下列地區報經行政院核准後施行區段徵收：一、新設都市地區之全部或一部，實施開發建設者。二、舊都市地區為公共安全、衛生、交通之需要或促進土地之合理使用實施更新者。三、都市土地開發新社區者。四、農村社區為加強公共設施、改善公共衛生之需要

和2000年土地徵收條例第4條第1項，可以發現三個主要的差別在於，後者新增訂的「都市土地之農業區、保護區變更爲建築用地或工業區變更爲住宅區、商業區者」、「非都市土地實施開發建設者」，以及「其他依法得爲區段徵收者」。

政策實務

前述區段徵收制度落實到政策的執行，更加具體的政策規範可以分爲「中央」和「地方」兩個層次。中央規範層次基於土地徵收條例第15條的規定[15]，涉及到整個土地徵收的作業實施流程（內政部編印，2004：25-46，82-192；林英彥，2011：35-63），以及內政部的土地徵收審議委員會：雖然區段徵收的實施程序無異於一般徵收，但較爲繁複（陳明燦，2013：294），依據區段徵收實施辦法第2條的規定，地方層次的作業程序可分爲「準備作業」和「正式作業」（行政院研考會編印，2012：132-141；陳明燦，2013：294-296）。

詳言之，就中央的法令規章而言，基於土地徵收條例第15條所授權，內政部土地徵收審議委員會組織規程第2條所規定該委員會的審議事項相當繁複，不同型態的區段徵收案件都包括在內。[16]檢視內政部編印

或配合農業發展之規劃實施更新或開發新社區者。2000年立法院三讀通過現行的土地徵收條例，依據該條例第4條第1項的規定，基於以下情形者得爲區段徵收：新設都市地區之全部或一部，實施開發建設者；舊都市地區爲公共安全、衛生、交通之需要或促進土地之合理使用實施更新者；都市土地之農業區、保護區變更爲建築用地或工業區變更爲住宅區、商業區者；非都市土地實施開發建設者；農村社區爲加強公共設施、改善公共衛生之需要或配合農業發展之規劃實施更新者；其他依法得爲區段徵收者。

[15] 土地徵收條例第15條的規定如下：中央主管機關應設土地徵收審議委員會，審議土地徵收案件；其組織規程，由中央主管機關定之。而根據內政部土地徵收審議委員會的組織規程第3條的規定，13人到15人的委員會組成成員裡面，除了主任委員是由內政部常務次長兼任，其餘委員則是由內政部派兼或是遴聘。

[16] 而與本書所探討主題相關的還有依據該組織規程第3條，對於委員會成員的派兼與

（2005: 23-25）與行政院研考會編印（2012: 143）繪製的區段徵收流程圖，以及內政部編印（2004: 23-25）與陳明燦（2013: 60）的土地徵收作業實施作業流程可以得知，土地徵收涉及土地的開發和變更，一般可以分為四個階段：「土地規劃」、「開發許可的審議」、「辦理變更」，以及「建築許可」，其中和苗栗大埔徵地案比較相關的主要是前兩個階段。土地規劃的階段是由開發業者提出「興辦事業計畫」，並經各該目的事業主管機關的同意，開發許可審議階段則是由開發業者向縣市政府提出申請，主管機關針對「土地使用計畫」進行審議，並進行土地使用的變更。如果需要辦理環境影響評估者，必須提出「環境影響說明書」進行環境影響評估的審議，土地位於山坡地者，需要另提出「水土保持規劃書」進行審議；「興辦事業計畫」如果涉及私有土地的徵收，必須另外提送「土地徵收計畫」，由主管機關進行審議。

　　此外，基於相關法令的規定[17]，我國區段徵收的一般程序如下（陳明燦，2013：294-341）：需用土地人於事業計畫報請目的事業主管機關許可前先舉辦「公聽會」，由需用土地人召開「協議價購會議」，並請被徵收人「陳述意見」，需用土地人於申請人區段徵收土地時，由當地直轄市或縣市機關邀集需用土地人與土地所有權人舉行「說明會」後，再經土地徵收審議委員會審議之後，最後報由中央主管機關核准。換言之，就前述區段徵收的程序觀之，「公聽會」、「說明會」及「陳述意見」是土地徵收條例所規定的土地所有權人參與行政程序的機會，而「協議價購」則為

　　遴聘委員包括：內政部主任秘書；內政部地政單位主管；行政院經建會、行政院環保署、行政院公共工程委員會、行政院主計處、法務部、本部營建署等相關業務主管；以及具有專門學術經驗之專家學者（行政院研考會編印，2012：200）。

[17] 這些法令規章包括：土地徵收條例第10條第2項（第48條準用）與第38條第1項，以及該條例施行細則第13條第1項與第2項的相關規定。此外，與區段徵收作業相關的還有內政部編印（2004: 8）《區段徵收作業手冊》裡面，所特別提及的「區段徵收『預先性』公益性及必要性評估作業流程」（陳明燦，2013：289），而已經在新訂或擴大都市計畫審議階段向內政部土地徵收審議小組報告公益性及必要性者，於都市計畫審議階段則免再提報。此外，相關的發展還有在2012年1月4日由總統公布施行所增訂的土地徵收條例第10條第3項之規定：「特定農業區經行政院核定為重大建設需辦理徵收者，若有爭議，應依行政程序法舉行聽證會」。

公益徵收比例原則中的必要性的展現（行政院研考會編印，2012：191-192）。

第二節　細說從頭：2010年6月之前

　　回顧大埔徵地案的起源，2000年和2008年的總統選舉以及第一次與第二次的政黨輪替前後的法令規章的制定和修訂與政策目標的宣示執行，都發揮出深廣的政策影響力。其中，有重要轉折的一年莫過於2000年1月4日立法院三讀通過的農業發展條例修正案，以及同年2月2日公布實施的土地徵收條例。

　　首先是1973年8月22日由立法院三讀通過農業發展條例[18]，該條例在2000年修正案的影響十分深遠。于宗先、王金利（2001: 110）曾經論及，農業發展條例修訂前夕，15000名來自21個縣市的農民聚集在中正紀念堂，要求新購的農地應該准予興建農舍。李承嘉（2012: 295）[19]認為，該條例修正案最大的變革則莫過於，農地政策從「農地農有農用」，調整為「放寬農地農有，落實農地農用」，也就是從「管人又管地」，調整為「管地不管人」；同時，取消繼承農地分割面積的下限，共有農地分割面積從5公頃大幅降低為0.25公頃。[20]

---

[18] 在1970年代當時經歷過全球兩次的能源危機、先總統蔣中正逝世、中美斷交、「台灣化」與「本地化」的政策加速本土企業家和執政的國民黨政府更緊密的結合（李承嘉，1998：21），以及強調土地開發利用第一個階段的平均地權條例（鍾麗娜，2014：113-116）。

[19] 李承嘉（2012: 287-348）專書著作的附錄「台灣戰後（1946-2012年）土地政策及事件大事紀」，其中的1945年到1988年部分是整理自「李永熾監修、薛化元主編（1990, 1991a, 1991b）」（李承嘉所陳述本部分的資料來源「李永熾（1996）」在李承嘉（2012: 271）的參考文獻裡面被標示為「李永熾監修（1995）」，此處業經筆者查詢後修訂，特在此說明），1988年到1997年整理自各大報，1998年之後則整理自各媒體和政府的官方網站資料（李承嘉，2012：348）。

[20] 當時聯合報以頭版新聞報導如下，「立法院昨天三讀通過農業發展條例修正案，為開放農地自由買賣邁出重要一步。今後農地不再嚴格限制農有。最受矚目的農地興

　　其次，2000年第一次政黨輪替之前，除了農業發展條例的修訂之外，土地徵收條例公布施行對後來的政策發展也有重大的影響。2000年2月2日公布實施的土地徵收條例，特別是規範徵收程序的第二章（第10條到第29條），以及第四章區段徵收的專章（第37條到第48條），對於後續的政策發展產生關鍵性的影響。[21]苗栗大埔徵地案源起於2000年到2008年兩次政黨輪替期間所開始進行兩次的先期作業程序：內政部的區域計畫委員會在2003年9月10日審查同意苗栗縣政府擴大都市計畫的申請案，以及內政部的土地徵收審議委員會在2009年4月14日所通過苗栗大埔徵收案全案進入強制徵收。[22]

　　首先，內政部區域計畫委員會在2003年9月10日第127次會議審查同意苗栗縣政府擴大都市計畫之申請，後來在2004年1月內政部同意辦理面積362公頃的都市計畫，但是苗栗縣政府因為竹南鎮地主的陳情而在2006年6月決定減半徵收（154公頃），其中的23公頃是「園區事業專用區」（魯炳炎，2015/11/14）。接下來的發展則是苗栗縣都市計畫委員會在2006年12月25日審議通過該案，並於2007年1月29日函報內政部的都市計

建農舍問題，修正案推翻行政院版新購農地不得興建農舍精神，改採可有條件興建農舍，明定新購農地者必須無農舍且具農民身分，才能興建農舍；自有農地興建農舍滿五年才能移轉等；至於農民資格認定及興建標準，由內政部會同農委會定之」（陳素玲，2000/01/05）。類似對於農業發展條例修正案的討論過去十多年來屢見不鮮，除了眾多的學術著作和媒體投書之外，新聞媒體並沒有忽視這項重大的議題，例如資深的媒體工作者、目前是公民記者的朱淑娟（2012: 280-284），以及遠見雜誌八月號（李建興，2015：134-167）也有很深刻的檢視。

[21] 此外，與本文相關的詳細規定還有「區段徵收實施辦法」第4條之規定：都市計畫之變更、新訂、擴大或農村社區實施更新或非都市土地實施開發建設，擬以區段徵收方式開發時，由需用土地人會同當地直轄市或縣（市）主管機關及其他相關機關勘選區段徵收範圍，並填寫區段徵收評估報告書，做為各級都市計畫委員會審議都市計畫或區域計畫委員會審議區域計畫之參考。需用土地人應於內政部區域計畫委員會或內政部都市計畫委員會審議通過前，向內政部土地徵收審議小組報告其公益性及必要性。

[22] 區段徵收在中央的執行機關是內政部的地政司區段徵收科，地方的執行機關就大埔案來說，則是苗栗縣政府的地政處；目前苗栗縣政府地政處共有六個科，包括：地籍科、地用科、地權科、重劃科、地價科、地籍測量科（苗栗縣政府全球資訊網的地政處組織編制）。

畫委員會審議，內政部都市計畫委員會並組成專案小組[23]，同時召開三次會議（廖本全，2013：160）。

　　其次，最後中央層級程序的再次完成，則是經過一番轉折，除了2007年12月10日和11日兩天內所發生事情引發的爭論之外，還經歷了2008年的第二次政黨輪替。當時群創光電公司[24]在2007年12月10日向苗栗縣政府提出投資意向書，表達該公司未來如果有新建或擴建計畫，將該案計畫的23公頃「園區事業專用區」用地做為優先設置的基地，並在苗栗縣政府再次公開展覽時，提出陳情意見要求調整「園區事業專用區」之規劃配置擴大基地面積至30公頃。一天之後，該案由內政部的都市計畫委員會在12月11日第672次的會議上，審議通過苗栗縣政府所提出的「擴大竹科竹南基地周邊地區特定區主要計畫案」，以及「擬定竹科竹南基地周邊地區特定區（不含原竹科竹南基地）細部計畫案」的計畫書、圖（監察院調查報告，2012：2），並要求再次辦理公開展覽[25]（轉引自廖本全，2013：160-161）。

　　2008年第二次政黨輪替前後所發生重要會議的審查決議，最後確定了苗栗大埔徵地案採取強制徵收的決策。群創光電公司在2008年3月向內政部提出擴大園區面積的申請案獲得通過，從23公頃增到28公頃，新增園區預定地之內的24戶原有住家是大埔徵地案抗爭的土地所有人。苗栗縣政府的提案在2008年4月1日，由內政部都市計畫委員會的第679次

---

[23] 依據內政部都市計畫委員會第672次會議（2007年12月11日）的記錄說明六：「本案因案情複雜，經簽奉核可，由本會周委員志龍、歐陽前委員嶠暉、洪委員啓東、黃委員德治、孫委員寶鉅等5人組成專案小組，並由周委員志龍擔任召集人，復於96年（筆者按：2007年）3月13日、6月21日、8月24日召開3次專案小組會議，獲致具體意見」。

[24] 群創光電是由鴻海集團在2003年創設的子公司，在2010年3月因為該集團的營運需求，與奇美電和統寶合併成為奇美電（鍾麗娜，2014：248）。

[25] 依據內政部都市計畫委員會第672次會議（2007年12月11日）記錄決議三：「再次公開展覽：本案計畫內容已有重大改變，如經本會議通過，建議依都市計畫法第19條規定，另案辦理公開展覽及說明會，公開展覽期間無任何公民或團體陳情意見或陳情意見與變更案無直接關係者，則報由內政部逕予核定，免再提會審議；公開展覽期間公民或團體提出陳情意見與本變更案有直接關係者，則再提會討論」。

會議審查通過，同時要求另案辦理公開展覽及說明會（廖本全，2013：161）。苗栗縣政府就此配合將「園區事業專用區」予以集中配置調整為27.98公頃，但是在辦理第二次公開展覽之後，因為有十二件的陳情意見，於是苗栗縣政府在2008年5月政黨輪替後再次提案，並於內政部都市計畫委員會在2008年8月26日的第689次會議決議通過，當時苗栗縣長劉政鴻在會中承諾並納入決議一：「(1)在法律允許下，同意以從優從寬方式補償相關土地所有權人，如仍有不足，縣府願意向相關企業公司募款協助。(2)有關陳情人相關意見縣府同意以Q&A（問題與解答）方式，繼續向相關陳情人溝通協調」（轉引自廖本全，2013：161-162）。

　　值得注意的是，由於行政院研考會舉辦在2009年11月29日截止的十大民怨網路票選活動，「都會地區房價過高」的票數遠超過其他的選項（李承嘉，2012：342），為了紓解民怨，行政院於是隨即在2010年初開始以「區段徵收預標售」的方式進行包括機場捷運A7站平價住宅，以及東北角海岸地區景觀風貌改善在內的其他開發案（鍾麗娜，2014：276）。在立法院於2010年4月16日三讀通過「產業創新條例」，以延續1960年制定的獎勵投資條例和後來的促進產業升級條例。[26]而同樣發生在2010年4月的還有來自相關學界人士的呼籲，國立政治大學地政學系的十七位教授，以及台北大學不動產及城鄉環境學系的十二位教授聯合具名投書聯合報指出，「土地徵收自需用土地人提出徵收計畫書，開始徵收程序起，以迄內政部做成徵收處分為止之過程中，土地徵收條例完全未設有關於得由土地所有權人及利害關係人等表達意見之機制規定」，他們建議內政部「應於土地徵收條例中增訂足以衡量土地徵收所應具備公共利益之機制」。[27]

---

[26] 雖然促進產業升級條例有規定「產業園區社區住宅不能超過10%，用於產業部分土地不得低於50%」，但徐世榮（2010: 86）仍就此指出，該條例「將工業區的名稱轉化為產業園區」，「為了讓企業尋得設廠的空間，政府強力動用土地徵收權，……讓工業興辦人的廠房有設廠的地方」。

[27] 例如，依據「地政及不動產學界建言」（2010/04/20）所期許的事項包括：內政部受理土地徵收申請案件後，應將徵收申請案公開展覽一定期間；於公開展覽期間，

第三節　來龍去脈：2010年6月大埔徵地案導火線到2012年

在2010年6月8日所發生苗栗大埔徵地案最直接的導火線，是警方在封路之後，於隔天的凌晨由縣府官員和優勢警力以二十部推土機，清除農田上被認定為占耕的稻穗稻田（李順德、黃瑞典，2010/06/24）[28]；自救會北上向總統府和監察院陳情抗議，縣府在同年6月28日再度動工，從而引爆激烈的衝突。依據台灣農村陣線、政大第三部門研究中心主編（2012: 368-369）的大事紀，「6月19日農地徵收烽煙四起，農陣連結新竹二重埔、苗栗灣寶、彰化二林相思寮及趕來聲援的新竹璞玉地區農民、各界人士與清華大學學生」。這些公民組織與團體[29]當時共同發表「**農民反粗殘徵收聯合宣言：一方有難，八方來援**」的聲明，主要的內容強調：「沒有鄉村，怎麼有都市？台灣社會的根基在於農村；……1990年代台灣為求加入WTO，不斷壓抑農業，農地被迫休耕；2000年農發條例修正通過以後，農地種起別墅；2010年產創條例通過以後，農地餵飽財團」（轉引自台灣農村陣線、政大第三部門研究中心主編，2012：385-386）。

大埔徵地案後來逐漸受到新聞媒體和社會輿論矚目的另一個重要關鍵則是，立法院在2010年7月14日三讀通過「農村再生條例」的三天之後，由農村土地已經、正要或即將被徵收的土地所有權人所組成的自救會人士，以及全台各地聲援的組織團體3600多人集結夜宿在總統府前的凱達格蘭大道（台灣農村陣線、政大第三部門研究中心主編，2012：369）。

有相關權利人請求舉行聽證會或貴部認為有必要時，即應舉行聽證會，徵求一般人士之意見，以供內政部審議徵收申請案參考。

[28] 更詳細的畫面和景象則是鍾麗娜（2014: 252）所描繪6月9日凌晨發生的情況，「200多名警力（警力255員，總計動員人力約350員）封鎖苗栗縣竹南鎮大埔里一隅，怪手開進即將結穗的稻田裡，壓毀稻作，警力沒有保護農田，反而是護衛著怪手進行徵地後的『整地』作業。此事件經公民記者披露後迅速流傳，引起各界譁然。這一幕透過網路，政府開怪手挖稻的畫面，挑動台灣人的憤怒神經」。

[29] 發表共同宣言的組織團體包括（轉引自台灣農村陣線、政大第三部門研究中心主編，2012：385-386）：大埔自救會、灣寶自救會、二重埔自救會、相思寮後援會、台灣農村陣線。

　　一方面是社會輿論對於農村再生條例通過後樂觀其成、但提醒執政當局不容忽視農地徵收負面效應的忠告。經濟日報社論（2010/07/19）就以「**農業、農村、農地豈能分割**」為題強調，「農村再生是當前農業政策的核心，政府透過制定農村再生條例及編列1,500億元農村再生基金，希望讓農民真正當家作主，從社區出發……但是，農村、農業和農地是一體不可分割的，農村發展必須植根在農業發展及農地永續利用上，若只是拿錢幫助農民改造及美化農村，卻沒有永續發展的農業政策，最後農業仍然是走向沒落……類似大埔農地被徵收的事件更會不斷重演」。

　　另一方面，當時這樣的重大政策在三天之後被淹沒在總統府前凱達格蘭大道埋鍋造飯的社會運動聲浪之中，台灣農村陣線、政大第三部門研究中心主編（2012: 369）「土地正義大事紀」當時的敘述是：「（7月）6日由於多方陳情未果，怪手毀田日逼，反徵收聯合自救會（後正式定名為捍衛農鄉聯盟）與台灣農村陣線決議發起717凱道守夜行動，反對浮濫的土地徵收……此次行動連結各地農民與社運團體，提出『全面停止圈地惡行、立即修改土地徵收條例、召開全國土地與農業會議』等三項訴求」。在凱道守夜行動的隔天，聯合晚報社論（2010/07/18）就指出，「從苗栗大埔的農民抗爭，演變成千餘人串聯夜宿凱道，再擴散成網路上號召了百萬人次關切的社會運動！這波『還我土地』的活動聲勢驚人……農民雖弱勢，但農民運動的政治影響力不可輕忽，因其中具有重大的象徵性意義，非經濟效益可估量」。

　　而為了進行溝通協調和因應變局，當時的行政院長吳敦義在凱道守夜行動隔天7月18日也做出地方政府須周延處理的指示：「在昨晚深夜召開的黨政高層會議中，馬總統、吳揆皆高度關切此議題政治效應。據悉，吳揆在會中報告苗栗縣政府所徵收的農地規劃使用，但吳揆也檢討，地方政府在處理時確實欠周延，應更傾聽民意」（單厚之等人，2010/07/18）。為了回應社會輿情的高度關切，當時的行政院長吳敦義在7月19日出面協調，會見大埔自救會的代表。對於當時和行政院長吳敦義的協調折衝，「（7月）19日行政院長吳敦義主動邀約大埔農民會談，提出地易地，換

地還農的作法，不被大埔居民接受，持續爭取協商」；「20日行政院長
吳敦義主動邀約台灣農村陣線代表及聯合自救會代表（大埔、二重埔、樸
玉、灣寶四地）會談，農陣成員重申三項主張：修訂土地徵收條例、立即
停止圈地、召開全國農業與土地會議」（台灣農村陣線、政大第三部門研
究中心主編，2012：370）。[30]

　　然而，衝突情勢的發展並沒有因此緩和，這可以從以下兩則報導的
標題看出：**「大埔農運劉政鴻拒道歉吳揆協調未果　劉堅持若因抗爭變更
都計『行政成本太高』不願做出承諾　自救會律師表示苗縣府無誠意解決
不排除升高抗爭」**（仇佩芬，2010/07/20）；**「吳揆滅火劉政鴻臭臉衝突
升高　吳揆提三方案劉政鴻未允諾　自救會代表氣哭黨政人士不爽：縣長不
知自己惹來多大麻煩」**（陳洛薇，2010/07/22）。而自由時報在報導中央
出面協調但地方不退讓時，也明確的指出，「台灣農村陣線律師詹順貴轉
述，劉政鴻的回應是說，若再做一次都市計畫變更，行政程序已走了七
年，為了另外98%人的權益，程序可能又會走很久。內政部長江宜樺和營
建署長葉世文都說願在行政程序全力協助配合，但劉政鴻仍認為行政程序
太過繁複」（范正祥等人，2010/07/20）。

　　對此，地方人士仍希望和苗栗縣劉政鴻縣長進行更進一步的溝通，
「竹南大埔自救會發言人葉秀桃及黃秋琴、邱玉君等人回應說，歡迎劉政
鴻與他們對話，但希望劉政鴻拿出誠意、創造雙贏；葉秀桃強調，『要回
土地、反對徵收』是自救會堅定的立場，行政院長吳敦義在19日晚上已
提出縮小徵收範圍、從優從寬補償、訴願三方案，縣府應選擇對自救會
傷害最小的方案」（李信宏，2010/07/21）。雖然原本立場強硬的劉政鴻
縣長的態度已經有所改變，他表示願意與反對徵收的農民溝通對話，然而

---

[30] 事實上，根據行政院2010年7月22日第3205次、行政院2010年8月19日第3209次，以
及行政院2011年5月19日第3247次院會會議的決議，當時行政院的重要決議內容包
括：「對於特定農業區，一定要審慎再三，絕不輕易變更為其他產業發展之用，請
相關部會把握此一原則」；「未來各級政府辦理徵收或區段徵收作業，應儘量避免
徵收優良農田」；「苗栗大埔農地事件，是政府在農地的維護及管理政策上的一個
很重要的分水嶺」（以上轉引自鍾麗娜，2014：254）。

由於「支持縣府徵地的劉興璘等地主表示，對縣府要和自救會溝通沒有意見，但無論如何不能傷害98%支持地主的權益，今年年底一定要如期分配抵價地，『否則我們也要抗爭！』」（李信宏，2010/07/21）。也因此，如何兼顧縮小徵地範圍和不能犧牲98%多數地主的合法權益，以及因為工期延宕衍生賠償違約金必須要給贊成開發的地主和包商等等的考慮和隨之引發的爭議，也受到社會輿論的關切。

回顧「717凱道守夜行動」之後一週陸陸續續的情勢發展，從民間到政府、從中央到地方、從社會輿情和全國氛圍乃至於政策方案的回應，包括聽取學者專家和自救會代表對於農業土地政策的看法，強調優先保護特定農業區的政策方針不變，以及具體回應「全面暫停農地徵收」和「召開全國農業與土地會議」的政策建言。多方互動到最後是由行政院長吳敦義率苗栗縣長劉政鴻在7月22日共同召開記者會，提出「以地換地」的政策方案，劉政鴻縣長並公開道歉。大埔徵地案最令人側目以及最戲劇性的重大發展莫過於朱姓老農的妻子在2010年8月3日喝農藥自殺（范榮達、胡蓬生，2010/08/24），「大埔居民朱炳坤七十三歲的母親朱馮敏因不堪精神壓力於8月3日選擇飲農藥自盡」（胡慕情，2015：253），這個不幸事件再度使得大埔徵地案成為社會大眾矚目的重大議題。

主管機關內政部在該事件之後，針對行政院長7月份記者會會後的處理也做出正式的說明，內政部營建署新聞稿（2010/08/12）[31]的陳述是，「內政部（地政司、營建署）與苗栗縣政府業於99年（筆者按：2010年）7月28日召開工作會議獲致初步共識，並請苗栗縣政府就初步規劃方案先向相關地主溝通說明，並參酌其建議意見作必要之檢討調整」；此外，營建署指出，未來「將由苗栗縣政府透過都市計畫個案變更程序，儘速檢討該特定區計畫，選擇適當區位、適當面積之土地，劃設為農業區，讓反對徵收之地主於區段徵收後，可以選擇申請領回相等面積土地，繼續

---

[31] 該則新聞稿的發稿單位是營建署的都市計畫組，單位主管是陳興隆組長，具名負責的則是當時的營建署發言人、主任秘書陳肇琦。

農業耕作，以保護優良農田及保障農民耕作權益」。

在凱道守夜行動屆滿週年、農民重返凱道之前，內政部營建署在2011年7月15日以兩則平面媒體用半版廣告的篇幅說明政策變革的進展，刊登在聯合報第三版的標題是「**發還大埔農地，少數爭端化解**」，刊登在中國時報第五版的標題是「**相思寮聚落保留配置耕地，兼顧人民權益與公共利益**」，在同一天同樣以半版篇幅刊登在自由時報的標題則是「**保護優良農地，否決灣寶開發**」。前者主要是說明行政院在2010年「717凱道守夜行動」之後的積極作為與政策方案，而後者則是主管機關內政部揭示所謂「永續發展的國土政策」的四點具體說明。

聯合報是從當時吳敦義院長的層級進行政策說明，上面出具「研商『新竹科學園區竹南基地暨周邊地區特定區計畫』都市計畫及區段徵收可行性溝通協商會議」的兩頁會議記錄，包括九點的協商結論和所有與會者的簽名，簽名者有大埔自救會的成員和委任律師詹順貴。[32]該則政策說明廣告標示的重點在於：行政院吳院長於99年（筆者按：2010年）8月17日接見苗栗大埔農民自救會及台灣農村陣線代表，雙方協商後所獲得的四點共識。[33]同樣在2011年7月15日於自由時報所刊載的則是內政部的一頁公文，而且被七個很大的紅字「**本部不同意開發**」蓋住，公文最下方署名是

---

[32] 該次會議舉辦於2010年9月2日下午兩點，地點在內政部營建署第三會議室。會議記錄的最後簽名及說明內容是大埔住戶陳秀琴（筆者按：署名的日期是同年9月8日的第二次協商會議），她書寫的內容是：「原則同意此方案，惟陳玉彬申領之抵優地建議分配於現供畜舍菜園使用之土地（位於陳秀琴保留建物旁）以維持原有的生活機能，並節省政府的拆遷補償費」；另一位農地所有權人陳名洲也在第二次會議的9月8日簽名，同時書寫「同意此方案」的字樣。

[33] 這四點共識包括：「一，未於法定期限內完成申請抵價地之農民，其所有之建物基地原位置保留，基地部分辦理專案讓售。二，於區段徵收範圍內集中劃設農用土地，按其徵收前原有農地面積，專案讓售農民，並施設農水路系統，以利其耕作」；「政府承諾貫徹實踐：一，內政部根據上述協商共識，於99年9月2日和9月8日二度與大埔農民自救會及苗栗縣政府議定具體處理方案，獲得絕大多數農民簽名同意……三，除四戶不符規定，難以滿足其訴求外，其餘農舍均予原址保留，並集中配置農地」，此外，該則政策說明的廣告另外以大標題標示出「四戶訴求不符規定將再會勘妥處」。

（當時的內政部）部長江宜樺。該份政策說明廣告的大標題之一除了強調**「吳院長接見化解爭議」**之外，並提出「邁向永續發展的國土政策」的四點具體說明。[34]

　　而更具體的政策回應和發展則是，2011年「8月24日行政院院會通過『土地徵收條例部分條文修正草案』，行政院長吳敦義表示，未來修法將以市價進行協議價購與徵收補償，然而補償辦法仍由各縣市政府辦理」（台灣農村陣線、政大第三部門研究中心主編，2012：375）。此外，對於制度性解決土地徵收開發案所引發爭議最正式的政策回應，莫過於在2011年8月24日，馬英九總統與副總統蕭萬長、行政院長吳敦義以及內政部長江宜樺和財政部長李述德連袂舉行記者會，所做出具體的政策宣示：「馬英九總統昨天宣示推動土地正義、居住正義，將修改土地徵收條例，以市價徵收土地；而除非基於公益或重大國家建設，政府不得徵收特定農地。他也宣示，不動產交易將以實價登錄，建立公開透明制度」（錢震宇，2011/08/25）；「未來地方政府要每六個月評定一次被徵收地區的正常交易價格，也就是所謂的市價，改變目前縣市政府每年公布土地現值的作法，做為需地機關發放徵收補償的依據」（中央社，2011/08/24）。[35]

　　依據該次總統、副總統與行政院長的記者會上所提出行政院版的土地徵收條例草案，未來的土地徵收必須符合「公益性、必要性、符合比例

---

[34] 這四點具體說明包括：第一，今後具體開發案件，包括辦理區段徵收、各種園區的設置，均應以憲法增修條文揭示的經濟及科技產業發展，應與國土規劃、糧食安全、環境及生態保育等兼籌並顧為最高原則。第二，對於特定農業區，一定要審慎再三，絕不輕易變更為其他產業發展用地。第三，儘量避免徵收優良農田，如農地經評估後納入開發案時，除應審慎考量多數農地所有權人權益外，對於少數不同意辦理開發者，應考量規劃適當區位劃設農地集中分配，以兼籌並顧及保障雙方權益。第四，有關土地徵收條例之修正，涉及徵收制度之重大變革，對於每個環節應集思廣益研議，並應秉持公平合理原則，對業主權益及公共利益，兼籌並顧避免紛爭。

[35] 馬英九總統當時還表示，「去年苗栗大埔與彰化二林相思寮發生土地徵收糾紛，且房價居高不下，民眾相當焦慮，他多次邀部會首長開會商研，希望提出對策……目前行政院已審議完成『土地徵收條例』修正草案，今天院會通過後送立法院審議」（錢震宇，2011/08/25）。

原則」，除非基於公益性公共事業，或重大國家建設的必要，不得徵收特定農業區農業用地，以保護寶貴的土地資源，確保糧食安全。而且土地徵收將改採以市價徵收補償，未來地方政府每六個月評定一次被徵收地區的正常交易價格，也就是所謂的市價，做為徵收補償的依據，如此被徵收土地的民眾在協助政府推動重大建設時，將可獲得更合理、更符合實情的補償。此外，對於市價補償的土地徵收政策方針，行政院長吳敦義在該次聯合記者會表示，「過去政府徵地『課徵從低、補償從優』，但仍無法反映實價，改成以市價徵收後，可更公平、合理，避免『大埔農地事件』再次發生」（錢震宇，2011/08/25）。

　　然而，行政院版本修正草案的公布，並沒有讓爭議停止下來，特別是強制徵收特定農業區的土地，以及用市價補償並不就是土地正義。參與制定民間版土地徵收條例的律師詹順貴（2011/08/29）當時以**「笨蛋！市價徵收，不是土地正義」**做為標題投書蘋果日報指出，「市價徵收只是用市價補償，本質上仍是徵收，而且是慷人民納稅公帑之慨……全台區段徵收案件，幾乎全部位於特定農業區」。其他來自各方的評論則可以用台灣農村陣線做為代表，該陣線當時對行政院版的土地徵收條例修正草案所提出的評述意見主要有兩點：不得徵收的規定不夠嚴格，以及區段徵收的濫用並不會因此而有所改善。[36]

　　修訂土地徵收條例不同意見的塵埃落定在2011年12月13日，立法院表決通過土地徵收條例修正草案。面對農民與社運團體一波波的抗爭

---

[36] 「717凱道守夜後，行政院長吳敦義面見農民代表，承諾未來將免徵優良農地，且『特定農業區不開發、不徵收』；……行政院版草案雖然規定『特定農業區之農牧用地』不得納入勘選範圍，但卻有很多例外（國防、交通、公用事業、公共衛生事業、環境保護事業所必須或零星夾雜或經行政院核定之重大建設所需者，還是可以徵收），表面上看起來好像是在保護特定農業區，實際上卻開了許多後門」（陳平軒，2012a：272-273）；「目前區段徵收如此氾濫的原因，是因為區段徵收可以用抵價地代替徵收補償費，所以政府不用事先支付大筆的補償費，可以有效降低開發成本；而農地轉為建地後的稅負收入與政府可以趁機取得大量的配餘地供標售、標租或設定地上權，更使地方政府將區段徵收視為改善財政的優先手段」（陳平軒，2012a：274）。

訴求，立法院當時修法的具體內容除了確認今後有關土地的徵收應以市價爲準之外，最後階段的朝野協商又加入今後凡屬行政院核定的重大建設項目，必須建置爭議處理機制，也就是回應六大訴求中的必須舉辦聽證會聽取各方意見，以凝聚共識；此外，有關土地徵收審議委員會的組成，也明訂專家學者及民間團體代表不得少於二分之一（工商時報社論，2011/12/14）。

與大埔徵地案相關最具體的重大決議則是內政部都市計畫審議委員會於2012年7月24日召開第784次會議，通過大埔案的都市計畫變更案，維持拆除苗栗大埔自救會彭秀春、朱樹、柯成福的房屋，以及不予原地保留黃福記土地的結論（台灣農村陣線、政大第三部門研究中心主編，2012：379）。最後的結果則是，內政部營建署在8月7日召開第785次會議，正式決定不予保留大埔四戶居民的房屋和土地；隔天台灣農村陣線與大埔居民就在立法院召開記者會，呼籲內政部都委會應依土地徵收條例第44條第1項第4款，房地原位置保留的專責要由行政院核准（台灣農村陣線、政大第三部門研究中心主編，2012：379）。

第四節　2013年以來的後續發展

從2011年12月土地徵收條例修正案的通過，乃至於2012年7月和8月主管機關決議維持拆除房屋與不予原地保留土地，2013年7月的一連串事件使得整個情勢有更進一步的發展。而其導火線則是苗栗縣政府在2013年6月11日發文給彭秀春、朱樹、柯成福（房屋）與黃福記（土地）等四戶，「限期同年7月5日搬遷，否則強制執行，引發大埔自救會居民於6月27日到行政院大門口抗議，並集結全台多個團體、自救會聲援，發起『七月五，救大埔』行動，將於當天在張藥房集結守護」（轉引自鍾麗娜，2014：258）。

　　行政院後來在2013年7月2日對於三年前保留所有建物沒有前提的承諾表示，要以公平合理做為前提條件的說法，從而引發社會輿論的重視。吳敦義副總統在同年7月4日否認他在行政院長任內的保留承諾跳票，強調當初承諾的是，「只要房屋合法，就原地保留，並不是指全部保留」、「當時寫得太扼要」（轉引自鍾麗娜，2014：259）。大埔徵地案四戶拆不拆的爭議最後在馬英九總統的關切之下，由吳敦義副總統在7月5日邀集行政院長江宜樺與苗栗縣長劉政鴻於總統府所召開協調會的結論是，前行政院長、當時的副總統「吳敦義強調，大埔拆遷案只剩爭取原地保留的四戶有爭議，當時的結論寫得太扼要，寫『原屋原地保留』；這四戶不是道德上有問題，也沒有違法，只不過土地有些人要做經濟上使用，有些要農用，『我們尊重他們的選擇，設想他們所處環境，看有沒有方法可以兼顧情理法』」（紀文禮、楊濡嘉，2013/07/05）。

　　拆除事過境遷之後，聯合晚報社論（2013/07/24）針對拆除大埔建物情境及後續的影響則指出，「苗栗縣拆了大埔四戶，縣長劉政鴻還留下『老天爺賜給的機會』名言。但一週來，事件未因四戶被拆而落幕，反而陸續有大學教授及學生因抗爭而被捕，眼看著遍地烽火。……但最後仍被縣政府以『天賜良機』迅速拆屋。這種手段在社會觀感上引起很大衝擊，也難怪不滿的住戶及聲援者要以『今天拆大埔，明天拆政府』激烈方式抗爭到底」。

　　正由於在大埔案發生三年後仍有諸多後續的重大發展，從內政部長轉任行政院長的江宜樺於是在2013年8月22日針對大埔自救會的訴求，於行政院院會提出四點回應：第一，區段徵收將修法兼顧必要性與公益性；第二，土地徵收委員的機關代表可少於二分之一；第三，自救會主張土地徵收案全部由內政部舉辦聽證會，實務上並不可行；第四，由三名估價師進行估價，則會產生結果是否代表政府公權力的問題。江宜樺院長當時對於這四點回應的政策理念之說明包括：「他在內政部長任內，有邀請農陣團體的主要成員，對土徵法逐條討論，大多數訴求都已修正入法，兼顧必要性和公益性；少數訴求如廢除土徵條例，受邀的地方政府代表，沒有一

個贊成要以這麼激烈的方式廢除。……機關代表可少於二分之一，但若全由學者專家及公益團體代表組成則恐窒礙難行。……內政部一年徵收案件達上千件，（筆者按：土地徵收案的聽證會）必須全部由內政部舉辦，實務上明顯不可行。……土地徵收案由三名估價師估價。江宜樺說，會有估價師協會負荷量及估價結果是否代表政府公權力等問題」（楊湘鈞，2013/08/23）。

2013年8月到2016年9月的發展

　　回顧整個徵地案從2013年8月以來，有三個重要的發展，其一是當事人之一意外身亡引起的諸多揣測，其二是司法與監察針對行政程序進行檢討，其三則是政黨輪替後，蔡英文總統在2016年9月宣示要原地重建大埔的張藥房。

　　首先，大埔徵地案整個過程曾經發生兩件令所有人遺憾的事故，一次是在2010年8月3日朱馮敏阿嬤喝農藥自殺的悲劇，另一個事故則是2013年9月18日大埔四戶之一張藥房的老闆張森文，被發現陳屍在住處附近排水溝渠。針對該事件可能引發的影響，中國時報社論（2013/09/21）指出，「張老闆的死因究竟為何，尚需檢警進一步偵辦……縣政府也許自認依法有據，民眾卻認為法規與審查程序都由官方把持，並不站在人民這一邊，因此既不信任也不接受」；該社論認為，苗栗縣政府對於大埔徵地案的處理，並沒有「放軟姿態加強溝通，在更多緩衝時間中，尋找其他處理方案，避免讓情緒擴大，以致官民雙方陷入對立僵局」（中國時報社論，2013/09/21）。由於張藥房老闆張森文往生事故發生的當下，社會的整體氛圍正因為2013年7月和8月的洪仲丘事件，由公民組織團體所發起的白衫軍運動而發酵沸騰，從而影響到大埔自救會和其他公民團體與中央和地方政府之間信任關係的建立。

　　其次，司法判決與監察調查方面，高等行政法院在2014年1月3日的

更一審做出認定，內政部審議程序違法，判決爭議的四戶勝訴，而同案提出告訴的二十人維持敗訴的原判。「台中高等行政法院法官認為苗栗大埔區段徵收案，事前並未和地主協議，審議委員也沒到現場實地勘查，未達實質審查效力，昨天判處張藥房等四戶八人勝訴」；而該案判決結果的關鍵則在於，「法官認為內政部及苗栗縣府在與地主協議價購時，只依97年（筆者按：2008年）的公告現值計算，地主只能接受或不接受，無法對土地價格進行實質討論，違反土地徵收條例規定」（林良哲等人，2014/01/04）。

　　司法判決的結果也引起社會輿論的回應，聯合報社論（2014/01/07）就研判，「內政部的態度傾向不上訴，希望透過提供救濟或補償的方式，儘速平息此一風波。亦即，政府目前選擇的是『政治解決』」，然而該社論特別強調的制度面觀察則是，「這次高等行政法院判決所挑戰的對象，不是反大埔團體鎖定的實際負責區劃、徵收及拆遷的苗栗縣府，而是內政部的區段徵收制度，認為『土地徵收審議委員會』之審議程序未落實公益性等三大原則而違法。如果內政部放棄上訴，不啻等於自承區段徵收審議制度不當」（聯合報社論，2014/01/07）。[37]就此而言，針對土地徵收審查序過裡面的土地徵收審議委員會之組成方式，過去無論是工商時報社論（2011/12/14）所提出應該要明訂專家學者及民間團體的代表不得少於二分之一，或是工商時報社論（2011/07/21）所明確主張，「除非讓土地徵收審議委員會的專家席次大幅提高，否則土地徵收的公益性依然得不到客觀的評估」，都指陳出社會輿情所更重視的是政府在依法徵收土地過程的程序正義。

---

[37] 事實上，該社論也有針對高等行政法院更一審的判決內容提出「若干令人無法理解的疑點」，包括：「第一，判決改判張藥局等四戶勝訴，但對於同案提出告訴的二十人卻維持敗訴的原判，似有雙重標準之嫌。第二，對於擔任事後審查的內政部，高等行政法院用嚴格的標準檢驗其程序；但對於實質執行徵收、補償及拆建的苗栗縣府，法院卻不置一詞，這也給人避重就輕之感。第三，判決中說大埔四戶土地被違法徵收應歸還，卻又強調這些土地已變成道路或其他用途，『客觀上已無法返還』，需另求救濟。這樣的描述不僅給了當事人錯誤的認知，也徒增後續處理的困擾」（聯合報社論，2014/01/07）。

當時台灣農村陣線理事長徐世榮（2014/06/09）在自由時報〈澄社評論〉的專欄，曾經提出具體的政策主張，「我們要求政府應即刻停止所有的土地徵收，並且馬上建制民眾實質參與都市計畫及土地徵收的民主程序」。在2014年11月29日直轄市長和縣市長及其他地方公職人員選舉之前，「台灣農村陣線公布新的徵收地圖，該份調查報告指出，截至2014年為止，全台預定被徵收的農地面積已高達1萬1490公頃，比2010年修法時的5709公頃多出將近兩倍」（胡慕情，2015：300）。

而自該次我國地方自治史上最大規模地方選舉的所謂「九合一選舉」以來，更宏觀的政策主張則可以台灣土地社會聯盟提出的《台灣土地宣言》做為代表，在2015年11月10日，由超過三十位的產官學人士共同發表《台灣土地宣言》，並提出五種土地政策應該有的態度和十項土地政策的修正方向，希望政府能在合理利用土地資源和公平分配土地利益的前提下，制定「土地基本法」和「國土計畫法」。而且，「該宣言的召集人、國立台北大學副校長李承嘉指出，現行掌管土地政策的政府單位層級相對基層，應該要把整體的土地政策拉高到行政院主導的層級，而非只是單純由地政司及營建署來處理」（徐義平，2015/11/10）。

在2016年1月16日總統與立法委員選舉結束之後，前台灣農村陣線發言人、民進黨不分區立法委員蔡培慧隨即於2月1日就任後的同月19日在立院施政總質詢時，要求內政部應返還土地，並檢討土地徵收小組審議公開程序。她在立法院院會質詢內政部長陳威仁時，明確的要求「內政部應返還土地，並檢討土地徵收小組審議公開程序」；「蔡培慧要求，政府應參酌人民意見，提出土地徵收條例修正案，讓土地徵收審議程序更加公開透明、落實公共利益以及必要性原則，讓被徵收人民可以表達意見，並開放記者採訪」（周志豪，2016/02/20）。[38]

---

[38] 當時內政部長陳威仁的回覆是，「依據都市計畫，張藥房土地已成道路用地，是否返還要苗栗縣政府處理，但當初行政瑕疵，已請苗栗縣政府主導協調、補正；至於土地徵收小組審議程序是否開放民眾參與提議，陳威仁強調，要把所有權人的姓名、土地位置全數公布，已涉及個資問題」（周志豪，2016/02/20）。

前述來自學術界和社運界、乃至於立法委員所提出召開「全國土地會議」，制定「土地基本法」與「國土計畫法」與發布國土計畫的宏觀政策建言，或是「由內政部舉辦所有的土地徵收聽證會」、「以聽證會的制度取代土地徵收審議委員會的制度」的政策建議，乃至於「停止所有土地徵收」的政策主張（徐世榮，2014/06/09），仍然持續的在2016年之後發展醞釀當中。而其中最令人矚目的當是2016年8月行政院長林全表示，只要法令許可，將朝向重建張藥房的方向努力，以及同年9月蔡英文總統所承諾「重建張藥房」的政策指示。

面對由惜根台灣協會、反迫遷連線，經濟民主連合等公民組織主辦，全台六十多個自救會團體共同參與2016年9月25日「新政百日、迫遷依舊、土地正義、重返凱道」的反迫遷遊行，針對他們所提出的五項訴求[39]，總統府的正式回應包括（崔慈悌、郭建伸、周毓翔，2016/09/27）：內政部日前公布的制度改革規劃，正是按照公民團體的訴求，朝財產權和居住權脫鉤的方向來研議；並以公開透明、民主參與為原則，在土地徵收與城鄉更新的過程，強化對「正當性」、「公益性」、「必要性」的審議。未來的總統府人權諮詢委員會，將優先納入居住權領域的專家。此外，張藥房原地重建的承諾，總統很重視，政府一定會做到。[40]

由於「總統蔡英文回應政府一定會做到『張藥房』原地重建承諾」（董俞佳，2016/09/27），從中央到地方主管機關的行政官員也因而陸續做出正式表示。首先，內政部營建署副署長王榮進就指出，「張藥房拆除

---

[39] 這五項訴求如下（中央社，2016/09/25）：一、全面修法，落實居住權；二、嚴格檢視開發必要性，資訊公開，全民參與；三、暫停所有爭議個案之執行，進行爭議處理機制；四、行政院成立專案小組檢視個案，向總統府人權諮詢委員會報告；五、具體承諾重建大埔張藥房及黃福記兩戶。

[40] 這些由蔡英文總統指示總統府發言人黃重諺的正式回應還有以下兩點：總統關心居住權利的議題，已指派總統府副秘書長姚人多，傾聽各個團體的心聲，做為日後推動改革的參考。另外還有，重視每一個人的居住權利，讓生活環境更好，更有尊嚴，是政府推動城鄉更新的目標。

後，土地已變更為不可建築的道路用地，重建的第一步是須先進行都市計畫審議委員會，將土地變為住宅用地；由於土地已被徵收，變更用地後即可發還土地；然後，再向縣府申請建築執照，才能完成原地重建」（崔慈悌、郭建伸、周毓翔，2016/09/27）。

此外，苗栗縣長徐耀昌雖然表示，「縣政府從善如流」（范榮達，2016/09/27），願意配合營建署專業並取得彼此之間的共識，一切依行政。然而苗栗縣政府的工商發展處、地政處的官員則是強調，重建的工作不只難度高而且要修法，「必須克服都市計畫及建築法限制，縣府徵收張藥房約22平方公尺土地，目前屬道路用地，另餘2.11平方公尺未徵收，屬第二種建築用地，原地重建需辦理都市計畫變更。即使都市計畫變更過關，張藥房第二種建築用地建蔽率50%、容積率100%，原地重建只能蓋10多平方公尺的二樓建築。此外，都市計畫道路退縮5公尺建築線的問題，都得修法解決」（范榮達，2016/09/27）。

我國的土地徵收政策的發展，從土地徵收條例在2000年公布全文63條正式施行，到2011年12月由立法院三讀通過，2012年元月修正公布，乃至於同年9月起施行被徵收的土地按照徵收當期之市價補償其地價，都不斷隨著社會經濟的演進，以及土地徵收所引發政府和民眾重大爭議，而幾次加以修訂增訂法律規範。苗栗大埔徵地案做為指標型的政策個案，是曾經引起社會輿情最高度矚目關注的案例，伴隨著2016年政黨輪替之後，蔡英文總統重建張藥房的正式承諾及強化土地徵收對於「正當性」、「公益性」、「必要性」的審議，下一波的政策能量仍然在持續不斷的醞釀當中。

　　PEW Research Institute（1997）在1990年代曾經發現兩個很奇特、也很難解讀的調查結果。一方面，「社會大眾將（對於國家的不滿）歸責於國會」（the public is more of one mind as to who's fault－Congress），另一方面調查結果也顯示，「（國家的問題）是民眾他們自己」（"the people themselves" for the country's problems）。Brewster and Stowers（2004: 6-7）對此的解釋是，社會大眾希望政治人物能夠堅守個人信念和正直不阿的立場，然而，有的國會議員則是認爲，選民只想要聽他們想聽的話。

　　苗栗大埔徵地案的本質是因爲經濟開發的需求，而由政府針對農地進行區段徵收，這樣的政策需求和類似的個案背景，長期存在於台灣農村的很多角落。《台灣社會研究季刊》2015年3月「台灣戰後農村土地改革的前因後果」專刊，以及該季刊同年9月「重探台灣戰後農村土地改革專題：評論與回應」專刊裡面，瞿宛文（2015: 14）在回顧戰後六十多年來台灣農村土地改革時指出，從1949年的三七五減租，1951年的公地放領，以及1953年耕者有其田條例的正式施行之後，爲了協助農地移轉成爲工業使用，政府在1960年通過「獎勵投資條例」，使得工業用地之編定、取得及管理有了法律依據；由於政策也早就鼓勵在農村設立工業區，因此到了1981年爲止正式成立的62個工業區裡面，有30個是在農村地區（瞿宛文，2015：51）。

　　廖彥豪、瞿宛文（2015: 126-131）在「台灣戰後農村土地改革的前因後果」專刊內，重現當年擬定和施行實施耕者有其田條例的過程指出，當時在國民政府遷台的政治變局之下，國家的能力不足，加上美國因素的

介入，本省地主菁英並不是全盤的弱勢，所謂「強國家—弱社會」與「強中央—弱地方」的看法並不正確。而在提出「兼顧地主的土地改革」的觀點之後，瞿宛文（2015: 55-56）更進而強調，體制的改變對於整體經濟和經濟發展的影響分為兩個方面：土地政策改變了耕地做為「投資標的」的報酬和條件，以及土地改革帶來了土地財產權制度現代化的變革；她還指出，對於農用農地的投資，因為2000年農業發展條例修正為容許農地自由買賣，並可以興建農舍，此後的投資就多非農用。

對於本書所探討區段徵收過去的相關個案來說，最完整的記錄莫過於農業發展條例在2000年修正通過後，內政部編印（2005）的《麻雀地變鳳凰城：台灣區段徵收案例實錄》，該書將區段徵收的13個開發案例分為三類：中央與台灣省政府辦理開發地區；北高兩市政府辦理開發地區；以及縣市政府辦理開發地區。在該本區段徵收案例實錄出版五年後，苗栗大埔徵地案的發生，以及後續的政策發展，成為本書的研究主題；而在該案例實錄出版十年之後，遠見雜誌2015年八月號的封面故事也以「（回不去的）24萬甲耕地消失」做為主題（李建興，2015：134-135），探討從2000年農業發展條例的修正案通過以來，以具體的數據論述對於農地農用與農糧安全問題所造成的六個嚴重衝擊，以及所形成的危機（李建興，2015：136-137）。其中，與地方經濟發展和農村土地價格相關的兩個現象包括：台灣的農地價格每公頃1500萬元，是日本244萬元的6.2倍，是美國9萬元的167倍。此外，從2012年8月實價登錄制度上路以來，農地價格大漲，農地價格與農用價值脫鉤；以2012年第三季和2015年第一季的每分農地的價格為例，農地漲幅最高的五個縣市是台東縣（每分農地30萬元漲到121萬元）、彰化縣、南投縣、雲林縣、宜蘭縣（每分農地272萬元漲到424萬元）。

由此得以顯見，無論是經濟開發需求、或是農用農地投資，政策議題的本質並沒有改變，做為國家長期施政的政策主軸，土地徵收的政策問題和所引發的政策爭議，一直都備受學界人士和社會輿論的關注。本章針對大埔徵地案在2010年6月8日到9月8日的期間，焦點事件發生後的最早階

段，從問題流和政策流開始，在探討政策參與者階段性的策略互動之後，最後再試圖描繪出公民社會的治理圖像之初探。[1]

第一節　事件的問題流與政策流

　　基於理論運作化的專章所敘述內容分析法的研究設計，2010年6月8日到9月8日的「碰撞與激盪」階段，第一個時期（6月8日到7月17日，合計40天）是從苗栗縣政府清除認定為占耕的稻田開始，到「717凱道守夜行動」為止；第二個時期（7月18日至9月8日，合計53天）則始於總統府前面的集會遊行和夜宿凱達格蘭大道，到天下雜誌公布「2010縣市長施政滿意度調查」為止。

表4-1　主題內容類目的則數表 單位：則數／%

主題內容類目　　報別	自由時報	聯合報	中國時報	蘋果日報	全部
徵地爭議活動	25（35%）	24（34%）	13（18%）	9（13%）	71（100%）
協調過程內容	30（44%）	13（19%）	16（24%）	9（13%）	68（100%）
土地徵收條例	3（12.5%）	2（8.5%）	18（75%）	1（4%）	24（100%）
五都選舉	5（36%）	0（0%）	5（36%）	4（28%）	14（100%）
農村再生條例	12（57%）	3（14.5%）	4（19%）	2（9.5%）	21（100%）
其他	25（41%）	5（8%）	19（31%）	12（20%）	61（100%）
全部	100（100%）	47（100%）	65（100%）	34（100%）	

---

[1] 本章希望探討的問題延續魯炳炎（2012/11/09）的提問：「如何運用國家機關的能力，透過和社會團體互動的過程建立政策的共識」，以及「如何進行議題管理，以影響政策執行的效果」。

　　如表4-1與表4-2所示，在報導總則數246則裡面，依序包括：自由時報的100則、中國時報的65則、聯合報的47則、蘋果日報的34則。以兩個時期報導的則數，除以兩個時期的日數，再換算成兩期平均的每日報導則數可以發現，四份全國性報紙第二期報導的平均則數都高於第一期的平均則數。中國時報第二期的平均則數（1.23則／每天）是第一期平均則數（0.28則／每天）的4.5倍，這可以看出在7月17日凱達格蘭大道上集會遊行夜宿活動之後，第二期的7月18日至9月8日相關報導明顯受到新聞媒體和社會輿情的重視。[2]

表4-2　主題內容類目的分期則數表 單位：則數／%

主題內容類目 ＼ 報別	自由時報		聯合報		中國時報		蘋果日報		全部		
	一期	二期	一期	二期	一期	二期	一期	二期	一期	二期	全期
徵地爭議活動	21	4	10	14	6	7	3	6	40	31	71
	25		24		13		9		63%	16%	27%
協調過程內容	1	29	1	12	1	15	1	8	4	64	68
	30		13		16		9		6%	33%	26%
土地徵收條例	0	3	1	1	5	13	0	1	6	18	24
	3		2		18		1		10%	9%	9%
五都選舉	1	4	0	0	5	0	5	0	4	1	13	14
	5		0		5		4		2%	7%	5%
農村再生條例	6	6	0	3	1	3	0	2	7	14	21
	12		3		4		2		11%	7%	8%
其他	2	23	0	5	0	19	3	9	5	56	61
	25		5		19		12		8%	29%	24%

[2] 本研究顯示，如果將相關的報導依據報導方式，劃分成為記者報導、社論、民眾投書，以及其他的四個類目進行歸類後，可以發現共有71則的「民眾投書」（占246總則數的29%），其中依序分別是：自由時報（36則）、中國時報（20則）、蘋果日報（9則），以及聯合報（6則）。這除了顯示事件爭議已經引起一般大眾和社會輿論的關切注目之外，無論是報導徵地案則數或是接受民眾投書的則數，自由時報和中國時報都比其他兩份報紙要多。聯合報的報導則數雖然有47則，但民眾投書只有6則，相對的比例還低於蘋果日報34則報導的9則民眾投書，因此可以觀察到的是，聯合報的編輯角度並不同於其他報社。此外，蘋果日報對於徵地爭議事件相關活動的9則報導裡面，則是唯一一家沒有刊載任何支持苗栗縣政府立場新聞報導的媒體。

　　如果進一步將報導內容分成六個類目觀察則發現，除了徵地爭議和協調過程之外，社會輿論對事件討論的角度相當廣泛，包括法令改革、社會運動，以及經濟發展。值得注意的是，「其他」類目的則數偏高（61則，占總則數24%），細觀其討論內容則是包括農運、社會運動、經濟發展、環保與土地正義，而對於個別對象的評論，則包括國民黨、馬英九、劉政鴻，以及企業界的郭台銘和群創光電等個人或機關公司。

　　探究六個主題類目的內容可以得知，與法令規章相關的土地徵收條例和農村再生條例的則數，雖然分別只有24則和21則，但其中不乏學界人士所提出具有學術基礎的政策評論。在「717凱道守夜行動」之前，清華大學人社院李丁讚教授（2010/07/01）針對土地徵收條例，就曾經在中國時報投書指出，「土地徵收必須有『公共性』和『必要性』的先決條件，但在新自由主義的全球局勢下，這些公共性和必要性的評估很容易被忽略……（筆者按：他引述）徐世榮教授在日昨的『時論廣場』指出，台灣的土地徵收制度遠離正義，只要徵收程序啓動，被徵收的一方就完全沒有說話的餘地，而且還可以說是依法行政。這是台灣徵收制度的嚴重缺陷」。

　　當時相關的新聞評議和報導也都凸顯出社會輿論對於法令規章的高度重視，中國時報《短評》（2010/07/17）就針對農村再生條例指出，「《農再條例》絕非拯救農村的特效藥，各級政府的心態更須與時俱進調整，才能避免重蹈『怪手破壞良田』覆轍」。然而，農委會對此的回應是，農村再生條例和農地的徵收沒有關係，「農委會水保局主秘簡俊發表示，大埔徵地事件的起因是農民對苗栗縣政府的土地徵收程序存有疑慮，而農再條例中並沒有強制徵收土地的規定，兩者毫無關連。農委會指出，推動農再條例就是要以農村爲主，兼顧農民、農業發展，絕不會有大埔徵地事件重現問題」（曾懿晴，2010/07/18）。

　　但是，自由時報的報導內容則和農委會官員的發言內容相互扞格，因此農村再生條例眞的可以說是「一個條例，各自表陳」。「立法院臨時會昨天三讀通過『農村再生條例』，將分十年編列一千五百億元的農村再生

基金，推動農村再生。農村社區對再生計畫若有不同意見，由居民以『多數決』決定；影響所及，未來台灣農村將面臨重大變革，財團只要結合多數地主掌握『多數決』，即可改造農村，『小農』勢將成為犧牲品。條例通過後學者憂心忡忡，認為留下農地被財團炒作空間，苗栗大埔事件恐會重演」（邱燕玲等人，2010/07/15）。

　　政府官員和新聞媒體對於政策的各說各話，一方面已經否定了第一個時期（6月8日至7月17日）所建立起來溝通對話管道的功能，另一方面則使得政府主管機關的農委會失去了透過對於新通過的農村再生條例，而和大埔自救會和其他公民組織團體做進一步解釋說明和商議互動的機會。

　　在農村再生條例通過三個星期之後，中國時報社論（2010/08/08）表達立場如下，「《社論》人民將檢驗馬總統『環保優先』的承諾」。而其他媒體更在農村再生條例通過一個半月後，以醒目的標題報導苗栗縣縣長劉政鴻的施政滿意度因為大埔徵地事件而大幅滑落。例如，蘋果日報「辣蘋果專欄」余艾苔（2010/09/08）指出：「縣市長是父母官，民眾評斷的是他們處理縣政的能力，所以當劉政鴻讓怪手開進稻田，毀掉農民辛苦稻作後，民眾的憤怒是不會管有沒有簽什麼兩岸經濟合作架構協議（ECFA），因為ECFA離他們太遠，但稻田被踐踏，卻在眼前上演，試問劉政鴻的民調還會高嗎？」

　　誠如前面的表4-2所示，如果將前述主題內容的六個類目以凱達格蘭大道7月17日的守夜活動做為分界點，第一期的報導聚焦在徵地案的爭議活動（40則），第二期的報導焦點是以協調過程內容（64則）和「其他」（56則）為主。而值得觀察的還有，一方面，自由時報對農村再生條例報導12則報導比其他三報加起來的9則還要多，而另一方面，中國時報對於土地徵收條例的18則報導則數，則是其他三報加起來6則的三倍。然而，單純只是從更多則的新聞篇幅進行報導相關法令的規範來看，是否意味著更不利、或是更有利於官方的報導方向，則仍然要看消息的來源而定。

　　此外，如表4-3所示，依據消息來源的八個次類目，消息來源是大埔自救會（23%，65則）和一般民眾（18%，51則）的比例，比中央政府（15%，41則）和苗栗縣政府（11%，31則）要高。事實上，「其他」類目消息來源的則數事實上也很高，這些消息管道包括：報社的社論短評、記者特稿、社運團體（台灣農村陣線）、候選人發言、總統專訪等。再仔細觀察報導方向的三個次類目結果還會發現，支持大埔自救會（60%，147則）的比例比抱持中立者（28%，69則）多出一倍，而且是支持苗栗縣政府相關報導（12%，30則）的五倍。

表4-3　消息來源類目的分期則數表 單位：則數 / %

報別　消息來源類目	自由時報		聯合報		中國時報		蘋果日報		全部		
	一期	二期	一期	二期	一期	二期	一期	二期	一期	二期	全期
中央政府	1	4	1	14	1	12	1	7	4	37	41
	5		15		13		8		6%	17%	15%
苗栗縣政府家	6	4	2	3	4	6	1	5	13	18	31
	10		5		10		6		19%	8%	11%
大埔自救會	14	16	4	5	5	10	2	9	25	40	65
	30		9		15		11		36%	19%	23%
政黨	5	2	1	1	1	2	0	4	7	9	16
	7		2		3		4		10%	4%	6%
專家學者	2	12	0	2	2	7	2	6	6	27	33
	14		2		9		8		9%	13%	12%
民意代表	1	1	1	0	2	1	0	0	4	2	6
	2		1		3		0		6%	1%	2%
一般民眾	2	21	2	6	2	11	1	6	7	44	51
	23		8		13		7		10%	21%	18%
其他	0	9	1	4	1	18	1	4	3	35	38
	9		5		19		5		4%	17%	14%

　　這樣的結果並不令人感到意外，由於消息來源直接來自大埔自救會和一般民眾，報導方向的角度也自然會傾向於支持自救會。然而，值得注意的是，隨著政府機關執行公權力後續新聞事件的發展，當傾向於支持自救會的新聞報導數量是傾向於支持苗栗縣政府報導數量的五倍時，此時國家機關「依法行政」和當事人與公民組織團體之間的階段性互動，在新聞報導內容所顯現還原出來的新聞現場實況，不但可能影響到一般大眾的社會觀感，也可能在政治流的發展路途上，埋設了再次被引燃的導火線。

　　對於問題流而言，「誰關注什麼和何時關注，是非常的重要」（who pays attention to what and when is critical）（Zahariadis, 1999: 75）。雖然平面媒體對徵地爭議相關報導逐漸減少，然而取而代之的則是政策協調的過程，自由時報在7月18日到9月8日（53天）期間對於協調過程的30則報導，幾乎占該期間64則總則數的一半。新聞媒體從事長期持續的追蹤報導之誘因，吾人固然不得而知，但可以確定的是，從大埔自救會在6月23日和30日曾經兩次北上總統府和監察院陳情開始，「717凱道守夜行動」的焦點事件，已經引起社會各界廣泛的共鳴。這樣的社會興情不只見諸於行政院長吳敦義在7月19日親自出面協調並接見苗栗大埔自救會代表，吳敦義院長和苗栗縣長劉政鴻還在「717凱道守夜行動」五天後，在7月22日舉行的記者會上，除了劉政鴻縣長公開道歉之外，吳敦義院長也提出「以地換地」的方案，而吳院長在8月17日也再度接見大埔自救會的代表。

　　從政策流的觀點來說，Kingdon（1995）認為，特定方案的出現業經政策理念重組「軟化調和」（softening up）的過程、漸進式所產生出來的，無論是6月8日徵地事件的發生、大埔自救會在6月23日和30日兩次前往總統府和監察院陳情，或是「717凱道守夜行動」，政策視窗的開啟也促成吳敦義院長在兩天後的19日提出「縮小徵收範圍、從優從寬補償、訴願三方案」（李信宏，2010/07/21），並進而在24日提出「以地換地」的替代方案：「在區段徵收範圍內，以大埔自救會會長陳文彬的田地及房舍為中心，劃定一塊5公頃土地，供拒絕徵收的24戶農民領回

相同面積的土地繼續耕作，維持原有的農民生活」（仇佩芬、朱立群，2010/07/23）。

如果再進一步比較第一期（6月8日至7月17日）消息來源是以苗栗縣府為主，第二期（7月18日至9月8日）消息來源是以中央政府為主，單單是觀察到報導則數所呈現的高倍數成長，就已經值得政府機關在強力「依法行政」過程當中的警惕。例如，消息來源是大埔自救會的從25則增加到40則，消息來源是一般民眾的從7則增加到44則，而其他的消息來源則是從3則大幅增加到35則。當傳統所認為政治立場不同的平面媒體所報導出來的新聞內容，無論報導則數或消息來源、甚至報導內容都比較傾向於民間的個人組織或團體，不但會影響社會輿情對於政府聲稱執行公權力的觀感，也不利中央政府後來所提出政策方案的正當性。

歸納前述傾向一面倒支持自救會相關報導加倍出現的研究觀察，所顯示的意義值得進行更深入的探討，這兩個初步的研究觀察包括：

第一，「當消息來源愈來愈多元，新聞傳播媒體在短期間大篇幅的報導爭議性很高的特定政策議題，就會引起社會大眾愈來愈多的關切和投入，進而再使得支持大埔自救會相關報導的加倍出現」；

第二，「在焦點事件（「717凱道守夜行動」）的發生促使新聞報導數量加倍出現之後，私部門的政策企業家（例如學者專家和公民組織）與中央政府以及地方政府的階段性互動，會影響到政策方案提出的時機和內容」。

基於以上的分析，筆者將所謂的報導強度定義如下：「報導強度＝照片得分+文字得分+版次得分」。如果將四份報紙的各篇報導依據公式換算每一則報導的報導強度，再區分為第一期和第二期的報導可以發現，第二期的報導強度，是第一期報導強度的四倍。如表4-4所示，大埔徵地案在7月17日凱達格蘭大道夜宿活動之後引發媒體的高度關注，自由時報第二期報導強度是第一期的2.71倍，聯合報第二期報導強度是第一期的4.28

倍，中國時報第二期報導強度是第一期的8.25倍，蘋果日報第二期的報導
強度是第一期的5.14倍。整體的報導強度，依序是自由時報（41%）、中
國時報（25%）、聯合報（18%）、蘋果日報（16%）。

表4-4　報導強度分析表 單位：則數／%

報導強度	第一期6/8~7/17（40天）		第二期7/18~9/8（53天）		全期6/8~9/8（93天）	
自由時報	205	55%	555	37%	760	41%
聯合報	65	18%	278	18%	343	18%
中國時報	51	14%	421	28%	472	25%
蘋果日報	49	13%	252	17%	301	16%
全部	370	100%	1506	100%	1876	100%

　　在第一期，自由時報的報導強度最高（55%），聯合報的報導強度
次之（18%），兩者差距三倍；在第二期，報導強度最高的是自由時報
（37%），中國時報的報導強度（28%）次之。而基於這個定義，重新檢
視表4-3並對照表4-2還可以發現，自由時報在這兩個時期最主要的消息來
源是大埔自救會（30則）和一般民眾（23則），聯合報在這兩個時期主
要的消息來源是中央政府（15則）和大埔自救會（9則），而中國時報在
這兩個時期主要的消息來源則是大埔自救會（15則）和中央政府與一般
民眾（都是13則）。

　　在前述所謂的報導強度之基礎上，筆者所得到的研究觀察有兩個，值
得後續深度訪談分析的賡續探討。第一，「消息來源愈是來自大埔自救會
和一般民眾，報導強度就愈強」；換言之，「照片面積愈大（如果該則報
導有附照片的話），報導的字數愈多，出現的版面也愈前面」。第二，重
新檢視表4-2和表4-4還可以發現另一個研究觀察，「愈是重視土地徵收條
例和農村再生條例相關報導的媒體，報導強度就愈強」。

第二節　階段性的策略互動：權力、課責、治理

　　基於以上的觀察分析，由於透過內容分析法的資料蒐集所做的初步分析，此等報導主題取向和報導強度高低其實並不足以證實政府官員沒有進行議題管理，以致於媒體在短期內大篇幅密集報導的延燒，不僅無法具體回應公民組織團體的需求，也讓利害關係人感受不到政府解決問題的誠意。基於魯炳炎（2012/11/09）當時純粹基於內容分析法所獲得的四個研究結論[3]，筆者因而在2012年12月到2013年2月期間進行深度訪談。當時該文對於大埔徵地案的分析，是基於陳恆鈞（2002: 92; 2012: 65）「治理互賴與政策執行模型」所強調的，國家和社會的治理互賴並不是以國家機關為中心，政策是由國家機關和主要利害關係的個人、組織、團體、或是部門共同協商而成。該模型探討國家與社會的治理互賴關係對於政策執行成效的對應性、普及度、貫徹性之影響，「當公民社會的影響力量愈來愈強時，並不代表國家機關能力的降低，反而可以強化國家機關的能力基礎，以提升政策執行的能力」（陳恆鈞，2002：93）；換言之，國家機關和公民社會各有其自主性，國家機關不再是擁有絕對權威的控制者。[4]

---

[3] 魯炳炎（2012/11/09）這四個研究觀察包括：第一，官民之間的信任關係受到重創，會嚴重的影響到政策貫徹力。第二，強化政府的深入能力和商議能力，有助於提出可行的政策替選方案，形成社會資本，並促成標的團體的政策順服。第三，要加強法定政策和實際執行的政策對應性，就必須清楚說明法令規章。第四，新聞報導的強度會影響解決政策衝突方案的提出，進而有助於參與治理的推展和政策執行的推動。

[4] 對於所謂國家機關的能力，他援引Weiss and Hobson（1995: 6-7）的深入（penetration）能力、汲取（extraction）能力，以及商議（negotiation）能力，前兩項能力的性質比較穩定，第三種能力則會隨著政策環境和歷史背景的不同而有所差異（陳恆鈞，2002：115-121）。首先，深入社會的能力具備兩個層次的意義，深入社會和社會團體互動的能力，以及社會成員支持政權的程度，前者是後者的手段，後者是前者的基礎，只有深入社會才能整合力量並達成目標（陳恆鈞，2002：118）。其次，汲取能力是指國家機關從社會取得重要資源（包括納稅和徵兵）以維持運作的能力，特別是國家機關和社會團體要密切連結，成為一個具有凝聚力的的團體（Evans, 1995: 59）。最後，為了溝通協調和整合意見，就必須強化國家機關事先防範和隨機應變的能力，改變干預指導轉型成為協助輔導，並且有效運用策略促成多元的政策行動個人和團體成為合作的夥伴（陳恆鈞，2002：119-121）。

此外，所謂政策對應性（integration）是指法定的政策和實際執行政策之間的吻合程

　　爲了探索公民社會的民主治理過程裡面，Institute on Governance（2002: 3）所強調，「誰有影響力，誰做決策，以及決策者如何被賦予課責」（who has influence, who decides, and how decision-makers are held accountable），就成爲筆者在2012年12月到2013年2月期間，依據深度訪談結果的三個分析主軸。

　　第一，「政策方案的研議提出和傳播媒體的信息散布，都會影響到回應性（responsiveness）價值和責任（responsibility）價值的衝突」。在總統府前埋鍋造飯引發社會輿情關注之後，苗栗縣劉縣長的道歉（范正祥等人，2010/07/23）雖然使抗爭事件暫時平息，儘管大埔24戶抗爭農民已經感受到政府解決的誠意，也願意接受縣政府溝通和細部易地的規劃，但是他們對縣政府的換地方案還是不表樂觀。例如，地方民意代表就指出，「……所以從過去一陣子不愉快的經驗來說，農民沒有可以樂觀的道理啊！」；受訪的學界人士和非政府組織人士也都同意並認爲，行政院「以地換地」的方案「終究還是要回歸到地方的執行層面……當推土機進行（農田）整地之後，官民之間的信任基礎就已經蕩然無存了」（學界人士）。

　　特別是當苗栗縣政府先期試圖廣納民意的22場公聽會和說明會失去雙方溝通協調和開誠布公，只發揮政府將資訊透明化的功能，並無法促成更進一步的對話，前資深媒體記者因而總結說，「當時不但是媒體擴大報導，而且我看網路上相關的評論文章和照片甚至影片也不斷流傳，這些站在自救會這邊整體的社會氛圍已經起來了，有些雖然很情緒化也很煽情……這使得官方後續的溝通動作變得無濟於事」。所以，後來雖然群創

度，特別是執行人員的順從度和標的團體的配合度。政策普及度（scope）主要是指國家機關所採行的政策是否能使標的團體得到實際服務，這通常是用來衡量政策執行所使用的資源和相關行動指向原定服務對象的程度，而且要能將標的人口的大小和標的問題界定的很清楚，以避免產生過度涵蓋或涵蓋不足，從而引發利益分配不均的爭議。而所謂政策貫徹力是指國家機關所推動的政策達成預期結果或影響的程度，這樣一方面可以掌握政策對應性，另一方面也可以明瞭政策資源的使用情形和政策對社會問題所造成的實質影響（陳恆鈞，2002：198）。

光電有出具5000億投資意向書，苗栗縣政府也有表達願意持續溝通的立場，政府官員依法行政和執行公權力的責任價值，使得政府和業者所提出回應性的政策方案，無法有效聚合各方的偏好，沒有得到大埔自救會和其他公民組織團體的認同，難以建立彼此的信任關係，從而引發後來更大規模的抗爭活動。

在大埔農民贊成與反對之間，中央與地方來回互動之間，土地被徵收的所有權人之間，其實也有不同的立場。依據非政府組織人士的觀察，「一次又一次透過新聞媒體各取所需的報導，撕裂了老百姓和政府的互信，甚至會有人認為這是政府運作贊成徵地的當地農民出來這樣嗆聲」[5]，這種情況在7月17日自救會和社會團體夜宿總統府之後更加明顯。此外，中央和地方並不完全一致的政策思維，在媒體報導行政院長吳敦義在19日提出「縮小徵收範圍、從優從寬補償、訴願三方案」（李信宏，2010/07/21）之後，地方民意代表無奈的說，「行政院的政策主張雖然比較符合自救會的需求，但是在阿嬤喝農藥自殺以後，自救會和其他聲援團體就更加群情激憤」。

雖然退休的前政務官員說，「這個不幸事件的發生並沒有影響政府希望解決衝突的決心」，但是徵地事件的爭議存在於當地被徵收的土地所有權人之間，也存在於地方政府和中央政府之間；透過新聞的密集報導和社會輿情的壓力，當時吳敦義院長願意傾聽自救會代表心聲的政治舉措，直接促成地方政府後來反應的轉變。由此可知，當公民社會直接而強烈的政治參與和反映民意新聞媒體高度的持續關注，確實能夠對於政府的政策執行產生重大的影響，甚至可能進而迫使行政當局提出替選的政策方案，決策的形成絕對不是政府部門獨立制定完成。

對於決策者來說，議程設定的過程就像Dearing and Rogers（1996:

---

[5] 筆者按：當時的背景是中國時報以「竹南科園地主盼縣府速開發」為標題報導說：「（他們）站出來嗆聲捍衛權益，29日向前立委陳超明陳情，希望縣府拿出魄力，儘速完成整地開發，讓他們早日有個安身立命的家園」（簡光義，2010/06/30）。

1）所說的是一個持續不斷、由各種議題倡議者爭取傳播媒體、專家學者、社會大眾以及政策菁英關切矚目的過程。在2010年6月8日至9月8日「碰撞與激盪」的階段，不同新聞媒體所傳送出去的影像和文字訊息的影響力量無遠弗屆，尤其是來自網路媒體的報導對於這個事件所扮演傳遞政府不公義的意象、推波助瀾的重要角色更是不容忽視。此外，透過網路科技緊密連結年輕族群和社會上其他組織團體的意見，乃至於學者專家和一般民眾主動向新聞媒體投書表達對於大埔徵地案的看法，逐漸發酵並形成新興的社會運動形式。

例如以下這則報導就指出，「台灣農村接連遭遇休耕、圈地等浩劫之際，『717農民夜宿凱道行動』適時展現了成熟自主的農運新風貌，……在網路公民記者推波助瀾下，吸引超過百萬人次點閱大埔農民心聲影片，並讓全國關切力量同步參與凱道夜宿活動。這種超越藍綠政黨操控的新興社運模式……這種新興社運模式的特性，是與公民社會及新科技緊密連結，透過臉書、推特、噗浪、部落格、youtube、網路公民媒體等據點不斷擴散串連，讓任何關心者都可透過多元方式直接參與，並且充分接收專家學者意見與運動核心訴求」（何榮幸，2010/07/21）。

受訪的前政務官員對此很不平的指出，「有些媒體它們自己有既定的政治立場，加上很多政論名嘴說的話也扭曲掉政府原先的良法美意，所以中央訂定的政策方案沒有問題，但到了地方執行上就產生很多問題出來……」。結果就算後來總統和行政院長都很關切後續的政治效應（單厚之等人，2010a/07/18），行政院吳揆率劉縣長舉行記者會提出「以地換地」的替代方案，「在區段徵收範圍內，以大埔自救會會長陳文彬的田地及房舍為中心，劃定一塊5公頃土地，供拒絕徵收的24戶農民領回相同面積的土地繼續耕作，維持原有的農民生活」（仇佩芬、朱立群，2010/07/23）。然而，政府的商議能力在當時並無法得到自救會成員和公民組織團體的信服，政策順服從而因為官民之間惡劣的關係而備受挑戰。此外，政府官員深入社會和社會團體互動的能力，以及爭取社會成員支持政府（陳恆鈞，2002：118）的深入社會能力之欠缺，此時來自公私部門

政策企業家的不同理念和價值觀，以及他們對政策問題的界定，無疑是兩者之間交互作用彼此連結的關鍵。

第二，「政策企業家的價值理念，會直接影響到國家機關和公民社會的互動關係」。隨著事件從地方向中央延燒上去，當新聞媒體報導的天平逐漸移向大埔自救會和反對徵收農地的其他社會團體，政府機關展現誠意進行商議不只是輿情的期盼，在當時2010年底五都選舉前半年的政治氛圍下，政策達成預期結果的貫徹力成效高低，也有不容忽視的選舉效應。

為了避免被當作政治利益或淪為當時年底五都選舉的造勢活動而轉移他們不滿政府強制徵地的訴求焦點，大埔自救會在總統府前的抗爭活動謝絕政治人物到場，「凱道夜宿活動主辦單位就表明謝絕政治人物參與，到場聲援的『公投護台灣聯盟』只敢靜靜坐在現場最遠的角落，民進黨立委到了現場，也只能默默站在台下，晚上送宵夜表達關心而已」（單厚之等人，2010b/07/18）。受訪的非政府組織人士指出，「這種作法有助於媒體力量的集結，形成對政府更大的壓力」；而本身也是法律專業人士的受訪資深媒體記者也指出，「這樣回應政治人物的方式，可能會使得政治人物未來更慎重的面對民眾提出來的訴求」。

2010年8月3日農戶之一的朱姓老農妻子喝農藥自殺，使得事件再度成為社會大眾關注的重大議題。在「一個持續不斷爭取媒體、專家、民眾與政策菁英注意的（議程設定）過程」（余致力，2006：1），面對愈來愈強勢的公民團體和獨立媒體的影響力量，反而可以掌握嶄新的機會強化國家機關的能力，有效運用策略促成多元的政策行動個人和團體成為合作的夥伴，以提升政策執行的能力，然而這些都有賴主政者理念價值的改變。

誠如Nikolic and Koontz（2007: 444-445）在探討協力環境管理（collaborative environmental management）的政府影響時所指出，政府的行動者對於議題的界定和形塑以及資源的釋出與運用，對於最後的政策成果發揮舉足輕重的作用。在朱府喪事期間協商延後到朱阿嬤出殯，8月

17日吳揆再度接見大埔自救會代表，並提出政府的解套方案。該方案的內容如下：「方案內容包括，大埔竹南基地內拒絕接受徵收方案的農民，農舍等建物原址保留；爭議區段內農舍等建物原址保留；耕地部分採已公布之『以地易地』方案，集中劃設農業專區，按農戶被徵收前原土地面積辦理專案讓售，讓農民得以繼續耕作，並由苗栗縣政府協助施設農水路系統」（仇佩芬，2010/08/18）。

　　地方民意代表就強調，「那時候好像有二十一戶贊成，三戶反對，阿嬤家屬那時也同意行政院的方案」；而受訪的前政務官員則是強調，「依法定程序進行審查，最後由主管機關核准土地的徵收，整個程序都沒有問題啊」。然而，非政府組織人士從他的所見所聞指出，「在徵收前所辦理的說明會和聽證會很多時候都像是一言堂……執行的官員如果觀念都不改變，就告訴老百姓說審查的結果還是要徵收……」。對於立場迥異、各說各話的不同意見，受訪的學界人士直指問題的核心應該是，「地方政府依法行政，到底是依什麼法，規定什麼……從1995年農地釋出方案，1998年開放農地買賣，一直到2000年土地徵收條例公布施行……政府這麼多年來對於農地使用的政策都是附屬於經濟發展的政策主軸，所以這種悲劇的發生是時代發展必然的後果之一」。

　　由於整個事件延燒到農婦生命的結束，直接促成馬英九總統責成執政黨立法院黨團，於事件發生一個月後由立法院三讀通過「農村再生條例」。但資深媒體記者的法律人士認為，「因為這個事件而通過的農村再生條例算是為這個事件畫下一個句點，但問題的癥結應該還是，總統或院長要如何制度化的去解決以後類似事件的再次發生」；他憂心忡忡的指出，「農村再生條例未來施行以後，允許住民以多數決的方式決定農村的再生和改造……這個巧門，長久下去將不利於多數農民對於生活的選擇權」。

　　De Vries（2010: 38）認為，政府施政困境的形成經常是因為有意或無意的忽視政策問題，一直要到很危急（urgent）的地步才會著手處理；

也因此，無論是因為政策理念或價值的自發性改變，還是焦點事件的發生迫使必須要以具體的政策回應民意，可以確定的是，政府有限的資源無法同時而且持續性的滿足全體國民之政策需求。在這個前提之下，政策價值的競逐或政策方案優先順序的排列，就很可能因為時間和政治情勢的演變，乃至於傳播媒體在特定期間內大篇幅密集的報導，迫使政府不得不做出最後的方案抉擇。依法進行公私部門成員的持續互動如果沒有信任做為基礎，國家機關要從社會取得農民賴以為生的土地資源以發展當地的產業，則此等所謂汲取能力的運作勢必難以發揮凝聚的功能（Evans, 1995: 59；陳恆鈞，2002：118-119）。

地方的民意代表就說，「（政府官員）他們永遠沒有辦法瞭解土地對我們世世代代務農的人來說那種意義有多大」。這種被Moore（1990: 81）稱為「潛在的價值愈大，（政策）理念就愈重要」（the more potential value there seems to be, the more important the idea）的現象，可能因為政策企業家的堅持理念價值付諸行動而扭轉情勢，甚至主動積極的創造轉機。不同群體成員之間缺乏同理心和能夠共同分享的價值觀，從共同促進公共福祉的角度來說，強制規範的執行增加了社會的交易成本，當然也無法達到Rhodes（2000: 346）所主張建立公私部門組織網絡所進行的「自我管理」。

第三，「對於議題管理的成功與否，間接影響到政策執行的成效」。Cobb and Elder（1983: 82）認為，議題是指兩個團體針對地位或資源分配程序和實質問題所產生的衝突，所謂的議題管理（issue management）包括談判、調適、爭辯、或經由立法行動使之成為公共政策的過程（Hainsworth, 1990: 4）。由於複雜難解的問題（messy problems）在演變發展進而產生政策衝突後，通常會持續很久而且難以處理（Ney, 2009: 28），Rosenbloom（1983）因而在賦予共同的政策目標之後，將「政治、法律、管理」視為解決社會和組織衝突的方法。尤其是當議題受到社會大眾的普遍關注而進入沸騰期，法規和政策的介入期就是策略和行動發揮作用之時；衝突解決的策略在這個階段發酵，政府部門有

必要針對利害關係人的要求做出回應，以妥善解決利害衝突（陳恆鈞，2011：16）。此時，要達成政策的對應性，就必須取得標的團體的配合和執行人員依法行政的正當性，落實法定的政策作為和實際的政策執行。但是就大埔徵地案來說，許多學者專家長期以來都質疑我國土地徵收制度的程序正義，所以事件的發展才會激發出有識之士為農民發聲、爭取應有權益的諸多後續發展。

逢甲大學土地管理學系王珍玲教授（2010/07/23）投書到中國時報，就質疑所謂依法行政的程序正義，「徵收是國家對人民財產權之強制剝奪，非不得已不得為之……在現行《土地徵收條例》及相關法規對民眾參與權及程序保障，薄弱到幾乎不存在的情況下，……苗栗縣政府一直強調他們是『依法行政』，其他的政府官員也一直強調此事是『程序合法，只是手段過於粗糙』。然而，苗栗縣政府的行政行為真的符合『依法行政』原則嗎？相關程序真的合法無瑕疵嗎？在現行《土地徵收條例》及相關法規對民眾參與權及程序保障，薄弱到幾乎不存在的情況下，苗栗縣長還能如此強硬的回應，實在無法不讓人對台灣是否是『民主法治國』一事存疑。……例如：故意不告知土地被徵收人有申請抵價地之權利、公告地價偏低及協議價購之有名無實」。

在治理互賴的時代裡所顯示出來的意義是，基於法制理性的政策執行會面臨因為決策過程未能涵蓋政策利害關係的個人組織團體，而導致和民眾因為認知差距造成一次又一次的衝突事件，引起社會大眾的普遍關切。在傳統新聞媒體和新興傳播媒體的推波助瀾之下，政策視窗的開啟也因為「碰撞與激盪」階段幾個焦點事件的陸續發生，從中央政府到地方政府都在「717凱道守夜行動」之後被迫做出正式的回應，嘗試透過政治上的理性溝通和政策上的替代方案，對於這個當時延燒中的徵地案進行議題管理和損害管控。

例如，「總統府發言人羅智強表示，有關大埔的相關陳情，均已請有關單位妥適處理，在合法的情況下尋求解決。國民黨發言人蘇俊賓說，

希望大埔農民能與苗栗縣政府理性溝通，一起努力創造雙贏」（李明賢，2010/07/17）。而面對社會輿論的壓力，當時的行政院長吳敦義也善意的回應說，「宣布將『劃地還農』，苗栗縣長劉政鴻也為引發爭議三度道歉」（范正祥等人，2010/07/23）。

　　來自政治流的官方回應和政策承諾，由於涉及到的是彼此對於政策議題的認知和看法不同，彼此的利益和價值更是迥然有別。大埔徵地案在這個不斷碰撞和激盪的階段裡面，行政官員議題管理的成果有限，社會輿論和社群媒體並沒有在大篇幅密集報導的激情過後，就偃旗息鼓，消聲匿跡。苗栗縣政府在這個階段依法行政、執行公權力的政策貫徹能力（陳恆鈞，2002：198），也不利於政策執行的成效。誠如陳敦源（2009: 46-47）就指出，如果「將課責（accountability）的價值放在民主政治『人民—民選政治人物—政治任命人員—官僚體系』的授權鏈當中，官僚體系終極聽命的『老闆』應該是人民」；然而，當民眾的政策需求沒有辦法得到殷切期盼的方案承諾，證諸於事後幾年來的後續發展可以得知，政策執行作為如果沒有程序正義做為後盾，則所謂的「依法行政」也會招致利害相關個人組織團體的強力反彈。

　　從表4-4「報導強度分析表」得知，7月17日夜宿凱道抗議活動之前第一時期報導的平均則數是每天0.38則，第二時期報導平均則數則是每天0.87則。從報導強度的角度分析，四份報紙在7月17-21日都以大幅的照片報導夜宿凱道的抗議活動，報導的總則數在五天內共計有55則，第二期平均則數是每天11則，是第一個時期的29倍。由於報紙媒體在五天內以密集大量篇幅的報導則數，以及大面積的彩色照片，頻繁的報導夜宿凱道的抗議活動，透過文字、圖片，以及斗大的標題傳遞給社會大眾的結果是，中央政府提出「劃地還農」的政策方案做為回應，同時迫使苗栗縣劉縣長也從依法行政的政策立場，轉而向受害農民和神農大帝道歉。

表4-5　夜宿凱道抗議7月17-21日報導強度分析表

報別 ＼ 數量	自由時報	聯合報	中國時報	蘋果日報
報導則數	19	16	14	6
照片數量	7	3	4	6
照片面積	957 cm^2	440 cm^2	845 cm^2	478 cm^2
版　面	38	47	37	13

　　受訪的學界人士就說，「媒體對這個事件在這麼短時間做這麼密集的報導，的確會影響社會大眾對議題重要性的認知和評價」，因此要如何回應社會輿情和大埔農民的期盼，則認定議題和規劃行動方案，並進行結果評估的議題管理能力就變得十分重要（Chase, 1984: 56）。這位學者認為，「政府官員和社會人士在觀念和價值觀上面的差異，因為不同的利益目標被媒體報導到有點失控的地步」，而受訪的前政務官員強調的是，「現在這麼多新聞台和政論節目，天天大量報導和討論，對民意的影響很大……反正政策不管怎麼訂，都會被一大堆人罵」。然而，對於這樣的批評，曾經擔任十七年記者的法律人士則表示，「重點是政府要有誠意解決問題……是政府官員自己從來沒有把政策說明清楚過……你不能老是怪媒體每天炒作新聞，報憂不報喜」。

　　如果從政策類型（policy typology）將成本和利益的集中與分散進行歸類，有些政策的施行涉及到重大利益和為數眾多的利害關係人，而有些議題則只有少數團體會關心（Lowi, 1964; Wilson, 1980）。雖然不是每個政策議題都能得到新聞媒體的青睞，當焦點事件發生時，外在的衝擊對特定政策議題顯得更加震撼（Birkland, 1997, 1998），所以會使其他議題對新聞媒體失去吸引力，而很難再被持續大篇幅的報導下去。農村再生條例通過一個半月後，許多媒體都以非常醒目的標題報導當時苗栗縣長劉政鴻的施政滿意度因為這個事件而大幅滑落。蘋果日報「辣蘋果專欄」的一則評論指出：「天下雜誌公布2010年二十五縣市首長施政滿意度……這次

調查中最受矚目的是曾被評為五星縣長的苗栗縣長劉政鴻，從去年第三名掉到第十五名，毫無疑問是大埔農地徵地過於粗魯所致；⋯⋯縣市長是父母官，民眾評斷的是他們處理縣政的能力，所以當劉政鴻讓怪手開進稻田，毀掉農民辛苦稻作後，民眾的憤怒是不會管有沒有簽什麼兩岸經濟合作架構協議（ECFA），因為ECFA離他們太遠，但稻田被踐踏，卻在眼前上演，試問劉政鴻的民調還會高嗎？」（余艾苔，2010/09/08）

從2010年6月8日至9月8日「碰撞與激盪」階段之後的發展動態得知，儘管苗栗縣政府不斷強調依法行政進行徵地的合法性，但因為忽視公民社會民眾參與治理和媒體傳播匯聚社會力量對政府決策產生的重大影響，先前所進行法定的三場公聽會、八場說明會、八場區段徵收座談會，以及三場協議價購會議及區段徵收說明會的面對面之溝通管道，並沒有發揮對話商議的功能，從而影響到政策執行的對應性和貫徹性。

此其中，中央和地方的不同調，尤其造成重大的負面影響。從7月17日夜宿總統府的活動之後，中央政府和地方政府並不完全一致的政策思維，從平面媒體所下的標題就顯露無遺。無論是**「大埔農運劉政鴻拒道歉吳揆協調未果　劉堅持若因抗爭變更都計『行政成本太高』不願做出承諾　自救會律師表示苗縣府無誠意解決不排除升高抗爭」**（仇佩芬，2010/07/20），或是**「吳揆滅火劉政鴻臭臉衝突升高　吳揆提三方案劉政鴻未允諾　自救會代表氣哭黨政人士不爽：縣長不知自己惹來多大麻煩」**（陳洛薇，2010/07/22），乃至於自由時報報導中央出面協調但地方不退讓的新聞，「內政部長江宜樺和營建署長葉世文都說願在行政程序全力協助配合，但劉政鴻仍認為行政程序太過繁複」（范正祥等人，2010/07/20），正足以說明地方政府的依法行政，「依什麼法，規定什麼」所引起的軒然大波，不只存在於民眾權益受損卻無法回復所引發的對立和衝突，也同樣存在於中央政府與地方政府之間。

基於以上的報導內容可以得知，徵地事件造成的爭議不只存在於大埔當地被徵收的土地所有權人之間，透過新聞的密集報導和社會輿情的壓

力，行政院長一再接見並傾聽自救會代表心聲的政治舉措，直接促成地方政府後來反應的轉變。當公民社會直接而強烈的政治參與和反映民意新聞媒體高度的持續關注，所營造形塑出來的全國氛圍，確實會對於政府的政策執行產生重大的影響，甚至可能進而迫使中央行政首長提出即時性的政策替代方案，進行議題管理（issue management）和政治管理（political management）。

第三節　公民社會的治理圖像之初探

本章基於2010年6月8日到9月8日「碰撞與激盪」階段所選取平面媒體進行內容分析的研究觀察，證實了余致力等人（2008: 274）所言，「一個政策議題如果得到媒體較多篇幅的報導，就比較容易被社會大眾認定為比較重要的政策議題」。就多元流的觀點解讀其所顯示的意義，則焦點事件發生後的民意向背，無疑是促使政策視窗開啓的關鍵；從政策問題的被凸顯，到行政首長必須做出回應，乃至於政策方案的抉擇和不同替選方案的提出，都無法平息政治的爭議，解決政策的衝突。

然而，隨著抗爭衝突情勢的不斷發生，Kingdon所認為，政策視窗不會開啓很久的前提下，失去了社會輿情和社群媒體的關切矚目，焦點事件發生後的無以為繼，政策問題和替代方案從民眾關切討論的系統議程，以及被決策關切並付諸政策行動的政府議程上，喪失其原來有的議題地位。曾經擔任過記者、已故的美國學者Walter Lippmann（1925: 105）很早以前就指出，社會大眾重視的其實是程序，而不是內容，「大眾有興趣的是一般法令，而不是特定的法律；法律的方法，而不是實質；契約的神聖性，而不是特定的契約；基於習俗的瞭解，而不是瞭解這個或那個習俗是什麼。也因此到了最後，民眾會在他們活躍的事務上找到一種可供遵循的行為準則，而隨著他們調適自己的行為，這也足以界定或預

測民眾的行為」。[6]Anderson（1975: 168）對此的詮釋則是，「事情如何完成，通常更會影響到社會大眾的觀感以及他們的接受度」（How things are done, moreover, often affects the attitudes of the public concerning their acceptability）。

就大埔徵地案「碰撞與激盪」的這個階段而言，無論是被統計數據明確的呈現出來，還是以學者專家或一般民眾的投書、或是新聞媒體的社論等其他方式呈現出來，都影響到了政治領域以外，Cobb and Elder（1983: 112）所重視社會各界人士的矚目關注。而這從表4-3兩期合計，消息來源來自「一般民眾」（55則），甚至是「民意代表」（6則）、「專家學者」（33則），以及「政黨」（16則）的總和可以看出；而且，這還沒有包括「大埔自救會」（65則）在內。

Kingdon（1984, 1995）廣義的政策企業家在徵地案這個階段的政治場域裡面各自展現出影響力，而這正是Gibson（2011: 4）所強調，「權力應該要分享，並納入政府網絡、私部門和公民社會行動者，擴大政策的場域，藉以進行治理的理念」（governance reflects a sharing of power and broadening of the policy sphere to include networks of government, private sector, and civil society actors）。在分享權力的同時，擁有最後權力的決策者必須為決策制定和政策執行的最後結果負起應有的責任。當時的行政院長吳敦義在7月22日的記者會提出的方案[7]，採用「調整範圍」、「從優補償」、「訴願」三項方案中的第一案（黃國樑、林修全，2010/07/22），原址保留和以地換地相關方案的提出除了具有宣示性的重

---

[6] 原文如下：The public is interested in law, not in the law; in the method of law, not in the substance; in the sanctity of contract, not in a particular contract; in understanding based on custom, not in this custom or that. It is concerned in these things to the end that men in their active affairs shall find a *modus vivendi*; its interest is in the workable rule which will define and predict the behavior of me so that they can make their adjustments.

[7] 該方案的內容如下：「大埔竹南基地內拒絕接受徵收方案的農民，農舍等建物原址保留；爭議區段內農舍等建物原址保留；耕地部分採已公布之『以地易地』方案，集中劃設農業專區，按農戶被徵收前原土地面積辦理專案讓售，讓農民得以繼續耕作，並由苗栗縣政府協助施設農水路系統」（仇佩芬，2010/08/18）。

要意義之外，也必須在事過境遷之後接受社會各界的檢驗。

　　透過可能來自公私甚至第三部門擁有不同理念和價值的政策企業家，國家機關和公民組織團體因為持有不同的利益主張、價值觀點，以及目標和思維，彼此互動時所引發的爭端和對立，再加上傳播媒體廣泛報導所觸動社會大眾的高度矚目，更增添問題界定和政策執行的複雜性。當時的行政院長吳敦義在7月19日和8月17日兩次接見大埔自救會代表，7月22日率同苗栗縣長劉政鴻舉行記者會提出「以地換地」方案，劉縣長在記者會上的公開道歉等等，為什麼沒有在這個階段，發揮溝通協調、共同參與，以及商議對話的功能，本章初步的兩個研究結論如下。

　　首先，溝通協商過程的重要性在於，參與的個人組織和團體一旦認知到整個過程透明而且公平，他們就比較能夠接受依循這個過程所研擬出來的政策方案。雖然就中央和地方行政首長在這個階段所回應並提出的政策方案，在Kingdon（1995: 131-139）所說「技術上的可行性」和「資源的充足性」兩個方面都沒有什麼問題，然而「價值的可接受性」其實才是行政首長在做政策制定和選擇方案時，所必須深思在政務領導之外價值競逐的問題。此時，國家機關的商議能力是嘗試解決政策衝突最重要的基礎之一，政策利害關係的個人組織團體所期盼的是政府官員對話溝通解決問題的「誠意」，而不是他們想要「滅火」的政治意圖，這是行政院長和苗栗縣長在「碰撞與激盪」階段，所必須強化商議能力，以面對價值競逐重大挑戰的真義。

　　其次，政府官員並沒有正視傳統新聞媒體和當時新興社群媒體對於政策執行過程「現場重現」的資訊製作能力，以及官民互動關係的透明化和「感同身受」的傳播擴散效果。也因此，原本就對立甚至敵視的官民關係也沒有因為縣政府22場各類型說明公聽會而有所改善，沒有公民參與的誘因和權力與資源的不均衡，大埔自救會和其他聲援的社會人士就改採政府體制之外的媒體訴求與示威抗爭，而這又更進一步弱化了國家機關和公民組織團體之間依循法定規範互動的成效。做為公共部門最重要的政策

企業家，中央和行政首長必須要以正確的心態面對新聞媒體鋪天蓋地的報導，進行有效的議題管理和損害控管。特別是，他們並沒有在焦點事件陸續發生、政府機關的作為和行政首長的承諾出現爭議的第一時間，就及時建立課責管理的制度，面對社會輿情的民意沸騰，提出具體的政治承諾和政策方案，提出明確的政策說明和解釋，用Dealy and Thomas（2007: 2）所強調「行動的責任」（the responsibility to act），回應當時的社會輿情和氛圍。

　　基於前述本章初步的兩個結論，本章的兩個研究發現如下：

　　第一，公私部門政策企業家的努力並沒有完全白費，制度性公共參與的實質溝通功能雖然並沒有得到彰顯，他們階段性互動所嘗試界定政策議題的努力，已經有助於浮游於Kingdon所謂政策原湯（primeval）周圍，新的理念在政策問題和替代方案得到新聞輿論與社會菁英關切注目之下，逐漸醞釀成型、並崛起浮現於政策社群，等待著機會之窗的再一次開啟。

　　不管總統和行政院長解決問題的出發點是良善治理或政治意圖，府院事後補救的具體政策方案在一定程度上發揮了方案形塑和議題管理的作用。一方面，他們約束地方行政首長的言行並設定好苗栗縣政府必須執行的政策基調；而另一方面，在「717凱道守夜行動」之後才積極參與溝通協商過程的他們，直接進行最高行政層次的政治對話，透過新聞媒體的報導傳播，嘗試讓社會各界瞭解到政府回應公民參與和社會聲援的誠意，以及解決徵地案衝突的意志和決心，間接有助於未來參與式政策規劃的制度安排，並防範未來形勢如果失控後，所必須面臨的衝突困境。

　　此外值得一提的是，Cairney and Jones（2016: 39）認為，新的問題能夠上達天聽到政府議程之上的「競逐矚目」（competition for attention），以及決策過程既不是廣泛理性，行政首長做政策抉擇的時間也很有限，在大埔徵地案的這個階段更加強化了Kingdon多元流理論所遺失的一個環節，那就是Majone（2008: 229-232）「議程控制」（agenda control）的重要性。社運團體善於運用能夠吸引媒體目光的傳播策略，以

及社群媒體和公民記者的高度參與，來自私部門第三部門以及崛起中的「第四權」網路新媒介的公民記者和獨立媒體，部分取代了傳統平面新聞媒體和第一線採訪記者的功能。他們扮演形塑議題和提高議題能見度的重要角色，無論是否原本就抱持反對政府政策的既定立場，他們憑藉著媒體傳播力量，在一定程度上主導了公共議程和政策議程，影響所及，他們也讓參與其中的個人組織團體理解到，積極的公共參與是促成行政官員進行政策溝通對話和提出補救替代方案最強力的後盾。

第二，政府與民間的互動過程在大埔徵地案這個初始階段所衍生出來彼此難以互信，絕對是平息政策衝突，解決政策問題的不可承受之重。2010年8月3日大埔徵地爭議農戶之一的朱姓老農妻子喝農藥自殺，使得事件落幕前夕再度成為新聞媒體關注的話題。問題流的焦點事件從6月8日、7月17日、乃至於8月3日陸續的發生，決策者必須在社會輿論高度矚目之下，處理眾多複雜政策議題的難以負荷（Zahariadis, 2003: 153-154），都促使政治流的溝通協商和對話說服的成果有限，必須付出政治代價的甚至還有政策流裡面，受到技術官僚理念所支持的政案方案，並沒有辦法獲得大埔自救會和公民組織團體的認同和體諒。動見觀瞻的事件發展和大眾傳媒即時的追蹤報導，中央和地方行政首長召開記者會所提出「以地換地」的替代方案，本質上是決策者迅速的體察到民意動向和社會氛圍，嘗試以政策方案滿足民眾需求，以換取政治上的支持；而這樣的方案並不是透過自己所信服的理念，Hall（1993: 48）所強調具有創新能力的「計畫菁英」（programmatic elites）由下而上所提出來的方案。

「太陽底下沒有新鮮的事情」，政治流在進行說服和建立共識的過程，一旦整體政治社會情勢的演變，民心向背和全國氛圍的逐漸成形逆轉形勢的當下，原本最不可能改變政策偏好的行政首長，最後反而可能採納長期就是政策替代方案的選項之一，被迫提出有別於自己的理念、但符合本身政治利益的政策問題解決方案。儘管這並不是制度性的解決方案，卻是政策視窗突然開啟後，所能夠提出最能因勢利導，在短時間內可以暫時平息政治衝突和政策歧見的方案。

　　做為區段徵收的指標型政策案例，行政院吳敦義院長和苗栗縣劉政鴻縣長所面對新型態的傳播媒介和社會運動，形成他們從政生涯的重大考驗。他們面對的包括：傳統平面媒體之外的新興社群媒體無遠弗屆的傳播力量，公民組織團體前所未有「一方有難，八方來援」口號之下強力的社會動員，以及表4-4所呈現高張力的平面媒體報導強度，第二期（7月18日到9月8日）的報導強度1506分，遠超過370的第一期（6月8日到7月17日）報導強度，嘗試化解政策衝突的努力，無論是基於本身的利益或是個人本身的人格特質、過去經驗與主觀偏好，中央與地方行政首長所必須學習的是縮短政策方案和利害關係人期盼之間的落差，進行「議題認定，分析，改變戰略選擇，行動方案規劃，以及結果評估」的議題管理，提供交流對話的平台，以免影響到其他可能連結議題的處理（Chase, 1984: 56；魯炳炎，2009：174）。

　　從新聞媒體在短期間密集報導所觸動的新聞輿情和所引發的社會情緒，到新興「第四權」社群媒體以及公民組織團體和獨立媒體記者，所發揮形塑政策問題和設定政府議程的能力，乃至於正視行政首長的施政作為與利害關係個人組織團體彼此敵視和互不信任，都是本章在描繪公民社會治理初步呈現出來的圖像。1990年代後期以來，隨著治理或新治理時代的來臨（Pierre and Peters, 2000; Bevir, 2011），政策參與者的多元性（multiplicity），以及政策環境系絡化（contextualization）的複雜性，都賦予Kingdon多元流理論更完整的時代意義。然而要化解政策衝突，進行議題管理，則Kingdon多元流理論裡面政策企業家的「流動性參與」（fluid participation），無疑是進入「衝突與氛圍」階段的分析重點。

第 ⑤ 章　衝突與氛圍（2010年9月9日至2011年12月13日）

「要是劉政鴻慢一個月割稻子、剷平土地，那時候就沒有用了，不會引起那個公憤。現在網路太厲害了，而且有這裡的照片上到網路去，半夜來剷地、又稻子正在出穗，引起整個台灣的公憤，才有辦法抗爭成這樣」（行政院研考會編印，2012：560；七十歲的K人士出生後就住在大埔，2011年7月28日受訪時的發言內容）。

反迫遷連線、惜根台灣協會與台灣人權促進會等團體主辦的「新政百日迫遷依舊，土地正義重返凱道」抗議活動，獲得反台南鐵路東移自救會、大智慧學苑反拆自救會、台鐵安東街宿舍案、苑裡海線一家親與機場捷運A7站自救會等全台超過60個自救會響應，今天下午聚集在總統府前的凱達格蘭大道，現場高喊口號「暫停爭議個案！成立專案小組！人權諮詢委員會，逐案解釋！」要求政府真正保障人民的居住權，終止所有的迫遷個案（中央社，2016/09/25）。

在前述大埔徵地案「碰撞與激盪」的階段，行政院長吳敦義以具體的政策行動嘗試解決問題的政府議程（Cobb and Elder, 1983: 85-87），以及苗栗縣長劉政鴻在記者會鄭重道歉所顯示的意義，都是傳統而典型回應政策衝突事件的方式，忽略了新興社群媒體擅長運用文字和影像的「重回現場」，在網路發酵出來改變民意走向無遠弗屆的傳播力量，也忽略了其所觸發傳統新聞媒體跟進再一輪的深度追蹤報導，以及其所發揮社會輿情的影響力量。誠如May and Wildavsky（1978: 13）所強調，「過去的政策

會變成未來政策必須要調適的政策環境很重要的一部分」[1]，行政首長個人施政理念的展現和面對政策衝突的解決方式，受到從政經驗和歷練或是行事風格的影響，絕對不是一朝一夕所能夠改變的。

由於過去類似案例行得通的政策方案，現在則不一定能夠被接受。行政院吳敦義院長就曾經在聯合記者會表示，「過去政府徵地『課徵從低、補償從優』，但仍無法反映實價，改成以市價徵收後，可更公平、合理，避免『大埔農地事件』再次發生」（錢震宇，2011/08/25）。然而，政府的施政是持續性的，很多政策衝突的源由是延續前一任政府的施政而來，無論是先前制定的法令規章，或是前任政府所編列的預算。因此，決策者固然必須要「基於過去，判斷未來」（judge the future by the past）（Rose, 2005: 27），Wildavsky（1987: 283）卻也提醒所謂「時間的弔詭」（paradox of time），那就是「過去的成功會造成未來的失敗」（past successes lead to future failures）。

此時，Kingdon所謂「政策企業家」的重要性就被凸顯出來，政策困境有時候不只和治理有關，隨著物換星移和時間演變，還會和當下的社會文化、政治經濟、科技發展等等不同的層面都有關係（Dror, 1986: 174-175）；因此政策企業家需要突破逆境，又必須在有限的決策時間之內，採行具有創新意涵和出人意表的政策方案（a radically innovative and quite unexpected option），甚至有些政策替選方案在本質上是跨國界，需要長時期汲取國際經驗，以轉化成為政策知識的產生與擴散之用（Dror, 1986: 36-37）。

從前一章「碰撞與激盪」的階段性互動可以得知，政策議題能夠進入到政府必須採取行動回應民意的議程之上，是受到一系列的多元流、情境、或公共政策制度與過程的行動影響（林水波、莊順博，2009：2-3）。新聞媒體的持續報導使得政策議題成為社會輿論矚目的焦點，

---

[1] 該句的原文如下：Past policies become an important (and sometimes the most important) part of the environment to which future policies must adapt.

以及社會大眾對該項議題認知的來源，因此具有策略思維能力的政治人物，在議程設定的過程所占據的關鍵影響力和地位，而其「目的行為」（purposive actions）才是整個議程設定過程的動力核心（陳敦源、韓智先，2000：29）。由於傳統政策理論較少探討跨越疆界的及棘手問題（messy problems）（Ney, 2009的用語），遑論這些複雜問題所牽涉到多元的政策領域。[2]農地區段徵收的政策議題經緯萬端，政策環境瞬息萬變，大埔徵地案的政策衝突所涉及到Considine（2005: 237-238）強調的權威（authority）、資源（resource），以及論述對話（discourse），可以用Kingdon（1995: 84）「流動性決策參與」（participants drift in and out of decision making）的概念做為基礎，進行更深層的理論探討。

在社會輿情發酵和全國氛圍成形所營造出來「衝突與氛圍」的本階段，於土地徵收條例修正案的最後通過畫下了句點。此期間經歷過的政策場域包括2010年11月27日的直轄市公職人員選舉，監察院查報告（2010/12/08: 20）提案糾正苗栗縣政府，並要求內政部和行政院農委會檢討改進，2011年7月15日內政部營建署在聯合報和自由時報刊登「**發還大埔農地，少數爭端化解**」與「**保護優良農地，否決灣寶開發**」的政策說明廣告，隔天的「716農民重返凱道」，2011年11月9日土地徵收條例修正草案於立法院逕付二讀，並結束於2011年12月13日立法院三讀通過土地徵收條例修正案。

然而，法律的修訂通過和付諸施行，並沒有解決政府和民眾因為土地徵收所形成的對立和衝突，由惜根台灣協會、反迫遷連線，經濟民主連合等公民團體主辦、六十多個各縣市自救會[3]共同參與，「新政百日、迫遷依舊、土地正義、重返凱道」反迫遷遊行在2016年9月25日的陳情抗議，

---

[2] 根據Baumgartner（1989: 6）對於1980年代法國的教育補助政策之研究顯示，在一個可以由單一的部會面對一個具有統制力量的利益團體互動制定決策之場域裡面，政策發生衝突的可能性很小；但如果是在沒有團體具有壓倒性的統制力，而且有眾多政府機構參與決策的場域裡面，則政策的衝突就很可能會爆發出來。

[3] 這些自救會包括：反台南鐵路東移自救會、大智慧學苑反拆自救會、台鐵安東街宿舍案、苑裡海線一家親與機場捷運A7站自救會等全台超過60個自救會。

儘管得到「總統府釋出善意，祭出張藥房原地重建、納入土地徵收公益性與必要性等回應。不過，反迫遷成員仍要求政府要提出具體措施，不能光說不做，還要解決迫在眉睫的迫遷案，並落實土地正義精神修法」（董俞佳，2016/09/27）。他們提出的五項訴求分別是「一、全面修法，落實居住權；二、嚴格檢視開發必要性，資訊公開，全民參與；三、暫停所有爭議個案之執行，進行爭議處理機制；四、行政院成立專案小組檢視個案，向總統府人權諮詢委員會報告；五、具體承諾重建大埔張藥房及黃福記兩戶」（崔慈悌等人，2016/09/26）。

　　無論是從2016年8月的台南「反南鐵東移全線自救會」，或是同年9月「高雄果菜市場反不義徵收自救會」的種種抗爭來看，無論在農村或是在都市，土地徵收問題都是當前從中央到地方不容忽視的重大政策課題。而這種因為土地徵收所造成民眾和縣市首長的衝突與氛圍，並沒有因為2016年的政黨輪替而有本質上的改變。本章以下基於政策企業家在「衝突與氛圍」階段流動性參與的議程設定能力之基礎，透過議程視窗和決策視窗的開啟，檢視「以地換地」和「抵價地」式的補償方案。

第一節　政策企業家的問題認定和流動性參與

　　無論是政策議題的本質（the nature of the problem）（Mortensen, 2007: 376），或是政策本身的屬性（陳恆鈞，2009：39）固然很重要，然而如前一章所論述，焦點事件和新聞媒體所發揮設定議程的影響力也絕對不容忽視。進到本章「衝突與氛圍」的階段，不同階段政策企業家流動性參與決策的過程，可以先從議程設定的定義看出端倪。

　　吳定（2004: 113）認為，它是「一個政府機關決定是否將某一個公共問題予以接納並排入議程處理的過程」，這個過程是「媒體、公共議題、政策形成三者之間互動的過程」（黃東益、鍾道明，2005：285）。

此外，美國學者Dearing and Rogers（1996: 1）則是將這個過程視為「一個持續不斷、由於各種議題倡議者來爭取媒體、專家、民眾與政策菁英注意的過程」（譯文轉引自余致力，2006：1；余致力等合著，2008：26）。[4]這種多元的政策參與者之觀點，和Kingdon的看法不謀而合，公共政策過程當中不同環節的決策者並不必然就會是政策企業家，無論是對於特定問題的高度關切，追求自我利益、以擴增或保障科層官僚的預算或是政績，或是為了提升政策價值（Kingdon, 2003: 204-205），廣義的政策企業家因而可能是民選首長、政府官員、政策遊說團體、學者專家、或甚至是新聞媒體和新聞記者。

正由於「公共問題不是在那裡等著被處理，決策不只是解決問題而已，它也是在一開始就要確立並界定問題的事情」（Anderson, 1978: 19-42）。[5]當苗栗大埔徵地案這個跨領域政策問題的處理過程，涉及到各種不同的政策次級系統，目標的形成和方案的制定也就很難有一致的共識（May et al., 2011: 285）。

例如，立法院在2010年7月14日三讀通過「農村再生條例」後，就面對社會各界很多不同意見的批評，而「717凱道守夜行動」以及隔年「716農民重返凱道」，數十個公民組織團體在記者會新聞稿和會後新聞稿，更提出「立即修正土徵條例」；「要水資源分配正義」；「還我糧食自主安全」的三項行動訴求（台灣農村陣線、政大第三部門研究中心主編，2012：407，410）。曾經擔任過台灣省政府地政處處長，2011年8月17日受訪的N人士（行政院研考會，2012：589）強調，「若當下要廢掉區段徵收制度，我認為也不太可能。……土地整體開發落空，不太可行，

---

[4] 除了新聞媒體、社會大眾以及公共政策等三項組成要素（component）之外，Dearing and Rogers（1996）所界定的議程設定，由於並未區分出商業組織、非營利組織或是利益團體，因此對於公共關係的議程設定而言，Moriarty（1998: 116）因而認為，納入「組織」的因素將更有助建立更完整的理論概念。

[5] 該段原文轉引自Rose（2005: 27）：Public Problems are not just out there waiting to be dealt with. Policymaking is not simply problem-solving. It is a matter of setting up and defining problems in the first place.

何況現在是法治政治，所以要變只能一步一步調整。例如林英彥老師及部分學者專家曾經提過建議把區段徵收制度改成土地開發條例，因為一般徵收與區段徵收都是徵收，地主領回抵價地是否滿意成為關鍵，其實就是因為地主不滿意才會有問題，所以把徵收兩字拿掉，變成土地開發條例」。

由此可見，徵地案所涉及到的不僅是農業發展條例、農村再生條例、產業創新條例、土地徵收條例、甚至是所謂的「土地開發條例」，還涉及到水資源的使用和分配、乃至於糧食自主安全的國家戰略層次之總體規劃。基於本書第三章「苗栗大埔徵地案的過去與現在」，以下依據2010年9月8日天下雜誌公布25個縣市長施政滿意度調查的隔天之後，同年11月27日直轄市公職人員選舉，乃至於2011年12月12日土地徵收條例修正草案通過之前，該期間主要的政策企業家對於政策問題的界定和政策方案的提出，進行初步的論述如下。

從問題流開始：政策企業家的問題認定

根據Birkland（2016: 373-375）對於多元流的途徑的詮釋，很多政策問題的解決方案早就已經存在，而政策參與者希望以自己的方案去解決問題，儘管看起來像是他們帶著方案去尋求問題；Kingdon很重視政策方案的抉擇過程，有些政治機構像是國會或白宮有更高設定議程的能力，而國會和行政部門的幕僚在制定政策替代方案時，也可能扮演影響政策執行成敗的關鍵角色。當焦點事件發生，政策問題被排定上政府議程的時候，很多早就存在的方案就會被重新檢視過，特定的政策方案因而就此脫穎而出。

從問題界定和方案提出的角度觀之，平面媒體社論是從「糧食安全」和「工業區土地利用」兩個觀點加以評議。在糧食安全方面，「台灣的土地大多為高山或丘陵，可供居住或耕種的面積僅占全部三分之一左右，其所生產的稻米糧食，若沒有大量進口的小麥、玉米、黃豆等大宗

穀物的挹注，並不足以滿足當前2300萬人口的糧食需求」（工商時報社論，2010/08/29）。而在工業區的土地利用方面，則誠如該社論所指出，「爲了經濟發展的需要，全國各級政府所開發各類園區面積，截至2009年底共有14,276公頃……問題是，這些由政府所設立的工業區，近幾年由於台灣產業的出走大陸，其利用率並未盡理想。以全部工業區觀察，在14,276公頃可供租售面積中，仍有2,419公頃占全部工業區的16.95%，閒置至今未能充分利用」（工商時報社論，2010/08/29）。[6]

　　輿論的擔憂並不是沒有道理，對於前者，2011年連續兩天「716農民重返凱道」夜宿總統府「堅持土地正義，力抗搶水圈地」的訴求，具體的體現在凱達格蘭大道所舉行大樹腳論壇「土地徵收」、「糧食安全」，以及「永續水資源」的三個主題之上；該活動在7月14日的暖場活動也特別強調，竹北璞玉的良質米和高雄美濃的優質檸檬所面臨的是「台灣農業問題的兩大典型問題：竹北璞玉是土地面臨浮濫徵收的區域，美濃則是自1990年以來長期遭到水資源分配不公的議題所苦」（台灣農村陣線、政大第三部門研究中心主編，2012：374）。而對於後者，雖然經濟部工業局所推出的土地市價化優惠方案，是希望促進工業區的標售出售和出租，但是，台北大學教授廖本全仍然指出，「很多廠商都是租了但沒有用……因爲閒置率很高所以租金非常低，但可藉以獲得貸款甚至稅賦的優惠」（轉引自江俊儒的訪談記錄，2013：61）。

　　社會輿論和學者專家對於各縣市政府開發工業區的批評反省，在2010年11月27日的直轄市公職人員選舉之前，並沒有停止。例如中國時

---

[6] 工商時報社論（2010/08/29）有詳述這些所謂「園區」類型、主管機關，以及園區土地使用比例，「這些園區分別爲：一、中央政府所屬工業區，主管機關爲經濟部，面積最大有10,438公頃；二、地方所屬工業區，主管機關爲各地方政府，面積有1,710公頃；三、科學工業園區，主管機關爲國科會，面積有1,567公頃。這三個園區是一般社會最爲瞭解的工業園區。此外，尚有農委會所主導的農業生物科技園區，面積108公頃；環保署主管的環保科技園區，面積79公頃；經濟部所主導的加工出口區，面積321公頃；交通部所成立的航空貨運及客運服務專區，面積51公頃……三個科學園區裏，中部科學園區仍有12.44%共計33.83公頃尚未利用；南部科學園區更誇張，有38.2%共計205.06公頃未出租」。

報社論（2010/09/23）就指責：「各縣市政府在財政困窘下，圈地開發的動作越來越積極。進一步分析，各縣市政府爭相投入工業區的開發，背後牽涉龐大政商利益。表面上，工業區可以促進經濟發展、創造就業機會，但更重要的是透過區段徵收手段，將農地變工業區、住宅區或商業區，帶來龐大開發利益；消息靈通事先卡位的財團、建商往往獲取最大利潤，地方政府取得重劃土地出售後又可挹注地方財政，如此一石多鳥的政策，何樂不為？」此外，徐世榮（2011b/04/21）也指出，「民國75年（筆者按：1986年）《平均地權條例》做重要的修訂，區段徵收制度本質雖仍為政府以公權力強制取得土地之徵收性質，但事實上，已演變為另一種形式之『強制性合作開發事業』，區段徵收逐漸成為公部門取得公共設施用地及挹注財政的最主要方式」；「台灣現今仍然有許多的案例依舊是讓農民惶惶不可終日，土地正義還是無法獲得伸張，這也使得土地政策仍然僅是經濟政策的附庸及附屬品」。

　　除了前述新聞輿論所觀察到工業區開發與地方政商利益之糾葛（鍾麗娜，2012），以及學者專家所表達土地政策是經濟政策附屬品的憂慮，具體的呈現在行政院公布的「以地換地」方案和後續施行狀況所引發的政策爭議，以及台灣農村陣線於2010年7月27日邀請七位學者專家、兩位律師，共同組成「土地徵收民間修法小組」（台灣農村陣線、政大第三部門研究中心主編，2012：370）。

　　綜合以上所言，當新聞輿論和學者論政、學者撰文投書傳播媒體、或透過臉書評議時事、乃至於社會運動的逐漸成形，這些試圖透過修訂土地徵收條例加以落實的努力所開啟之「問題視窗」，還必須要有更積極的作為才能夠進而在立法院和政治流匯聚在一起，影響政府議程的排定，使得政府主動提出替選的方案，以滿足社會各界對於修法的殷切期盼。然而事實上，打開政府主動修法最後的臨門一腳，行政首長「知錯能改」固然是可能的原因之一，更實際的考量則是面對2010年11月直轄市公職人員選舉和2012年1月總統和立委選舉的壓力，「政治視窗」的開啟才是促成2010年7月「以地換地」方案，以及2011年8月總統記者會公布行政院版

的土地徵收條例修正草案最重要的原因。[7]

　　真正的原因雖然不得而知，擁有法定權威的政府官員和民選政治人物的所謂「政治企業家」（political entrepreneurs），在此則是提供了合縱連橫和策略運用的迴旋空間（Roberts and King, 1991: 152; Herweg et al., 2015: 445-446）。筆者在2016年6月到7月所進行的深度訪談，委請受訪人士針對大埔徵地案依序列舉出最重要的前三位政策企業家，除了苗栗縣長劉政鴻之外，六位人士提出不同面向的看法。其中，退休的前政務官認為是，「網路媒體和社運團體」和「積極參與各種徵地案的學者專家」；曾經擔任過十七年記者、目前是執業律師認為，「新興媒體在網路上的發酵和夜宿凱達格蘭大道的要角台灣農村陣線，成功的吸引住社會大眾的注意」。此外，受訪的地方民意代表認為，劉政鴻縣長和行政院長吳敦義是「唯二」的政策企業家之外，「規劃政策方案的（中央政府）官員」也扮演關鍵的角色；超過二十年立委資歷的前立法委員和超過二十年的資深法官則都指出，當時的行政院長吳敦義才是整個大埔案最重要的政策企業家；然而，政策專業的學者則是從「政治聯盟」（political coalition）和「政策學習」（policy learning）的角度指出，媒體關注事件不斷發生所觸動的民意所營造出來的社會氛圍，「媒體的議程設定能力和民意同情（弱勢）的氛圍」[8]，以及「執政黨感受到很大的選舉壓力」才是最重要

---

[7] 在2012年1月總統與立委選舉選前不到一個月的時刻，土地徵收條例修正草案於立法院三讀通過後，當時的工商時報社論（2011/12/14）指出，「農民們分別於去年717，與今年716，雙12先後三度北上夜宿總統府前的凱達格蘭大道，提出包括應貫徹優良農地保護、建立公益性、必要性的評估標準，建立實質人民參與機制等六大訴求，希望透過土徵條例的修法提供公平合理的制度性保障。……立法院此次修法的具體內容除了確認今後有關土地的徵收應以市價為準之外，最後階段的朝野協商又加入今後凡屬行政院核定的重大建設項目，必須建置爭議處理機制，也就是回應六大訴求中的必須舉辦聽證會聽取各方意見，以凝聚共識。此外，有關土地徵收審議委員會的組成，也明訂專家學者及民間團體代表不得少於二分之一。經由這樣的制度修補，也許可以對過往一再引發民怨的粗暴式徵地乃至圈地歪風帶來正義補償的效應。

[8] 筆者和這位政策學界的受訪人士是以英語交談，時間是在6月10日到11日，地點是在香港大學（University of Hong Kong）。

的關鍵。

由於筆者在委請受訪人士依照重要性排序的設計，並沒有加以權重的計分，基於受訪人士的答覆，簡言之，所謂的政策企業家包括（沒有排列順序）：苗栗縣長、社群媒體／新聞媒體、社運團體／公民組織、學者專家、台灣農村陣線、行政院長、政府官員、民意氛圍。這樣的答覆雖然並不太符合Kingdon（2003: 204-205）所界定廣義的、以「人」為本位（除了政策遊說團體之外）的理論概念，但也是觀察影響政策個案重要因素的一個角度。[9]而就「政治企業家」的角度觀之，則只有苗栗縣長、行政院長，以及政府官員適用於Roberts and King（1991: 152）和Herweg et al.（2015: 445-446）所界定，擁有法定權威的政府官員和民選政治人物的嚴格定義。

如果將本書三個階段納入，更進一步追問深度訪談受訪人士，能否標示出各階段最重要的所謂政策企業家，初步的結果當足以顯示出Kingdon「流動性參與」理論概念對於探討大埔徵地案的重要性。[10]有鑒於2016年6月到7月六位受訪人士的背景不同，對於大埔徵地案發展過程的瞭解程度不同，而且質化訪談委請受訪人士排序的序位，因為介入的階段和參與的強度各有不同，所以並不能全然等量齊觀。簡單歸納前述三個階段的政

9　其中，受訪人士在過程當中所使用「新聞媒體」的稱謂，聽得出來是有包括新興的社群網站和媒體在內；除了曾任十七年平面媒體記者、目前是執業律師的受訪人士有直接指出「台灣農村陣線」之外，其他人士都將「社運團體」或「公民組織」視為同義字，用來稱呼參與大埔案的不同組織團體。比較特別的反而是在談到「學者專家」時呈現出很多元的情況，受訪人士提到的既有在報章雜誌投書的學者專家，有積極參與大埔案的學者專家，也有希望在政策制定和個案審查過程應該納入專業意見的學者專家。

10　此處所使用「苗栗縣長（6/6）」是指，六位受訪人士都認為，苗栗縣長在這個階段是最重要的政策企業家；而「行政院長（3/6）與社運團體（3/6）」則是指，六位裡面有三位認為行政院長、有三位認為社運團體在這個階段是最重要的政策企業家。在「碰撞與激盪」（2010年6月8日至9月8日）的階段是：苗栗縣長（6/6）、社群媒體／新聞媒體（5/6）、行政院長（3/6）與社運團體（3/6）；而在「衝突與氛圍」（2010年9月9日至2011年12月13日）的階段是：社運團體與學者專家（3/6）、苗栗縣長（3/6）、社群媒體／新聞媒體（3/6）。

策企業家可以分為：公部門所謂的「政治企業家」和行政官員；以及私部門，包括社運團體／學者專家／新聞媒體／社群媒體。

　　然而，由於政策問題有動態性，而且政策內容和解決方案也會隨著時空環境的改變而有所調整（陳恆鈞、劉邵祥，2007：16）。因此，基於前述受訪人士歸納出來的公私部門政策企業家，彼此在互動過程所浮現理念的「調和軟化」（"softening up"）（Kingdon, 1995: 117），牽涉到Kingdon（2003: 19）認為民眾的價值觀念可以連結到處理公共事務更理想的狀態，進而對「政策原湯」（Kingdon, 1995: 116-144）最後方案的抉擇產生不同程度的影響。

表5-1　政策企業家的議程設定能力表

政策企業家	多元流／方案理念	問題流／設定能力	政治流／設定能力	政策流／設定能力	是否提出方案／法案	方案理念
行政	總統		強		有提出	抵價地式區段徵收
	行政院長		強	強	有提出	以地換地／市價徵收
	苗栗縣長	中強	強	中	配合提出	區段徵收
立法	立法委員	弱中	中強	強		多元
	苗栗縣議員					
司法	行政法院（判決）		弱			
監察	監察院（調查報告）		弱			
媒體	傳統媒體	中	弱中			
	社群媒體	中強	強	弱		
公民組織團體		強	中強	中強	有提出	「公益性」與「必要性」
學者／專家		強	中強	強	有提出	保護農地／停止區段徵收
自救會（成員）		中	弱			

如表5-1所示，有提出政策方案的包括：行政部門從苗栗縣長進行區段徵收，到行政院長所提出「以地換地」和「市價徵收」的方案，以及「民間版」土地徵收條例修正案非常全面性的政策主張，特別是認為，「公益性」和「必要性」的判斷缺乏具體標準，而且「市價」的認定也缺乏公信力。對問題流有較強設定能力的除了苗栗縣長劉政鴻，還有公民組織團體、學者專家，以及社群媒體；對政治流有較強設定能力的莫過於擁有法定權威所謂「政治企業家」的總統、行政院長、苗栗縣長，以及立法委員，還有私部門的社群媒體、公民組織團體、學者專家。而對政策流有較強設定能力的則除了行政院長和立法委員，還有公民組織團體與學者專家。

歸納本節以上所言，透過針對政策方案進行討論和思辯的過程，將更能理解到：第一，動機各自不同的政策企業家在不同階段，呈現出來不同程度和不同強度的參與。第二，議程設定能力的高低和所擁有詮釋方案話語權力的大小，決定政策方案的制定與抉擇。第三，政策方案理念的不同，促使互動的政治過程更加複雜，來自外部提議（outside initiative）或政府內部的提議（inside initiative）（Cobb et al.: 1976），都必須經過政策的合法化。第四，「是政治促成政策，還是政策促成政治？」，政策的改變過程並非一蹴可幾，除非發生重大的焦點事件或面臨選舉敗選的政治壓力，擁有法定職權的行政立法之政治企業家，對於政治流與政策流有更高的議程設定能力。

第二節　從政治流到政策流：「以地換地」的方案

無論是來自私部門的哪個角落，對於政策問題界定的不同，以及對於政策方案措施的不滿，都是形成後續發展的原因。面對2010年6月19日，由大埔自救會、灣寶自救會、二重埔自救會、相思寮後援會、台灣農村陣線共同發表「農民反粗殘徵收聯合宣言：一方有難，八方來援」，以

及「717凱道守夜行動」的形勢，「衝突與氛圍」的本階段（2010/09/09-2011/12/12）將層出不窮的種種狀況界定為特定公共問題（Kingdon, 2003: 111）的過程當中，Knaggard（2015: 456）強調解決政策問題整套的應對方案並不應該只是科學論證的結果，工作經驗、很特殊的個人經驗、或所謂的「在地知識」（local knowledge）也扮演很重要的角色。[11]

中國時報社論（2010/09/23）曾經描述一個真實的個案，「並非每個人都從這個圈地開發的遊戲中獲利。民國75年（筆者按：1986年），嘉義縣政府規劃設置『中洋子工業區』，當時還在戒嚴時期，多位抗爭的農民被依妨害公務罪移送法辦，有八位地主堅持要討回祖先土地而未領取補償費，後來因提存法院超過十年而被沒收」。受訪的資深法官對此指出，「雖然法院的判決是就法論法，看著手頭上的卷宗寫判決，可以不要顧及所謂的社會觀感，但這年頭已經不是說，你在法律上站得住腳就可以，法律人更重視的可能會是『程序正義』；要不然，不會有那麼多判決結果，被媒體形容成是『恐龍法官』的判決」。

對於政府「圈地」或甚至「搶地」的指責，政策專業的學者認為，「對於愈重要的現有政策之改變，有組織的政治力量例如利益團體的動員或政治菁英的行為，就愈會傾向於扭阻這種改變，除非你能夠讓他們瞭解到如果失去選區選民支持的後果」。要在政治流裡面建立起共識（consensus building）的話，最重要的莫過於對政策問題的認定，而一個

---

[11] 事實上，農地被徵收人所組成自救會之間的網絡連繫十分緊密，這也是為什麼當時的行政院長吳敦義在2010年7月20日會見自救會代表時，邀約的是大埔、二重埔、樸玉、灣寶等四個自救會。此外，除了台灣農村陣線之外，「捍衛農鄉聯盟」也積極推動修訂土地徵收條例，大埔發生那時候的該聯盟會長、來自竹東二重埔的劉慶昌，事後在2012年接受自由時報的專訪，鍾麗華（2012/10/07）的部分專訪內容如下：「兩年多前（筆者按：2010年），大埔怪手毀田事件發生，『一方有難、八方來接』，劉慶昌隨即帶著二重埔農民，包了兩輛遊覽車前往苗栗聲援；十四個自救會組成『捍衛農鄉聯盟』，就由劉慶昌當會長，在他的三合院前開會討論，決定北上夜宿凱道，抗議政府強徵農地……農民不僅接連兩年夜宿凱道，捍衛農鄉聯盟也加入國際最大的農運組織『農民之路』」。相關個人組織與團體的分進合擊，最後促成的是土地徵收條例修正案在2011年12月13日於立法院的三讀通過。

最根本問題本質的認定則在於：這是「土地產權」的問題，還是「鄉土家園」的問題（受訪資深法官的用語）。

或許正由於問題的界定從來都是政治的認定（political definition）（Clemins and McBeth, 2016: 191），只重視方案設計和政策論述的傳統思維未必能夠見容於現代的公民社會。Stone（2002: 189）就指出，我們在政治上找原因，並不只是為了瞭解世界如何運作，而是希望能明瞭問題的責任歸屬。對於媒體在2010年9月8日揭露天下雜誌所公布的25縣市首長施政滿意度（余艾苔，2010/09/08），甚至有媒體以斗大的標題報導「**翁奇楠命案、大埔事件 讓胡志強、劉政鴻聲望慘跌**」（陳洛薇，2010/09/08），曾經擔任過八年縣長與部會首長、公務生涯資歷豐富的退休前政務官就指出，「當時這對國民黨11月底的五都選舉影響很大，但是如果追究責任的話，很難把敗選的責任算在一個人頭上，執政有執政的包袱，中央都要概括承受」。

而曾經擔任超過二十年立委的受訪人士則更進一步指出問題的癥結所在，對於農地被徵收的民眾來說，「換到的土地面積一樣，『只是』位置不一樣『而已』，這真的就是從台北看天下，紙上談兵，沒有同理心。吳敦義（院長）是念歷史的，歷史上民心思變，那是會改朝換代的！」就行政院的政策評估報告所訪談J人士所描述的，苗栗縣政府的徵地作業也因為當時地方輿情的強烈反彈，而以公義路為界，縮減了徵收的土地面積，「本來要徵收公義路東邊和西邊，範圍很大。那時候大埔自救會會長是一個女的，他們反對非常激烈，就跑去灑銀紙，後來政府嚇到了吧，就說不徵收公義路西邊。太多人反對，所以就不要西邊，只要東邊，可能覺得這裡比較好徵收吧」（行政院研考會編印，2012：556）。

無論是退休前政務官對於地方行政首長最後責任歸屬的體諒，還是受訪資深立委和大埔當地受訪人士所強調，民眾對於問題的認知以及對政府官員執行政策產生的意象，都是從中央到地方政策制定者在最早期所忽視的政策問題本質。回顧行政部門所提出的政策方針和措施方案，為了解

決業者對於政府區段徵收取得的土地，沒有在一定年限內完成開發的問題，行政院長吳敦義在2010年3月曾經提出「區段徵收土地的退場機制」（林新輝，2010/03/06；吳碧娥，2010/03/06），政府會用原價購回或其他方式收回，以杜絕業者取得土地後「養地、圈地」的現象。這個制度性退場機制的研議，成效如何仍有待更多區段徵收個案的後續觀察，行政院於「碰撞與激盪」階段所提出「以地換地」的方案，值得進行更深入的檢視。

　　行政院長吳敦義在2010年8月17日再度接見大埔自救會代表所提出的「以地換地」方案，是由內政部和苗栗縣府研議後的基本原則是「透過都市計畫變更方式，在區段徵收範圍內，檢討保留一塊區位與適當面積，劃設為農業區，供有意願農民在該區段徵收辦理後，領回相等面積的農業區土地，續作農業使用」的方案（黃國樑、林修全，2010/07/22）；而更具體的規劃則是「在區段徵收範圍內，以大埔自救會會長陳文彬的田地及房舍為中心，劃定一塊5公頃土地，供拒絕徵收的24戶農民領回相同面積的土地繼續耕作，維持原有的農民生活」（仇佩芬、朱立群，2010/07/23）。

　　就前述的政策措施或方案觀之，Forester（2009: 108）所說當事兩造都能接受的實用方案（crafting practical options for both parties），或是Herweg et al.（2015: 442）所說可行的（viable）替選方案，原本看似可能化解程序衝突、利益衝突，以及關係衝突的方案，卻因為技術層面上沒有「感同身受，將心比心」，沒有解決不願意土地被徵收大埔居民權益受損的問題，反而還引起民怨。從利害關係當事人受訪的談話，以及積極參與大埔徵地案的台灣農村陣線幹部之近身觀察，政策方案的規劃與設計，特別是行政院所提出「以地換地」的配套方案，並沒有提供當事人足夠的替代選擇，也沒有充分考量到農民日常生活務農的實際處境。

　　針對「以地換地」的方案，行政院研考會（2012）訪談出生後就住在大埔，2011年7月28日受訪時七十歲的K人士就無奈的表示，「（農地

集中劃設）集中在一塊……這是沒有辦法的辦法啦！……像福記他們在路邊為什麼分到那裡去？公義路那裡比較值錢啊。我現在要看一下田裡的水路，我走路就到了，現在要跑到那裡去，誰要分到那裡，這是沒有辦法的辦法。……以地換地喔？沒人要啦！……現在分這樣你不接受也沒辦法」（行政院研考會編印，2012：563）。除了素顏農民活生生的現身說法之外，本書出版時的台灣農村陣線副秘書長陳平軒（2012b: 113）也曾經指出，「問題尚未解決的，並不只有張家而已。位於公義路上另一頭的黃家，也還在繼續為自己的權益奮鬥。根據營建署的提案，住屋原地保留，耕地集中劃設至產業專區旁的農業專區，黃家做為自救會的一員，當然也適用這個方案，但黃家與其他自救會成員的情況較為不同。黃家所擁有的田地相當小，僅有不到兩分（在自救會中，只比完全沒有田地的張家還要大）；而黃家的地址則坐落在公義路上，與其他自救會成員相比，距離集中劃設區要遙遠許多」。

　　台灣農村陣線陳平軒副秘書長撰文強調，「若完全按照營建署的提案辦理，未來黃老先生每次要前往田地時，都必須經過一兩公里的路途；而黃老先生已高齡七十七，這樣的處置實在很難叫人相信已充分考量個別農民的處境」（陳平軒，2012b：113-114）。而且，「就算因為開設道路的需要（在目前的計畫圖上，黃家的田地被規劃為30米道路預定地），黃家的田地無法原地保留，但將其劃至住屋後方或左方之非道路區，並不是技術上無法克服的事」（陳平軒，2012b：114）。

　　受訪的地方民意代表就指出，「縣長那麼強勢的徵收農地，會給縣政府官員錯誤的訊息，反正做下去就對了，根本就不會在乎可以避免的衝突」。而出身農業大縣的資深立委回憶自己小時候沒有鞋子可穿，在田埂農地上跑來跑去的光景時則表示，「對於農民來說，土地就是我們的生命。以地換地已經是行政院的補救措施，所以應該先從黨內立法行政同志的溝通平台開始，諮詢苗栗的立委和基層的民代，以地換地的方案在做的時候，可能會有什麼民意反彈」；「劉政鴻那次是『吃緊弄破碗』啦！」。

　　儘管如此，台北大學教授廖本全曾經在評議灣寶個案時論及對於大埔「以地換地」的方案，「那時候行政院秘書長林中森是高手……他就是我們的學長，他就是從基層的公務人員一直做，都是做土地行政、土地徵收非常嫻熟……所以大埔、相思寮聚落保留，農地以地易地，這是精準的盤算」（轉引自江俊儒，2013：153）。[12]就此而言，雖然Kingdon（2003: 227）認為，每個「流」都有自己自我運行的生命，然而對於政策問題本質認知的差異，也影響到政策社群內部行政官員基於技術可行性和資源充足性，所擬定出來未必被利害關係人在價值觀念上接受的政策方案（Kingdon, 1995: 131-139）。

　　而除了政策方案的規劃設計沒有同理心所引發的民怨之外，受訪人士的看法強調的還是政府官員在觀念上的改變。對此，曾經擔任八年縣長與內政部長的退休前政務官就指出，「公務員依法行政本來就沒有錯啊，監察院選擇在五都選舉以後才公布他們的調查報告，強烈指責苗栗縣政府，指的主要是程序上和執行上的問題」。除了土地被徵收農民的內心感受和民意代表為民喉舌的看法，社會的觀感和所謂程序正義影響的層面並不只是呈現在媒體報導或新聞畫面而已，日積月累之下，它可能還會影響到「民選政治人物對選區民意的掌握，還有整個社會當下的氛圍」（政策專長學者的用語）。

　　如果就徵收的程序沒有充分溝通，徵收過程沒有善盡到清楚敘明理由，以致於影響當事人的重大權益而言，監察院調查報告（2010/12/08：1）就指出，苗栗縣政府所辦理的作業程序「未依內政部都市計畫委員會決議向民眾充分溝通協調，亦未從優從寬補償，威逼地主配合賤價徵收」；「苗栗縣政府辦理該縣竹科竹南基地周邊地區區段徵收案，98年間已核發土地及其改良物徵收補償費；對於逾期未領取者，並已依土地徵收條例第26條規定，存入土地徵收補償費保管專戶，但未善盡管理土地

---

[12] 該段訪談記錄是在回答以下的提問：「地方政府的權力大到能影響中央主管機關（嗎）？」（轉引自江俊儒，2013：152-153）。

之責，致遭占用耕種，事後又未考量農作物採收期，貿然於99年6月9日起強制執行地上物清除作業，造成社會負面觀感，引發輿論撻伐連連，戕害政府形象甚鉅」（監察院調查報告，2010/12/08：6）。

　　就此而言，更具體而微的則是當事人本身的真實狀況，J人士對於何時得知自己家裡可能要被徵收及被拆除的狀況時指出，「是收到協議價購通知書才知道。……我太太和我爸爸去地政事務所問他們為何要拆公義路旁的房子，他們也講不出原因，後來我們就一直寫異議書……是收到協議價購通知書，看到徵收明細表，比較一下才知道房子要被拆」（行政院研考會編印，2012：552）。[13]

　　而其中最受到社會大眾矚目的張藥局的情況則誠如胡慕情（2015：255）所描述的，「張森文與太太彭秀春一直是相對沈默的抗爭者……張森文雖住在大埔，但並非農戶。他是一位藥師，住處與藥局為同處空間，坐落在公義路與仁愛路交接處。因鄰近馬路，家庭成銳角狀，早期公義路要拓寬供竹科用，張森文20坪的房子依法令必須退縮。該次徵收後，張森文只剩6坪大的房子居住。但這次苗栗縣府以群創光電擴廠之名進行徵收，張森文的土地又再度被劃入徵收範圍」；「張森文以為8月17日（筆者按：2010年）行政院出面承諾協調後，他的房子即可原屋原地保留，但因徵收案持續進行，他的房屋必須再退縮五公尺。這次再退，就只剩0.3坪面積，藥局等同消失，無法營業」。

　　除了前述政策方案的規劃在技術層面上，不能只重視「冷冰冰的數字」，而應該更加貼近「熱乎乎的民心」，受訪的地方民意代表對此還指出，「大埔的案子真的是『先求有，再求大』，縣政府剛開始的規劃，和

---

13 依據台灣農村陣線所敘述，「位於公義路和仁愛路交叉口的兩棟房屋，也因為道路拓寬的關係，其基地必須被徵收一半；為了遂行徵收，苗栗縣政府便將屋主的土地『逕為分割』，然而寄送給屋主的公文上卻未敘明理由，屋主收到公文後不明就裡，電詢地政事務所，承辦人員也僅告知屋主應執原權狀換發新權狀，並未說明逕為分割的原因。……至於徵收的理由，原來是因為兩棟房屋位於轉彎處，縣政府認為會擋到轉彎車的視線，所以要徵收拆除」（陳平軒，2012b：114）。

最後的開發規模，根本就是『先上車，後補票』。讓很多人很難接受的還有就是，只重視走完程序，不重視一輩子都住在這裡，被迫要搬家的那種感受」。

　　政府官員在擬定都市計畫時除了進行現勘調查之外，也要充分考慮到土地被徵收人士他們內心敏感細膩的情愫。旱地和建地還有房屋都要被徵收、自己原先在台北上班的J人士（行政院研考會編印，2012：552-553），他在2011年7月19日就強調，「另外像農地，我媽媽也會覺得很不捨。贊成徵收的人會覺得我們很笨，農地可以變建地有什麼不好？但這是個人價值觀的問題。……我媽媽覺得看到果子出來，對她而言是快樂，你不能隨便剝奪別人的這種樂趣」。此外，七十歲的老農K人士則表示：「農民就是這樣啦，若是合法，不要那麼鴨霸，不要說明會開一下就說依法辦理這樣。我這間房子如果你喜歡，看多少我也可以賣給你啊，你就是鴨霸，要搶去的，誰要給你？」（行政院研考會編印，2012：563）[14]

　　對於所謂「以地換地」的方案，擔任過縣長和內政部長的退休政務官就以自己的經驗指出，「我以前當縣長的時候就有過例子，大埔的案子並沒有比較特別，比較不同的還是整個大環境的改變，像是公民團體和在野黨，讓整個案子被高度的政治化；讓它變成是『政治』的問題，而不是『政策』的問題」。而曾經當過十七年平面媒體記者的執業律師的提醒，或許正可以做為「以地換地」方案的總結，「徒法不足以自行，所謂的『依法行政』只是最低標準，有些行政官員依法行政的偏執，並沒有辦法真正瞭解到，手段有時候比目的本身還要重要」。

　　基於本節以上所言得知，以地換地方案付諸施行時，從中央到地方行政首長應該瞭解的是：這不只是土地產權的問題，同時也是鄉土家園的問

---

[14] K人士還說，「田地，我留到我孫子還有田啦，建地以後繳稅金就沒有辦法。空地稅一繳下去，你就跑沒路。……建地沒有生活更好，三不五時以後時機如果不好，至少有米可以吃……種田的人絕對不會餓死。現在外面的菜你敢買喔？自己種的菜比較好吃啦，比較沒蟲啦」（行政院研考會，2012：561）。

題；行政官員的同理心，有時候比方案內容的規劃更重要。換言之，這是「政治管理」（political management）的問題，而這樣的問題又必須連結回到，行政首長政務領導在執行公權力時擔任「父母官」體恤民情的施政態度，以及行政官僚規劃政策方案時在依法行政和「政治敏感度」之外，也必須具備回應多元價值觀挑戰的政策溝通技能。

第三節　視窗的開啓與政策性宣示：「抵價地」式的補償方案

　　對於議程地位的取得來說，政治流可能是重要的「推手」，但也可能是加以扼阻「看不見的那隻手」。Kingdon（1995: 163-164）認為，包括有組織的利益團體、選舉（結果）的反彈（election repercussion）、民選官員的態度、甚或是全國性氛圍等不同層面政治力量的相互博奕，經由焦點事件的發生和政策視窗的開啓，促使特定議題在政府議程上被高高舉起（high on the agenda），而且使得政府沒有餘力再關注其他沒有迫切性的議題。依據本章前述傳統的所謂政策企業家，缺少的是最基層民眾、特別是不同意被徵收極少數「素顏」的民眾，是隱藏在決策制定和政策執行背後不為人注意或關心的利害關係人。他們對於政策問題的認定和內心深刻的感受，透過公民組織團體和官方出版政策評估報告的深度訪談而得以揭露出來。

　　「中央的立法沒有問題，是地方的執行有問題」；「當縣長的人，胸襟更開闊一點，事緩則圓，就不會有後來發生的這些事情了」（超過二十年的資深立委之用語）。由法律規章建章所建構而成的職權範圍（jurisdiction），和對政策問題的認定一樣，特別是地方行政首長在徵地案的權限，影響到Kingdon（1995: 159-162）所強調建立共識的過程。2010年「717凱道守夜行動」和2011年「716農民重返凱道」兩次的焦點事件所提出的問題訴求和所可能引發的選舉效應，政府在前者面臨

2010年11月27日直轄市公職人員選舉的政治壓力，在後者則面臨2012年1月14日總統選舉的情況之下，必須做出即時的政策回應，而這也開啓了Kingdon（1995: 173-175）所謂「問題視窗」（problem windows）和「政治視窗」（political windows）。

　　就大埔徵地案而言，問題視窗和政治視窗的開啓，源由都是來自於政策流；隨著焦點事件發展所搏取到的社會矚目，愈來愈明確的政策主張，促使政府必須做出正式的政策回應。其中特別值得一提的兩個重要決議和決策，其一是內政部都市計畫委員會在2011年5月10日做出決議，否決張森文和黃福記的保留案；其二則是同年「8月24日，行政院版的修正草案正式底定。總統馬英九召開『落實居住、土地正義』記者會，會中強調，『土地徵收條例修正草案』將朝『市價徵收』方向進行，且要求地方政府每六個月評定被徵收區的交易價格做爲用地機關發放補償依據，以落實土地正義內涵」（胡慕情，2015：276）。

內政部否決張森文和黃福記的保留案

　　首先，對於張森文和黃福記的保留案，地方的民意代表指出，「地方上贊成被徵收和反對被徵收的『厝邊隔壁』（筆者按：閩南語發音），大家（的利益）本來就不一樣」。胡慕情（2015: 273-274）對此過程的描述則是，「原先在吳敦義的協調下，要被拆除的大埔居民張森文與黃福記的房舍都有轉寰餘地，其中張森文的房地甚可完全保留……大埔共五十二位地主連署並至內政部陳情，指稱張森文家所在位置是『死亡轉角』——『如果不拆，以後要撞死誰？』要求內政部基於交通安全考量拆除張森文的家」；「大埔案最後交由內政部政務次長簡太郎以及嫻熟地政事務的行政院秘書長林中森決策，2011年5月10日，內政部都市計畫委員會第755次會議決定否決張森文和黃福記的保留案」。

　　保留案被否決的決議所引起的爭議在於，內政部的都市計畫委員會之職權界定，以及該委員會的成員如何組成。就都市計畫法第74條所規定，內政部和各級地方政府都市計畫委員會的委員都是由行政機關所任命，林明鏘（2006: 48）認為，各級都委會的層級是否應該簡併與其職權如何劃分，乃至於如何在審議過程當中確保各級都市計畫委員會的獨立性，而避免淪為行政首長貫徹施政理念的背書機關，實為一大難題。

　　學界人士這樣的憂慮並不是沒有道理，目前是律師的前資深記者就指出，「（內政部）都委會二十幾個委員裡面，至少有一半都是政府的機關代表，還有一些（席次）是給學者專家和民間組織的代表，如果再加上主席在會議當場強勢表態發揮出來的影響力，很難讓人相信沒有政治力的介入」。行政院研考會編印（2012: 200）的《我國土地徵收制度之評估》指出，內政部土地徵收審議委員會組織規程第3條「並未確切規定具專門學術經驗的專家學者須占總體委員的比例為何」，該委員會是以「各行政機關代表」做為主體所組成。也因此，曾經幫行政院研擬土地徵收條例草案版本的政大地政系教授林英彥（2011: 216）強調，「由於行政機關的委員占多數，使得議決的主導權操在行政人員手中，尤其主席更具影響力，這難免有球員兼裁判之嫌疑」。

　　此外，廖本全也就自己參與內政部相關委員會的多年經驗指出，「你可以看出來，不管是都委會或區委會（筆者按：都市計畫委員會和區域計畫委員會），有一部分的委員是政府各部門的機關代表，他只要再掌握幾票專家委員，他就可以主導整個儀式，就這麼簡單……這些委員會政治決定還是會勝過一切」（轉引自江俊儒的訪談記錄，2013：149）。受訪的資深法官指出，「雖然都市計畫法有明定，不過，法官的審理能不能針對都市計畫委員會或區域計畫委員會最後的決議，做實質上的認定和裁決，應該是未來在思考制度應該怎麼設計的時候可以努力的空間」。

　　雖然吳敦義院長在2010年8月17日承諾房屋和基地採原位置保留，苗栗縣都市計畫委員會在同年12月3日的會議，以及內政部都市計畫委

員會在同年12月28日都決議通過以「特殊截角」讓彭秀春房地原住置保
留，黃福記的房舍及生活機能（包括拖吊停車場）原地保留，而位於30
米計畫道路該側的農耕地則移到房屋左側或後面並方整劃設（廖本全，
2013：165）。但是「苗栗縣劉政鴻縣長，在內政部都委會中承諾（納
入會議記錄）從優補償以及繼續與陳情人溝通協調」（廖本全，2013：
162），最後仍然在2012年7月24日內政部都市計畫委員會第784次會議，
通過大埔都市計畫變更案，大埔自救會24戶仍有4戶面臨拆屋徵地。

　　事實上，依據行政院的政策評估報告，地政官員M人士就已經指出區
段徵收的缺點之所在，「區段徵收唯一的缺點就是有可能過分樂觀，會不
會面積過大？開發過早？這些都是要在都市計畫時去考量其規模、範圍、
可行性……農地面積都要去做考量」（行政院研考會編印，2012：583-
584）。除了內政部營建署的都市計畫委員會之外，區段徵收程序當中還
有內政部地政司「土地徵收審議委員會」的重要機制。曾經協助行政院擬
訂土地徵收條例草案的林英彥（2011：217）對此強調，制度性規範的不
夠明確，往往容易治絲益棼；他指出，土地徵收審議委員會在審議區段徵
收的時候，並沒有規定是否可以做成刪減徵收面積、或調整補償的內容和
金額、抑或是限定徵收的時程等等的修正裁決，更遑論一般社會大眾、甚
至是農地被徵收的土地所有權人會清楚和己身權益相關的法令規定。

　　就大埔徵地案而言，鍾麗娜（2011: 132）描述該案在2009年4月8
日／14日（廖本全，2013：162-163），於內政部土地徵收審議委員會第
210次會議審查通過的該次會議，總共審議35個案件，其中的一般徵收和
區段徵收合計18個案件全數通過，而且無論從會議記錄或是內政部最後
的核定函，都看不出來審核原則或審議通過的理由。此外，就該次會議出
席人員「簽到簿來看，僅需地機關苗栗縣政府列席參與，卻無土地所有權
人參與列席，可能導致土地徵收審議委員會的委員僅聽到一方說詞，無法
全盤掌握資訊的情形」（行政院研考會編印，2012：204）。

　　前述對於徵收程序機制設計的指責，誠如資深立委所質疑的，「內政

部的都委會和土徵會為了要配合政策所做的決議，都有奉命行事的運作空間，如果只是行禮如儀把程序走完一遍，不給地主表達意見的機會，最後的結果會很難說服農民鄉親和社會大眾」。在行政院研考會出版的土地徵收制度的評估報告裡面，實際在第一線負責區段徵收的行政官員據此也提出政策溝通的重要性，「建議民眾參與應該提前到都市計畫階段，讓民眾瞭解可能會面對的情況……區段徵收是個強制性的共同開發，既是徵收也是重劃，這兩種角色造成其特殊狀態，若能朝共同開發，很多問題比較容易解決……對立其實是溝通不足的問題，解決是困難但我們應該去做的，目前採取的方式是逐戶拜訪……公聽會或聽證都是好的機制，但區段徵收是複雜的機制，民眾直接跳下來玩這個機制有困難，所以我認為應該先跟民眾溝通」（行政院研考會編印，2012：625-626）。

對於各界所疑慮張森文和黃福記保留案的否決決議，以及對於相關法令規範的討論和建言，內政部的制度性回應是在2011年1月18日（內政部（100）內地字第0990261119號函），結合「區段徵收計畫」和「區域計畫」或「都市計畫」之所謂「區段徵收（預先性）公益性及必要性評估報告（書）」的制度設計，而且內政部土地徵收審議小組仍必須針對其公益性和必要性，重新進行正式的審查（陳明燦，2013：283-284）。而這些也都具體的體現在土地徵收條例第3-2條的規定，需用土地人在興辦事業徵收土地時，必須針對社會、經濟、文化及生態、永續發展等因素，提出公益性及必要性的綜合評估分析。

以上整個事件的後續發展，在蔡英文總統於2016年9月25日「新政百日迫遷依舊，土地正義重返凱道」抗議活動，「回應政府一定會做到『張藥房』原地重建承諾」（董俞佳，2016/09/27）之後，再度引起社會輿情的關注。有鑒於苗栗縣政府工商發展處與地政處所表示，張藥房要原地重建就必須克服都市計畫及建築法限制，難度高而且必須要修法。未來仍然值得觀察的是，在政黨輪替之後，因應外部動員提出的訴求，來自總統對於付諸執行政策「回復原狀」的政策性宣示，所影響從中央到地方政府的後續效應和政策行動如何，充分體現出以下兩點。第一，擁有最高法定權

威的總統，做爲政治企業家對焦點事件的正式回應，開啓了兩個回合的多元流發展。第二，如果需要修法，則需要再次進入政策合法化的階段，但可以確定的是，各級政府相關委員會必須依照法定程序重新召開會議，賦予決策的正當性。[15]

市價徵收的行政院版土地徵收條例修正草案

其次，在總統記者會宣示土地徵收條例修正草案將朝市價（市場正常交易價格）徵收的方向進行之前，對於內政部營建署在2011年7月15日平面媒體廣告的政策說明，曾經擔任過縣長和內政部長的退休政務官指出，「過去政府機關很少透過刊登在報紙上面的廣告，做政策的說明或是政策的宣示，江（宜樺）部長缺乏地方的行政歷練，這樣的做法可能和他念政治的背景有關」。而十七年資深媒體記者、現職是律師的人士強調，「（筆者按：在「716農民重返凱道」）被人家兵臨城下的前一天才花錢登廣告說明政策，與其告訴社會大眾政府做了什麼，還不如在行政院版本的土地徵收條例宣布之前就想辦法告訴大家，爲什麼要接受『市價徵收』的政策是比較能合理補償的政策」。

而對於「市價徵收」的政策性宣示，縣市政府應經常調查轄區地價

---

[15] 在2016年9月25日的「新政百日迫遷依舊，土地正義重返凱道」抗議活動後，「總統蔡英文回應政府一定會做到『張藥房』原地重建承諾」（董俞佳，2016/09/27）。然而，主管機關對此指出，難度高而且必須要修法，「苗栗縣政府工商發展處、地政處人員則指出，張藥房要原地重建，必須克服都市計畫及建築法限制，縣府徵收張藥房約22平方公尺土地，目前屬道路用地，另餘2.11平方公尺未徵收，屬第二種建築用地，原地重建需辦理都市計畫變更。即使都市計畫變更過關，張藥房第二種建築用地建蔽率50%、容積率100%，原地重建只能蓋10多平方公尺的二樓建築。此外，都市計畫道路退縮五公尺建築線的問題，都得修法解決。（筆者按：苗栗縣長）徐耀昌認爲，張藥房原地重建的困難點是位於在二十多公尺寬公義路和十多公尺寬仁愛路路口截角，大型車輛從仁愛路口右轉公義路有交通安全顧慮，若能排除障礙，例如仁愛路禁止大車通行，就不會有死角轉彎的問題」（范榮達，2016/09/27）。

動態，每六個月提交地價評議委員會評定被徵收土地市價的變動幅度，以做為調整徵收補償地價的依據，參與制定民間版土地徵收條例的律師詹順貴（2011/08/29）當時在媒體投書所強調則是「**笨蛋！市價徵收，不是土地正義**」。他認為，「市價徵收……是慷人民納稅公帑之慨……全台區段徵收案件，幾乎全部位於特定農業區。……補償不問是否是市價，甚或張金鶚教授所稱應再加成，都只是最後的彌補措施」。而由於現行土地徵收制度的設計已經傾向於由政府主導的公私合作開發行為，廖本全（2013：158）因而指出，「以市價補償將土地徵收簡化為金錢補償的問題。市價補償並非完全補償，而民間團體主張藉由正當程序以遏止浮濫徵收……」；他並強調「國土利用與管理以及土地徵收的制度規範……特別是對於反對的權利以及復原的權力，可謂完全闕如……在真正落實與實踐的下位制度上，則不是僅賦予微弱的權利（如參與的權利），就是完全沒有賦予任何權利……與環境正義有很大的距離，形成一嚴重的制度缺口」（廖本全，2013：157）。

　　此外，即便是來自政府部門，也有不同的檢討聲音，甚至是提出更宏觀視野制度性的政策規劃。依據行政院研考會（2012）針對土地徵收制度評估所舉辦的焦點團體訪談，曾經擔任過台灣省政府地政處處長的N人士就強調，「至於區段徵收，……對民眾來說，我私有土地財產權，徵收後將來領回的抵價地不是原來的全部，儘管說領回來按照地價計畫綽綽有餘，但面積跟地價在民眾心裡並不是這麼清楚。100坪剩50坪怎麼說都是不一樣」（行政院研考會，2012：590）。該人士認為，「現在土地法制架構下，有兩個比較整體式的開發，公辦私辦市地重劃，另一個就是區段徵收，市地重劃部分在開發過程比較尊重土地所有權人的意願，重劃後有較高的比例土地可以領回。……因此何不把區段徵收與市地重劃這兩個制度結合，另定『區域土地開發條例』，一方面整合兩種土地開發制度，應該可評估其可行性」（行政院研考會，2012：589-590）。

　　也因此，對於「是不是市價徵收就是民眾需要的『合理補償』」（受訪資深法官的用語），無論是資深立委或地方民意代都認為，問題

的本質在於土地被「強制徵收」，而不是「市價補償」或「抵價地的補償」。這樣的看法也間接呼應鍾麗娜、徐世榮（2012: 82）所說的，「土地徵收首應思考的是『該不該徵收』，而非『如何徵收』」；以及徐世榮、廖麗敏（2011: 424）所主張，「土地徵收法制應是『備而不用』，而非像我國將其列爲最優先、甚且是唯一的手段」。林明鏘（2014: 85）對此因而特別強調區段徵收「定性」的問題：「區段徵收是披著徵收外衣的公私聯合開發，所以它的目的是要土地的利益最大化，誰的土地利益最大化呢？土地所有權人跟需用土地機關的……這兩個東西其實都不是徵收的目的，徵收目的是公益需求！公用目的！」他還指出：「這是所謂具有台灣特色的混淆變形的徵收制度……我們賦予行政機關很多裁量權限，譬如我們在區段徵收裡面是40%到50%；在農地重劃裡面是50%到60%，這其實是給行政機關的裁量權限。但裁量權是被區段徵收制度消費掉？還是被它制式化？」（林明鏘，2014：86）

以上各界人士的看法，可以就法律層面和政治層面做爲總結。從法律人士的角度來看抵價地式的政策方案，則誠如受訪資深法官所總結的，「（區段徵收）抵價地的制度有沒有違憲，還有討論的空間。不過從過去類似的判例看起來，任何不利於需要使用土地的縣市政府的判決，都已經沒有辦法再回復到原狀，這恐怕才是最大的問題。所以重點是，被區段徵收的土地所有權人，在政府徵收的過程有沒有正當的程序能保障他們應該有的權益」。此外，從更宏觀的層面觀察，曾經擔任過八年縣長的前政務官則強調，「真的要說市價徵收是爲什麼，那就是要『拼選票』，你就要看總統在記者會公布行政院版的（土地徵收條例）修正案，是在那一年（2011年）五都選舉前三個月（筆者按：11月27日），修正案在年底通過，就是爲了要在隔年（按：2012年1月14日）總統和立委選舉『拼連任』的」。

當政黨面對選舉的政治競爭時，執政黨和在野黨也有不同的考量。胡慕情（2015: 280-281）對於土地徵收條例修正案在2011年12月13日由立法院三讀通過所描繪的情況，「林子凌、詹順貴以及農陣成員陳平軒，

於12月13日代表台灣農村陣線進入立法院……針對法條逐條討論。協商時，（內政部長）江宜樺表示：『只要是我可以讓的，我都讓』。江宜樺的『可以讓』，意指在他內政部長權責內，沒被『上頭』賦予鎖定的內容。『上頭』所指爲林中森。林中森是地政官僚，除主持國家公園審議，亦能觸及區委會（筆者按：內政部區域計畫委員會）審查。熟知並掌握上位制度法規與解釋權的林中森，等同緊扼開發要脈」。她還就立法院三讀通過那天的政黨動員指出，「最後土徵條例帶國民黨發動甲級動員、民進黨諸多立委爲了選舉拋下審議的情況下，以行政院版的內容通過修正——今後只要國家祭出『重大建設』之名，特定農業區依然得以徵收，除非遇到重大爭議才舉辦聽證會。針對公益性，必須提出公益性評估報告，但沒有評估細則。……針對市價補償，是由負責徵收的地方政府調查地價」（胡慕情，2015：281）。

　　本節基於以上所言有三點值得重視：首先，所謂抵價地式區段徵收的補償方案，基本上是價值的根本差異所使然（例如：不是如何徵收的問題，而是應不應該徵收的問題）。此等超脫傳統「工具理性」價值背景的政策管理專業，在Robert Dahl（1971）所謂「多元民主社會」，多元的政策價值觀無疑是探討政策視窗開啓、法律修訂合法化後制度性「抵價地」式補償方案的重點。

　　其次，我國審議徵收案件專家學者、民間團體及相關機關代表的合議制設計，雖然土地徵收條例第15條有規定地政、環境影響評估、都市計畫、城鄉規劃等專業領域學者的代表不得少於二分之一，然而因爲都是由中央主管機關所遴聘（派），會議主席能夠自行決定的議程排定和臨場的議事進行，對於最後結果也因而擁有相當程度的主導權。這種對議程的間接影響力，並不同於對於方案或結果的直接控制，但卻是基於依法行政的重要依據。

　　最後，誠如Kingdon（1995: 164）所言，當不同政治力量進入並競逐己方所偏好之政策方案的時候，就會不斷嘗試將本身利益納入政府議程研

擬的過程或方案的內容，也會透過協商去影響特定方案的抉擇；透過土地
徵收條例第3-2條規定必須要「評估興辦事業之公益性及必要性，並爲綜
合評估分析」，符不符合「公益性」，或有沒有「必要性」，在價值差異
的衝突之下，行政裁量權的運用，無疑也成爲政策企業家得以縱橫捭闔的
另一個場域。

第四節　小結：「與危機共舞」

　　基於本章對於前述兩個政策方案的討論得知，「素顏」的政策企業家
是行政院秘書長林中森（任期2009/09/10-2012/02/05），他是一位技術官
僚出身、行政資歷豐富、擁有政大地政博士學位的資深政務官。在當時行
政院長吳敦義和後來接任院長的內政部長江宜樺並不是地政專業背景的情
況下，面對外在環境的挑戰所提出的政策方案，儘管社會各界有不同的評
論意見和看法，但最後也都成爲政府最後的決策方案。當面對徵地案所引
發社會輿論的批評、公民組織團體與學者專家、甚至政府評估報告和行政
官員的檢討和反省，政策流裡面受到機關首長所信任具備地政專業的政務
官，所提出「以地換地」方案和「市價徵收」政策的正式回應，都直接被
行政首長所採納。

　　雖然學者專家（廖本全，發言轉引自江俊儒，2013：153）和媒體記
者（胡慕情，2015：281）指證歷歷，張森文和黃福記保留案的被否決，
以及總統記者會「市價徵收」政策性宣示，兩項重要的決議和決策是否和
前述「素顏」而且高階的地政專業之政務官有關，固然不得而知。然而，
可以確認的則是「人」的重要性，從最廣義的政策企業家到狹義的政策企
業家，有特殊專業的政務官，乃至於其他涉足其中的社會各界人士和利害
關係人。

　　當「政策」遇到「選舉」，政策場域所處的環境又適逢2010年五都

選舉和2012年的總統和立委選舉，迫使總統和行政院長必須即時的以具體政策方案回應民眾的需求，而「問題視窗」和「政治視窗」的匯合，不同價值觀的政策企業家彼此角力的結果，則直接開啟了「決策視窗」，進而在不同階段提出不同的替選方案，直接排定進入政府的「議程視窗」。顯而易見的是，政務官和技術官僚擁有的行政裁量權，有時候甚至足以界定政策問題和法令規章裡面所蘊含的價值理念。

　　不同的人有不同的價值觀，深層的價值雖然根深柢固，但是政策性的價值則可能因時因地而有所轉變。當「價格」遇到「價值」，體制外抗爭的社會運動和公民組織藉由學者和律師的努力，民間版的土地徵收條例修正草案最後以功敗垂成收場。重視自由價值、主張交易和妥協的多元主義式民主（Barber, 1984: 141），並不能解釋決策過程「政治不平等」（political inequality）的現象（Lindblom and Woodhouse, 1993: 111-113），不只存在於行政首長和政府官員，以及公民團體和普羅大眾之間，甚至也存在於獲得輿論和媒體青睞的政策議題和被忽略的政策議題之間。以「價格」做為基礎的替代方案，固然並不能完全補償土地被徵收民眾心中那種鄉土和家園永遠無法取代的「價值」，但卻是經過立法院修法的政策合法化程序。

　　當擁有法定權威的行政首長或是所謂的政治企業家、或提高到國家領導人的行政層級，透過內政部所召開土地徵收條例修正草案六次的審查會議（詳見鍾麗娜、徐世榮，2012：77-91；鍾麗娜，2014：277-300），由於修法審查討論的內容有專業的技術性質，在彙整社會各界意見的過程並沒有得到媒體和輿情的矚目，社會大眾也因而缺少關切瞭解和表達意見的機會。主管機關匯集意見後的修正草案在2012年1月總統和立委選舉之前，於2011年12月由立法院三讀通過，而立委諸公在該期間呈現出來的是政黨的動員和對決。

　　就本章的分析觀之，在面對即時發生焦點事件必須立刻回應，或是縣市長選舉和總統與立委選舉前幾個月的政治壓力之下，中央行政首長接

受專業地政官僚的方案建議和制度性改革提案，並將其納入「議程視窗」和「決策視窗」，發揮政黨競爭的本質到極致，這個從該條例修正草案逕付二讀後再包裹表決的修法過程可以得見。「如何避免徵收優良農地」，「徵收的必要性和公益性誰審」，以及「給予土地所有權人陳述意見的機會」，都在最後通過的修正案隱而未見，而這也為下一回合的多元流挹注更多的能量。

　　本章的研究結果不同於Zahariadis（2003: 153）基於混沌不明和政策抉擇所提出「問題視窗」和「政治視窗」相互獨立進入各自視窗的觀點；研究結果雖然顯示，執政的中央行政首長（總統和行政院長）將政策議題納入「議程視窗」和「決策視窗」的角色功能（Herweg et al., 2015: 445），在2012年1月總統和立委選舉的前一個月，在立法院所推動土地徵收條例的修正草案，強勢的化身成為政黨的對決。在政策的合法化過程，行政院版的修正案所凸顯的是有別於苗栗縣政府，中央行政首長希望制度性的解決土地徵收的政策問題，然而從2012年1月總統公布施行該修正案之後，後續衍生的爭議和衝突也在多元流匯合交會陸陸續續的浮現出來。

「土地徵收審議委員會……所審議通過的區段徵收案件，並沒有說明
理由，內政部核定區段徵收的公文也沒有記載理由，這使得司法機關和社
會大眾並無從檢驗審議的瑕疵，以及審議過程是否能夠具體判斷所謂的公
共利益」（林英彥，2011：217）。

曾經擔任過記者、已故的美國學者Walter Lippmann認為，「公共
利益可以被視為民眾看的清楚、想的理性、做的無私之選擇」（"saw
clearly, thought rationally, acted disinterestedly and benevolently"）（轉引
自Bell and Kristol, 1965: 5）。

前一章所敘述「以地換地，換地還農」方案和「抵價地」式的補償方
案，因應政策問題情勢的演變，問題視窗突如其來的開啓，焦點事件陸續
發生所開啓的政治視窗，都迫使不同階段的政策企業家在短期採取及時化
解衝突的方案，在長期則嘗試透過修法，一勞永逸、制度性的解決區段徵
收之相關議題。前者和大埔徵地案原本住戶的安置有關，是行政院長吳敦
義在717凱道守夜行動之後，於2010年7月19日主動邀約大埔農民會談所
提出個案式的政策方案。而為了通盤解決區段徵收的政策爭議，「抵價地
模式之區段徵收」（鍾麗娜，2012：111）後者的制度設計之改變，則是
馬英九總統與副總統蕭萬長、行政院長吳敦義、內政部長江宜樺，以及財
政部長李述德在2011年8月24日於總統府召開記者會，宣示政府對土地與
居住正義的重視與改革，「土地徵收必須符合公益性、必要性、符合比例
原則……除非基於公益性公共事業，或重大國家建設的必要，不得徵收特

定農業區農業用地，以保護寶貴的土地資源及確保糧食安全」（中央社，2011/08/24）。

隨著近年來社會經濟的發展，區段徵收制度的屬性從早期以「漲價歸公」為理念演進成為「合作開發利益分享」，然後再轉變到以政府和企業為主的「公私合夥」，在當前地方政府財政困窘，需要民間企業投資的政經環境之下，學界人士對於這樣的轉變頗感憂慮（徐世榮、廖麗敏，2011：422-427；陳明燦，2013：279-281；鍾麗娜，2012：112-126；2014：92-103，135-141）。就大埔徵地案、機場捷運林口A7場站、中科四期相思寮、台南鐵路地下化東移、桃園航空城，以及新北市的淡海新市鎮等其他相關案例觀之，無論是苗栗大埔徵地案的區段徵收或是台南鐵路東移地下化的一般徵收，土地與政治的關係密切，從中央到地方的政商關係，這是在「政治真空」之下進行決策的傳統公共政策理論所不能迴避的課題。

幾位深度訪談和焦點團體訪談的受訪人士都不約而同的提及，台灣社會的政治經濟情勢的發展對於土地徵收相關法令規章的制定、運作和修訂，產生不容忽視的影響力。除了政治、經濟、社會發展的總體情勢之外，法律規章包括司法判決和行政法院判決、甚至是大法官會議解釋文，乃至於監察院的調查報告，都可能因為引發傳播媒體的重視和社會大眾的矚目，在公民團體和學者專家積極參與的過程當中，匯聚成為關鍵的影響力量，從而可能改變行政首長的政策和法律規章的修訂。

雖然多元流理論重視焦點事件、指標與回饋，重視政治上的意識型態和全國性氛圍，重視技術的可行性和價值的可接受性，但是卻並不重視法令規章和制度環境對於決策制定和方案提出之重要性，以及可能衍生出預期之外的後遺症。此外，多元流理論雖然重視政策企業家鍥而不捨的作為和議程設定的能力，重視問題視窗和政治視窗的開啟，以及其對於原本就存在的政策方案能夠脫穎而出所發揮的匯聚調合功能。但是，Kingdon在1980和1990年代所提出理論概念之政治環境，卻缺少美國式民主政治在

專業有組織、偏差動員的利益團體以外之民主治理元素。政策企業家的努力不懈，不論是鬆散的觀念組合，或是理性的統合結構，都可以透過新興的社群媒體和公民組織團體，以及學者專家的共同參與，從街頭集會遊行的民氣可用，到國會殿堂的利益匯集和協商妥協之政策合法化過程，甚至在行政部門與立法部門之外，司法部門和我國所獨有監察部門的大法官、法官、監察委員所能夠扮演的角色功能，無疑是吾人援引多元流理論概念到我國公共政策場域時，必須更重視的制度環境因素。

　　對於我國土地徵收的相關政策案例而言，如何界定政策問題的本質，特別是基於法令規章所建構而成傳統的制度環境，對於公共利益的認定和委員會的審查機制，有必要從公民社會之民主治理的層面加以更深入的檢視。本章探討多元流理論在適用到我國公共政策場域必須重視的相關概念，筆者首先論述公共利益的價值衝突，然後基於多元流理論提出所謂「合法流」，做為充實民主治理時代意義底蘊與地氣之強連結概念，最後針對土地徵收的委員會審議機制提出針砭之道，並且提出兩回合的多元流架構做為理論回饋之補充。

第一節　九十八比二：公共利益的價值衝突

　　是不是「經濟發展」就等於是「公共利益」，以及什麼是所謂的「公共利益」，一直都是我國土地徵收制度最重要的課題。雖然這方面的論述頗為豐富多元，但核心的問題則如同本書的焦點團體訪談人士徐世榮所強調，「把土地當做是一個商品，只強調它的交換價值，而不談使用的價值和人與土地的連結關係」；「認為地主反彈是為了錢，這是政府固定的解釋」（2016/07/22，焦點訪談記錄第1頁）。

　　依據行政院研考會（2012: 807-838）針對苗栗竹南大埔已經辦理區段徵收地區的土地或房屋被徵收人所做的開放性題目之問卷調查結果，在

被問到「請問您認爲政府辦理徵收的公共利益是什麼？」，受訪民衆的回答非常多元（行政院研考會編印，2012：814-815）。其中，正面的答覆例如：被徵收居民滿意；賺錢；增加當地人民生活便利；公平；在地政府籌措財源；對大家好；增加地方經濟繁榮；生活環境改善。而負面的答覆則像是：圖利財團、建商、官員；原則上不應徵收；政府徵收農民土地去開發，做無資本開發奪農民財產；如何配地，地在哪裡；不要在人家建築物開馬路，馬路不應開在屋簷下。

簡言之，歸納前述不同態度和意見所呈現出來的，是對於土地徵收「經濟價值」和「社會價值」之間的取捨，只重視成長，不重視公平的質疑，以及對於促進就業和振興地方經濟的同時，所可能造成土地投機社會不公義現象的憂慮。

此外，前述受訪者在提及公共利益的看法依序包括：目前辦理徵收完全沒有公益及必要；必要的道路建設及國防相關設施；只要有利於國家皆可，而非只限於或有利於地方；互利爲基礎；應該要發展對人民有益的建設與眞心，用心改善人民生活環境；對地方上根本沒有任何公共利益；看不到對社會大衆的利益，只看到爲了滿足個人的私慾；我們都沒有得到利益。

歸納大埔已經辦理區段徵收民衆的看法，呈現出來的是「一個公益，各自表述」正反並陳的現象。究其原因，就在土地徵收條例第1條「爲規範土地徵收，確保土地合理利用，並保障私人財產，增進公共利益，特制定本條例」，所規定的「（增進）公共利益」。楊松齡（2014a: VII）就此認爲，問題的本質是區段徵收「已非全然的『公徵收』（public takings），實質上已傾向『私徵收』（private takings），而與經濟發展的目標相結合」。他更進一步指出，當前我國區段徵收制度備受爭議的原因是「Public Use究係限縮在『公共使用』？或者可擴充至『公共目的』（Public Purpose）才符合『公共利益』之目的……公益與私益之『衡量』比較，是否容易導入『功利主義』（utilitarianism）方式的效用比

較，淪爲『犧牲小我，完成大我』之『追求最多數人之最大幸福』的『結果論』之困境，而產生無法保障少數個人權益的公平問題？」（楊松齡，2014a：VIII）

就目前我國眾多的土地徵收案例而言，如果追求最大多數人的最大幸福，必須要以犧牲個人的權益做爲代價呢？曾經協助研擬土地徵收條例草案的政大地政系教授林英彥認爲，「人民有服兵役的義務，納稅的義務，卻沒有犧牲自己權利，成就別人的義務，即便犧牲攸關公益。因此，徵收訴求的完全補償，是要讓人民可以『重建生活』」（轉引自胡慕情，2012：248-249）。然而，不同的人對於什麼是「重建生活」、如何「重建生活」，也可能會有完全不同的認知。

除了對於公共利益的價值觀念之差異外，區段徵收制度的演變也引發對於地方政府進行開發取得土地動機的質疑。2016年7月1日起擔任內政部都市計畫委員會依法聘任的「熱心公益人士委員」林旺根（2013：58-59）曾經指出，土地徵收條例在2000年2月2日公布施行後，有關區段徵收之主要規定仍沿襲平均地權條例之精神，但其中最大的差異就是「將開發完成後可建築用地，改爲得『專案讓售』」，而這樣的轉折則使得區段徵收開發後的可建築用地之處理，得「經行政院專案核准所需土地得以讓售」。對於區段徵收的政策背景和所引發的負面效應，陳明燦（2010：77）認爲，「都市計畫內農業區變更爲建築用地之所以規定『一律』採區段徵收爲整體開發方式，旨在貫徹土地漲價歸公與打擊土地投機炒作，蓋所謂『農業區』者必其土地使用強度不高，多爲『素地』（農林用地）且地價偏低，是以一旦變更爲高使用強調如建築用地者，在我國尚無課徵『土地變更使用稅』之前提下，由於伴隨鉅額利潤，都市計畫農業區常爲土地投機者之溫床」。

制度性的解決方案體現在2011年12月13日立法院三讀通過的土地徵收條例部分條文修正草案：「需用土地人於事業計畫報請目的事業主管機關許可前，應舉行公聽會，聽取土地所有權人及利害關係人之意見」（第

10條），「被徵收之土地，應按照徵收當期之市價補償其地價……各直轄市、縣（市）主管機關應經常調查轄區地價動態，每六個月提交地價評議委員會評定被徵收土地市價變動幅度，作爲調整徵收補償地價之依據」（第30條）。

　　特別值得重視的是地政學界人士針對土地政策在政治經濟層面所提出十分嚴厲的批判，對於政策執行所可能產生深遠、而且負面的民主治理之效應，是公共政策學界和實務界人士進行政策規劃和方案設計時應該自我警惕之處。鍾麗娜（2011: 101）就指出，「政府機關與民間開發商各自盤算，以能否獲利爲主要考量的思維及運作模式下，將區段徵收土地開發所創造之社會財，在所謂程序正當的掩飾下，注入利益操弄者的手中，使得區段徵收爲政府機關與民間開發商基於自利心的驅動下尋租競利的場域」。而鍾麗娜、徐世榮（2013: 84）也強調，土地政策成爲貫徹經濟建設計畫的工具，使得土地政策最主要執行手段之一的都市計畫，「迄今依舊是以經濟成長爲目的的政治計畫之產物」；「當都市計畫面對政治力與經濟力的交互運作，在『選舉靠鈔票，鈔票靠土地，土地靠都計，都計靠選舉』環環相扣下，土地政策之執行，都市計畫的場域已淪爲地方、中央政府及資本利益團體等行動主體，掌控都市空間發展與擷取經濟利益的利器」。

　　這種將土地視爲商品的經濟價值，和重視政商關係對民主治理所可能產生不公不義現象，更重視鄉土和家園對原有土地所有權人的社會價值，兩種不同政策價值的衝突更進一步延伸到總體政治經濟環境的改變，以及地方政治發展可能朝向惡質的方向發展。中華民國地政士公會榮譽理事長林旺根究其根源指出，內政部於1990年爲了檢討土地政策而召開「全國土地問題會議」，受到該會議結論和當時經濟建設計畫的引導，開始蓬勃發展的抵價地式區段徵收之施行，「具有高度的政治經濟效益」（林旺根，2013：57），然而其自償性的財務設計則因爲會受到經濟景氣好壞的影響，而可能在實際運作上陷入困境。

或許正由於政府所取得可標售土地的經濟利用價值高，能夠吸引並提高企業和廠商的開發意願，再加上當時我國民主政治發展所經歷的國會全面改選、總統直選、乃至於2000年第一次的政黨輪替，「土地利益集團遂透過立法，形塑有利於體現其追求利益最大之制度」（林旺根，2013：57）。2000年2月土地徵收條例的公布施行和同年農業發展條例修正草案的通過，特別是前者將開發後可建築用地專案讓售給開發商，「特定的開發業者因政府的『讓利』而可取得廣大建築用地，獲取巨大商機，更帶動房價上漲……將區段徵收土地開發所創造之社會財，暗流注入利益操弄者手中……使得區段徵收之公共利益遭受嚴重的扭曲，罔顧土地所有權人的權益，而衍生社會的不公不義」（林旺根，2013：59）。

基於上一章政策企業家流動性參與的分析，行政首長所提出以地換地的方案和市價徵收的政策，和公民團體要求重視「公益性」與「必要性」，或學者專家所期盼停止區段徵收，各說各話的共同點在於，雖然都是想要解決問題，然而觀念的差異會直接反映在制度的設計和法令的規範，由於法令規範是行政官員依法行政的最重要依據，其制定施行和修訂也因而對政策會有重大的影響。

「九十八比二」公共利益的四個提問

對於所謂的「公共利益」，值得思考的幾個問題包括（Anderson, 1975: 165）：第一，是大多數人的利益嗎？第二，如果是，吾人如何確認大多數人真正的政策需求是什麼？哪些人是比較多數的群體？第三，民眾所要的真的是「思考清晰，行為理性」（"thought clearly and acted rationally"）嗎？以及第四，我們如何界定所謂的公共利益？

前兩個問題是政治問題，存在於民選政治人物言之成理的自我論述。第三個問題可以藉由Bourgon（2011: 31-57）對於「公共政策結果」

（public policy results），以及「公民結果」（civic results）或「社會結果」（societal results）的討論窺探其端倪。要回答第四個問題，則很可能發生各說各話的狀況，雖然所有的人都會同意必須要集思廣益，但對於如何做到則很難有完全的共識。

　　歷經2000年、2008年、2016年三次的政黨輪替，我國民主政治的發展逐漸成熟，民選行政首長對於定期選舉的民意回應，最直接的影響就是行政官僚在政策管理專業和方案分析技能之外，還必須建立起對於政策施行後所可能產生政治效應的敏感度（Wu et al., 2010: 3-11）。土地徵收政策執行過程的種種紛爭和衝突固然比較容易成為鎂光燈的焦點，真正的問題終究存在於對公共利益的價值觀念之差異。透過苗栗大埔徵地案的檢視，吾人更可以體認出Thacher and Rein（2004: 482）所說的，公共政策「背後（價值）困境」（the underlying dilemma）的重要性。而這種公共政策的價值困境，也同樣出現在民主國家對於「民主課責」（democratic accountability）問題「長久以來的一種兩難的掙扎」（陳敦源，2002：103），原因就在於民選政治人物對於政府決策的民主回應性之重視，逐漸凌駕過去對於政策專業責任感的堅持（陳敦源，2009b：1）。

　　焦點團體訪談人士徐世榮在描繪所謂「地政人」的臉譜時強調，「長期以來，地政人員都只是被當成工具，而且土地的問題都被轉化為只是技術的問題，純粹只從技術面來加以解決，例如土地徵收就被視為金錢補償的問題，而不是基本人權的問題」（2016/07/22，焦點訪談記錄第14頁）。當行政官僚的專業、保守性格不能與時俱進的提出具有政治上的時效性和敏感度之政策方案，不能提出具有說服力的論述策略，以匯集利害相關、但政策立場不盡相同的個人組織與團體，也無法累積過往經驗、重新包裝先前解決問題的方案（Kingdon, 1995: 173），以便處理一次又一次以不同方式出現的土地徵收議題，則行政官僚不僅可能與社會脈絡和民意需求脫節，也可能每每錯失問題視窗所啟動政治流透過專業論壇、以建立共識的時機（Kingdon, 1995: 159-162）。

　　我國的土地徵收問題牽涉到的層面很廣，從政商關係和地方政治發展，乃至於行政首長的回應民意需求，以及地政官僚本於專業提出的政策方案，方方面面，錯綜複雜。當政策施行的結果和公民所期盼的結果不一樣的時候，Bourgon（2011: 37）所謂「社會的結果」（societal results）對於政治人物或是公民團體都是有意義的，因為這種結果是經過抉擇之後的權衡交換所產出，也是私部門、公部門，以及公民社會大眾所做出所有貢獻的總合（the sum of the contributions）。但是，焦點訪談人士蘇偉業認為，就我國的土地徵收政策來說，這種有意義的貢獻總合之前提是「訊息的充分告知（inform），這才是民主制度設計中的重點」（2016/07/22，焦點訪談記錄第10頁）。

　　早在2011年8月24日政策性宣示的總統記者會之後，詹順貴（2011/08/29）就指出，「馬總統宣稱未來除非符合公益性或國家重大建設，不得徵收特定農業區。但長期來公共利益的闡釋權一直被政府壟斷，每一徵收案件是否為公益所需，一向是政府機關說了算……再加上所謂國家重大建設，根本毫無標準可言……」。政府對於公共利益和什麼是「國家重大建設」所擁有的話語權，如果不能夠再輔以充分告知相關訊息，將更無法說服土地被徵收的民眾；更何況，「公共利益在不同時間，它的界定都可能不一樣」（蘇偉業，2016/07/22，焦點訪談記錄第12頁）。

　　依據行政院研考會的我國土地徵收制度評估所進行的深度訪談，在被李明芝律師與陸詩薇律師問到，「請問您從何時得知自己家裡可能要被徵收及被拆除的狀況」，受訪者J人士回答說，「是收到協議價購通知書才知道，我那時在台北上班……爸爸及弟弟看到公文時根據不知道是什麼地號……才發現公義路旁的土地，包括旱地及建地還有房子都要被徵收……後來我們就一直寫異議書，大概寫了五次。寫到最後，他們（筆者按：地政事務所）說是亞興公司測量錯誤，把建地還給我，但旱地沒有還」（行政院研考會編印，2012：552）。

　　對於贊成與反對呈現懸殊比數「九十八比二」態勢的大埔徵地案，

焦點訪談人士徐世榮特別解釋說明當時的狀況，「會有98%的民眾同意（土地被徵收）是因為政府的獨大……這98%的來源是區段徵收只給兩條路，一是領地，另一個是領錢。一般來說，領地會比較有利，但他設定了期限，在期限內沒有交土地權狀的話，就只能領錢。也因此在最後那一天，很多大埔的農民是邊哭邊罵的將土地所有權狀交過去，很多都是『投降』」（2016/07/22，焦點訪談記錄第15頁）。

然而，焦點訪談人士吳重禮對於大埔徵地案提出的質疑則是，「少數服從多數，多數要尊重少數……但是，多數真的能夠尊重少數嗎？反過來說，如果什麼事情都要尊重少數，那如何進行多數統治呢？這真的是一個困境」（2016/07/22，焦點訪談記錄第8頁）。從民主政治運作的角度來看，Kingdon（2003: 146）「國家裡面相當多的民眾正在想著相同的事情」，決策者從而得以體認到社會大眾接受特定政策的全國氛圍。雖然，一般大眾未必知道或清楚自己的政策偏好，有可能受到當下傳播媒體高度聚焦特定事件的影響而改變原有並不明確的態度。然而對於土地被徵收的民眾來說，「九十八比二」贊成和反對固然明確的反映出民意，「誰有權力詮釋什麼是公共利益，什麼是國家重大建設」、「充分的訊息告知」，以及「徵收過程的程序正義」，而這些都是擁有法定權威、從中央到地方行政首長所能夠扮演「意義創建」（meaning-generation）的關鍵角色（Zahariadis, 2003: 163）。

在大埔徵地案當下的以地換地方案和修法之後施行的市價徵收政策，兩者都涉及到的是行政官僚對於方案的規劃設計，以及對於土地徵收條例修正草案的研擬修訂。雖然多元流理論聚焦在如何使得「浮動的理念」成為解決問題的政策方案，焦點訪談人士蘇偉業指出，「中階文官從六職等到九職等的行政官僚，他們對於方案規劃和法律修訂草案的影響力，一直都被忽視」（2016/07/22，焦點訪談記錄第15頁）；這就是為什麼當「717凱道守夜行動」的焦點事件發生後，行政院長能夠隨即提出以地換地的方案，這樣的方案一直都存在於政策流，等待著特殊時機和政策企業家的出現。

　　所謂「『地政』官僚」依法行政，他們對於政策方案或法律案修訂的思維，「無論這樣的專業能力，是秉持自己理念或是揣摩上意，還是它符不符合民眾的期待，重要的是，行政首長會採納他們的意見」（蘇偉業，2016/07/22，焦點訪談記錄第15頁）。「每個流都有自己的生命，它們自我運行，不需要考慮其他流發生什麼事情」（Kingdon, 2003: 227），在土地徵收政策的場域，從過去到現在、從中央到地方，「地政官僚」依據專業理念所提出的方案，符合政治需求、能夠即時回應民意的方案都會被採納，一方面是文官的政策專業和資訊的不對稱關係，另一方面則是行政首長裁量權的運用。就這點而言，多元流的理論Kingdon所強調替代方案受到政策流的影響比較多，在土地徵收的政策場域也得到證實。

　　地政官僚有沒有提出「不應該做，但卻做了」的替選方案或政策建議，吾人固然不得而知，但是透過立法院的修法所制定出來的法律規範，並沒有得到社會各界人士的肯定。在立法院三讀通過土地徵收條例修正案之後，捍衛農鄉聯盟、台灣農村陣線、土地正義大聯盟（2011/12/29）在蘋果日報「用12500斤稻穀的錢」刊登半版廣告，現行法律規範和公民組織團體之間對於政策應該如何修訂，仍然存在著一道很難有共識的鴻溝。

　　或許是因為台灣社會過去民主政治發展歷程裡面，行政權的獨大，使得立法院修法的集思廣益功能無法彰顯，這使得修法後現行的土地徵收條例仍然無法獲得認同。對此，焦點訪談人士吳重禮強調的是，「社會上沒有一個東西是社會共識，有人支持，就有人反對」，「民主政治有多數，就有少數。……多數和少數之間，其實在相同的時間裡頭，會有不同的解釋」（2016/07/22，焦點訪談記錄第9頁）。正由於「公共利益或私人利益」、「多數和少數」，即便是在同一時間、同一個執政黨、或同一位的行政首長，都可能會有不同的詮釋而很難有定論。儘管Kingdon的問題流可以透過焦點事件、指標、回饋、民眾的意象、或政府處理問題的負荷量，以提供決策者探詢問題狀況，然而從問題過濾排進政府即刻處置的議程，到如何在政治流建立共識和進行說服的過程，無論關切最即時的民意動向，因時制宜採取不同的策略方案，一切都有賴於行政部門的技術官

僚在不同的政策發展階段，提供行政首長會接受的不同替選方案和政策建議。

　　在這種狀況下，政府部門對於土地徵收「要達成公共利益真正的方式應該是，將包括法院判決、報紙、書籍、演講、還有對話在內的許許多多實際案例，拿出來看看可以得到什麼」（Barry, 1965: 196）。雖然台灣社會在土地徵收的政策場域長期以來存在兩種不同的價值觀，但是從政治哲學學者的觀察可以得知，雖然共同的價值觀必未可得，但因為公共利益是維持公共政策合理性和社會正義的基礎（吳綱立，1998：75；詹順貴，2013：107-108），真正具有說服力的公共利益，因而必須是能夠在政策實務的層面上，從非典型、多面向的資訊來源，協助判斷能不能實現公益的目標。

　　這種透過多元觀點所詮釋的公共利益，很可能有別於技術官僚眼中的公共利益，這樣的公共利益，甚至無法用「多數決」民主政治的法則進行理解。早在2010年「717凱道守夜行動」之後，以「九十八比二：大埔圈地事件的省思」做為標題的聯合報社論就提及一個奇特的現象：為什麼立法院（當時剛）通過「農村再生條例」，政府要投入1500億元打造富麗農村，以造福60萬戶農漁民，並沒有得到社會輿論的掌聲；而同一時間24戶農民反對土地或房舍被徵收的大埔徵地案，「卻能掀起整個社會對政府『圈地』作風的漫天質疑」（聯合報社論，2010/07/22）。是不相信一向被視為抗拒改革、缺少為民服務動機的行政官僚？還是不相信政府推動農村再生的政策執行力？無論何者，都涉及到民主政治對於行政官員和國會議員的信任危機。

　　從政治流建立共識和進行說服的長期過程而言，學術界對於我國土地徵收政策正反意見的論辯，或是對政策方案利弊得失的分析，雖然行之有年，但卻侷限於地政學界和法學界的專業論壇與學術研究。更多元的討論集中在苗栗大埔徵地案獲得社會輿論更廣泛的關切矚目之後，兩次總統府前守夜活動的群眾抗議和提出具體的修法訴求，特別是新聞曝光率極高

「美河市案」的大法官會議解釋文，更清楚的釐清公共利益的眞諦。

　　針對台北市捷運局美河市的捷運聯開案，陳新民（2015：1）在釋字第732號解釋部分協同部分不同意見書指出，該聯合開發案是大法官歷年來第一次審理到所謂「有利私人之徵收」的案件，「這是國家冠上追求公共利益的美名……『公私協力』，利用徵收私人土地，來達成一定的公共利益，卻造成圖利特定他人」；他認爲，「有益私人之徵收的立法的合憲性，應當給予最嚴格的合憲性檢驗。同時各個許可該種徵收的法律，應當在程序及實質面給予詳盡的規範，俾使釋憲機關及法院得對之行使最嚴格的審查」（陳新民，2015：25）。

　　公共利益處於政府和企業與個人組織團體之間的灰色地帶（Schattschneider, 1975: 120），當土地徵收政策在追求政府、企業，以及個人利益均衡的過程，最應該重視的莫過於「衝突」和「競爭」必須透過Schattschneider（1975: 138）所強調，對於競爭性政治系統（competitive political system）裡面的「民主政治」和「公共行政」進行制度性的調和。前述司法院大法官所強調的是，在面對經濟力、政治力，以及社會力相互競逐的時候，要想調和彼此衝突的公共利益，最重要的是依據詳盡規範的法定程序推動政策。

　　對於前述「民眾所要的眞的是『思考清晰，行爲理性』」，以及「如何界定公共利益」的提問（Anderson, 1975: 165），綜合起來換一個方式思考，「是不是多數民眾要的，就是公共利益」？同樣的問題也可以用到相關研究文獻所重視，內閣制國家由「政黨」做爲政策替選方案最有力的提供者（Herweg et al., 2015: 436-446; Zohlnhofer, 2016: 90, 88-91），則「是不是國會主要的政黨都要的，就是公共利益」？對於這個問題，焦點訪談人士吳重禮認爲，「在多數統治和尊重統治之間，如何取得平衡？這是一個大難題。我們在民主的過程裡頭，已經意識到『多數未必對，少數不一定錯』的想法」（2016/07/22，焦點訪談記錄第9頁）。

　　除了政治學界人士的反省之外，法學界也有更具體的論述見解。在論

及公益徵收的目的時，陳新民（1990: 358）早在將近三十年前就指出，為了使國家不能任意爲了達到任務而動輒辦理徵收，侵害人民的財產權，因此需要經過「選擇的、重大的、特別的公共利益」，始能辦理徵收。他認爲，所謂的公共利益是經過「價值斟酌」後的產物，公益的受益人不以「數量優勢論」，只要基於一個已經獲得憲法或法律所承認的價值標準，則受益人即使只居社會上的少數，亦不失爲公益。也就是說，這是從「人」的受益轉化成爲「目的」的「價值」之上，是憲法內不涉及「多數利益人」的「價值決定」，所以得以具有公益的價值（陳新民，2002：164）。此外，由於立法者只是以概括的價值觀念予以立法（陳新民，1990：165），因此應該在行政程序過程當中，不斷的和價值遭受侵害與犧牲的民眾進行公平、雙向的溝通，以確定該個案的公共利益符合憲法和立法體現的公共利益。

前述的看法可以用前大法官吳庚（2012/04/05）的觀點做爲總結，「公益不是整個社群或其中大部分成員利益的總和，而是『各個成員事實上利益，經由複雜的交互影響過程，所形成理想的整合狀態』。在多元社會須持續的透過公開討論形成共識，而不是由公權力主體片面決定」。陳明燦（2013: 28）對吳庚看法的解讀有兩個，第一，公共利益的判斷並不是由公權力的主體（例如地方主管機關）單方面決定；第二，公共利益也不是由大部分社會成員單方面決定，而必須經由「相互權衡」的過程始能獲得。陳明燦（2013: 28）對於公益並不以數量取得優勢的解讀，和陳新民（2002: 164）「受益人即使只居社會上的少數，亦不失爲公益」的看法相同，同時也和吳庚認爲必須經由「相互權衡的過程始能獲得」的精神一致。

基於以上所分析，回答本節大埔徵地案「九十八比二」公共利益的四個提問，一個令人憂心的現象是所顯現出來的無能爲力和事不關己之態度，做爲主管機關的內政部對於地方政府進行土地徵收的強勢作爲，透過制度性的都市計畫委員會之機制，將權力向下移轉（地方政府）、向外移轉（內政部所設置委員會）的同時，也將民主課責和可能面對的社會抗爭

一併交付給負責徵收拆遷的地方政府（黃長玲，2016：261-262）。「內政部發布新聞稿如此寫道：『大埔區段徵收案係苗栗縣政府為配合竹南園區基地未來擴建之用地需求及周邊地區之發展而開發，其開發目的符合徵收之公益性及必要性，……內政部尊重地方政府職權』。當公益性與必要性的解釋權依然握在政府手裡，這兩句話已形同具文」（工商時報社論，2013/07/29）。

　　類似政策個案再度引發社會各界人士關注的是，內政部都市計畫委員會在2016年8月9日審查通過台南鐵路地下化的都市計畫變更案，都委會全體委員一致同意「此案符合台南市發展需要，具備都市計畫的正當性、公益性與必要性」（中央社，2016/08/09）。這個從1991年由當時的台灣省政府交通處提出可行性研究之後，2009年行政院核定通過，根據台南市政府的規劃，全長8.23公里，將拆除358棟建物、影響面積約5.14公頃（陳世峰、詹宜軒，2016/08/10）。而和大埔徵地案類似的場景則有來自地方政府對於工程技術的專業的說明，市價五折的安置住宅之提供，以及80%被徵收的土地所有權人都同意行政院版的方案。[1]

　　儘管內政部已經審查通過這個延宕二十五年的都市計畫變更案，但面對審查通過當天在「都委大會，自救會成員、聲援團體戴上劃有『X』的口罩，手舉『舉辦行政聽證』牌子，集體坐在議場中央，噤聲抗議時間長達一小時」（陳世峰、詹宜軒，2016/08/10）。無論是大埔徵地案的區段徵收，或是南鐵東移案的一般徵收，還是「凸顯了政府公權力夾在建商和居民間的無力與困頓」的台北文林苑都更案（聯合報社論，2013/07/22），「『公益』與『私權』如何找到兼容並蓄之道？在文林苑

---

[1] 前者例如，「反南鐵東移全線自救會則希望『臨時軌施作』，徵用、徵收並行，待地下工程結束後，可還地於民。台南市府提出『永久軌施作』工法，採徵收土地方式，除提供補償外，並提供市價五折的安置住宅」（陳世峰、詹宜軒，2016/08/10）。後者則像是「土地徵購問題，（內政部政務次長）花敬群說，台南市府和鐵工局對於居住權保障作了完善維護方案，被徵收土地80%以上認同行政院版，南鐵地下化案屬於長條狀的徵收，不是大面積、大範圍，不是強徵人民土地」（中央社，2016/08/09）。

事件中，不同意戶和同意戶的比重是一比三十六；在大埔拆遷中，抗爭戶和同意戶是四與九百之比」（聯合報社論，2013/07/22）。如果再加上南鐵東移案是二十與八十的比數，當「經濟價值」與「社會價值」的衝突，是以「多數決」的民主法則和委員會的審查機制做為決策標準時，則「公益性及必要性的詮釋權完全由掌權者所獨斷，在追求經濟成長及提升行政效率的名義下，土地徵收反而成為最優先及最便宜的手段」（徐世榮，2016/07/13）。

綜合以上所言，本節檢視「九十八比二」公共利益的四個提問之後得知四點。

第一，民主治理時代的決策並無法完全仰賴多數統治，社會的共識未必可得，重視決策的過程更甚於政策的內容；因此，多數統治和尊重（少數）統治之間的價值衝突，仍有賴程序正義的實踐和充分資訊的提供。

第二，要兼顧行政首長的民主回應和行政官僚的專業責任固然並不容易，但是，行政官僚、特別是六到九職等的中階文官，對於政策替選方案的提出和首長進行政策抉擇的重要性不容忽視。

第三，面對「經濟價值」與「社會價值」的衝突，「地政官僚」技術密集的政策專業必須面對難解的價值衝突，主管機關內政部現行的制度性審查機制對公共利益的判斷，仍然無法將公共利益和私人權利兼容並蓄。

第4，在徵收程序過程當中不斷的進行政府和民眾雙向溝通和折衝協調的精神，而且不以數量優勢論斷政策執行成敗的態度，有利於在政治目標和政策管理之間尋求均衡，同時透過政府體制和行政組織提供「更好的管道」（better access）、「更大的聲音」（stronger voices）、「更多的選擇」（expanded choices），是政府追求「公民結果」最重要的基礎（Bourgon, 2011: 38-40）。

第二節　強連結「合法流」的提出：增進人民對行政的信賴

　　多元流理論重視政策企業家積極任事而且努力不懈的作爲，Zahariadis（2003: 1）和March and Olsen（1997: 23）在詮釋該理論時甚至認爲：民衆並不知道他們要的是什麼；政策方案是不是夠好，是由決策者決定，因此要從行動的層面去瞭解決策；而政策企業家所能夠做的，則是和決策者競逐符號標誌與象徵意義的話語權（Zahariadis，2014: 30）。Kingdon（1984: 93）將政治理解爲流動變化、生生不息運行的政治氣候，包括民選首長或行政官僚在內「人」的因素固然重要，忽略制度結構對於多元流彼此環環相扣，因而難以維持各自獨立分流狀態的影響。

　　Kingdon認爲，不同動機的政策企業家擁有不同的價值觀念，偏好符合己身利益的政策方案。因爲對問題認知不同而產生所謂的價值衝突固然無可厚非（Clemons and McBeth, 2016: 6-8），但是在民主治理的時代，「從公共課責機制建立的角度切入，找尋價值衝突制度調和的一種過程，其目的是試圖藉此獲致良好的治理績效」（陳敦源，2009a: 36）。由於民主行政絕對不可能在「政治眞空」的狀態進行運作，課責（accountability）做爲責任政治的重要表徵，權力的擁有者因而必須受到體制設計的監督，對行使權力的方式和最後的結果承擔起法律責任與政治責任。

　　土地徵收近年來經常導致中央和地方交相指責對方的政治爭議，從台北士林文林苑的都更案、苗栗大埔徵地案，以及台南鐵路地下化東移的徵地強迫搬遷之相關個案，乃至於國光石化、美麗灣渡假村、離岸風電，以及中科三期和四期所涉及到環境影響評估的地方重大投資案（彭杏珠，2016：204-228），不但引發民衆的激烈抗爭，而且引起新聞媒體的注意。諸多土地徵收的案例都顯示相同的發展過程：從地方政府依法核定進行開發，民衆不願意自己的土地房舍被徵收或拆遷，到公民組織團體和學者專家律師加以聲援，傳統新聞媒體跟進報導，新興的網路媒體和公民記者進行更深度的長期追蹤和社會動員，乃至於在抗議地方行政首長的作爲

之外，向監察院陳情，向行政法院提起訴訟，或是嘗試透過立法院進行法律的修訂。

由於地方政府依法行政的依據是中央訂定的法令規範，這涉及到的除了立法院相關法律的新增或修訂，也包括中央和地方主管機關的法定審議程序和委員會審查機制之制定，甚至和中央與地方政府行政首長是否相同黨籍也有關係。然而，「徒法不足以自行」，依據王金壽（2014: 35）針對「中科三期案」、台南廢棄物處理場「永揚案」，以及台東「美麗灣BOT案」三個判決案例的研究結果顯示，「司法判決結果仰賴於行政權的執行，若缺乏行政權的支持或遇上行政權的消極抵制（不履行判決結果）……那麼以司法做為一種改革變遷的動力，將會受到相當限縮」；而且他認為，「這種政治部門拖延或是拒絕、抵制司法判決的案例，不限於行政部門也不限於環保運動」。

就前一節所檢視我國土地徵收政策的公共利益觀之，制度環境對於決策制定和政策執行的重要性，還可以更具體落實在司法判決與監察調查對於行政程序之推動與法律規範之修訂的影響，以及主管機關內政部的委員會審議機制之設計，能否滿足「程序理性」和「公共參與」的需求。回顧大埔徵地案從2010年以來監察院的調查報告和司法院大法官會議解釋文，針對土地徵收的個案和通案所提出的調查結果和法律見解，給予行政部門施政很大的警示作用。

透過檢視我國的土地徵收政策，筆者提出政策合法化的所謂「合法流」（legitimation stream），為政策取得法定的地位和政治系統的統治正當性（Jones, 1977: 85），更進一步的回饋Kingdon多元流理論之建構。而有別於Golob（2008: 121-124）所提出「正當流」（legitimacy stream），政策企業家透過多元流傳達理念並形塑自己偏好的政策方案（through their ideological framing of the option）。筆者所謂「合法流」除了原文是legitimation的合法性之外，更重視的是政策發展的過程。

有鑑於政策合法化是公共政策階段論的重要一環，涉及到眾多政

策利害關係的個人、組織及團體，取得政策正當性的合法化過程，因此，其政治性頗高（Kraft and Furlong, 2007: 80-81）。就法令權威（legal authority）的基礎來說，則可以分為：白紙黑字「明述的權威」（express）、從中推敲「隱含的權威」（implied），以及雖然不存在但「其理自明的權威」（apparent）（Biggs and Helms, 2007: 170-171; Kaplin and Lee, 1995: 77）；白紙黑字明白寫出來的像是法律規範或行政法院判決，以及大法官會議解釋和監察院的調查報告，而從中推敲所隱含意義、想當然爾、其理自明的法令權威則包括總統記者會和行政院長的政策性宣示，乃至於立委諸公連署的修法提案內容，對於民意風向球的觀測和社會輿情的即時回應，即便只是被視為政治動作，也都可能對民眾觀感和民心向背產生不容忽視的效應。

　　正因為如此，代表政策合法化的「合法流」有三項構成要素（Sakamoto, 2005: 265-270）：主流價值信念和意識型態的「理念」（idea）要素；以政策回應民意和解決民眾需求的「民主」（democracy）要素；以及有基本共識基礎並且合乎社會大眾信念和價值的「決策規範」（decision-norm）要素。這三項要素所建構起來的政策合法性是一個連續性、不以成敗論英雄的過程，它更重視的是包括國內國外、特定政策次級系統內外全觀型的政策環境可能形成之影響，創建並維持「最小致勝聯盟」（minimum winning coalition）的重要資源（吳秀光、陳敦源譯注，2014：16），以及不同動機的政治行動者參與致勝聯盟的有效誘因（Riker, 1962: 108-114）。

　　與2012年士林文林苑都更案相比，其所經歷大法官會議釋字第709號（2013/04/26，都市更新事業概要與計畫審核案）解釋文宣示都更條例部分條文違憲，共有至少四起都更個案曾經提出釋憲案，不同的是，土地徵收條例的政策合法化面向更為廣泛。除了立法委員和行政院所提出不同版本的修正草案之外，現行的土地徵收條例於2011年12月13日由立法院三讀通過之前，有由七位學者專家所研擬出來的「民間版」修正草案，而之後則有立法院「民進黨團版」的修正草案；其最主要的修法重點和政策主

張，就算最後並未能夠完成入法程序而具有法定的效力，但仍然隱含著公民組織或政黨黨團特定的政策態度。

當時最大的在野黨、立法院民進黨黨團（2014/02/26）由22位立委提案擬具「土地徵收條例修正草案」，建議「刪除區段徵收規定，強化公益原則，保障民眾參與，合理補償方式」，其理由包括：「現行土地徵收條例，不僅缺乏具體方式評估土地徵收之公益性及必要性，亦未落實農地保護，未健全民眾參與程序」。雖然從2016年2月1日起，民進黨成為立法院多數黨，同年5月20日之後則是從中央到地方、從行政到立法的完全執政，但土地徵收條例修正草案截至2016年底為止，並沒有重新提案再一次將該條例納入合法化的國會審議階段。

此外，面對惜根台灣協會、反迫遷連線、經濟民主連合等公民團體所主辦「新政百日、迫遷依舊、土地正義、重返凱道」的反迫遷遊行，蔡英文總統在2016年9月25日表示，「未來的總統府人權諮詢委員會，將優先納入居住權領域的專家，張藥房原地重建的承諾，政府也一定會做到」（崔慈悌等人，2016/09/26）。這顯示出，在野黨和執政黨的主客易位後，大埔徵地案指標性建築物張藥局的重建即使成真，個案方式的處理並無法滿足反對徵收的民意。[2]政策價值觀的改變要在法律層面上具體落實「刪除區段徵收規定」、「保障民眾參與」、「合理補償方式」，直接衝擊到的是執政黨內部的行政與立法和中央與地方的互動關係。

就此觀之，政策的合法化從「理念」的形成和推動，到回應民意、滿足需求的「民主」，乃至於基於社會共識的「決策規範」；一方面，在不同的時間，會有不同的適用標準；另一方面，不同的執政黨，但是有相同的進行土地徵收之積極作為。

---

[2] 「昨日午後在凱道前登場，超過六十個自救會團體參加，以遭到拆除毀敗的家當，排出一個大大『家』字，表達受迫遷者對於家的渴望……反迫遷連線並指出，旗山大溝頂、高雄果菜市場、基隆貴美雜貨店、板橋大觀事件、台中黎明自辦重劃這五個迫遷案將在近期受到全面強制拆遷，政府應立即停止強拆人民的家園，並必須重視人民的居住權利」（崔慈悌等人，2016/09/26）。

在內政部都市計畫委員會通過「台南鐵路地下化都市計畫變更案」後，三項政策合法化構成要素因時制宜、因地制宜的詮釋與執行，在政黨輪替前後的對照也顯得更加明顯。在該次內政部的都市計畫委員會議上，「徐世榮發言時指，據大法官709號、739號釋憲文，都要求政府在都更、市地重劃上應舉辦聽證會程序，『當都更、市地重劃要舉辦（聽證會）了，為什麼影響更大的土地徵收不能舉辦呢？』……台南市長賴清德也在審查結果宣布後於臉書po文表示，內政部審議結果通過，代表台南市民期盼多年的重大建設往前邁出關鍵一步」（陳世峰、詹宜軒，2016/08/10）。

對於Herweg et al.（2015: 436-446）與Zohlnhofer（2016: 90, 88-91）賦予多元流理論內閣制特質的九個假設而言，原本就被納入Kingdon政治流裡面執政與在野的「政黨」和強有力的「利益團體」，在兩個「決策視窗假設」（假設6與7）扮演重要的角色。透過將「合法流」納入多元流途徑的理論架構，除了能夠凸顯替代方案或可行方案在政黨選舉之外，也可能形成政黨內部利益競逐的複雜性，特別是當政策的合法化可以迫使自己利益受到損害的政治行動者被迫接受政策執行的結果，而將法案強渡關山的執政黨一旦站到合法化的制高點上，就能影響在野黨內部對於要不要杯葛法案、抗拒執行而產生不同的意見和態度。

對於前述「合法流」的理念、民主、決策規範之三項構成要素，筆者所界定的範圍廣義的包括：行政部門的政策方案與官方版本的修正草案；執政黨和在野黨在立法部門的提案，包括黨團版和委員個人的提案；行政法院與司法部門的判決；以及監察院的調查報告。換言之，只要是透過政府體制的管道進入議程之上，無論是由個人或組織團體提出、經過法定的程序，和現行政策單一的替代方案或是通盤性的修法草案有關，乃至於法院判決和監察調查最後的正式結果，都包括在「合法流」的範圍之內。

司法院、監察院、以及行政法院「明述的權威」與「隱含的權威」

　　前述廣義的範圍包含隱含的法令權威以及雖然不存在但「其理自明的」權威在內，有助於在民主治理的過程，更深度的觀察議程設定和決策形成是因為政策企業家價值理念的衝突，或是政策方案排列優先順序背後合縱連橫的背景。其原因就因為「一般百姓不會太懂細節、法規或是政府運作，但是政府會不會受到百姓的影響？會！……所以，如何塑造政府施政的公共形象，政府形象的好壞，是會影響到政府的施政」（蘇偉業，2016/07/22，焦點訪談記錄第5頁）。對此，誠如Anderson（1975: 168）所言，「事情如何完成，通常更會影響到社會大眾的觀感以及他們的接受度」（How things are done, moreover, often affects the attitudes of the public concerning their acceptability）。

　　「程序理性」和「公共參與」無疑可以為多元流理論歷久彌新增添具有時代意義的薪火，而「合法流」及時的為多元流理論擴展了更開闊的政治視野，而這樣的宏觀視野也擺脫了政策替代方案和法律修正草案，都是來自於行政技術官僚的傳統思維。焦點訪談人士蘇偉業指出，「從以前到現在，政府培養公務人員都是很實務性的用政策制定的階段論來思考，而這是一個相對來說比較封閉，資訊不對稱的環境……行政裁量的空間雖然可能是為了自己的一己之私，但是也可以是為民謀福利」（2016/07/22，焦點訪談記錄第3-4頁）。對於我國土地徵收的許多個案而言，在政治部門於政黨輪替前後都無法有效或拒絕回應社會團體的要求時，司法判決或甚至大法官會議解釋文是否能有效的執行、履行，都和政治部門的立法權與行政權有相當的關係，特別是行政權與司法權之間的互動關係（王金壽，2014：22）。

　　要如何在保障人民應有權益的同時，也提高行政的效能，如何在迅速回應選民需求，尊重政策專業的同時，也能夠增進人民對行政的信賴，則在多元流所重視的行政部門與立法部門之外，司法部門和監察部門對於土

地徵收政策的裁決和監督也不容忽視。從這些憲政運作過程所隱含的法令權威和「其理自明的」權威，可以更進一步詮釋「政策企業家」和「政治企業家」的角色扮演，對於議程和決策產生的不同影響。

　　首先，監察院調查報告（2010/12/08: 10）早在大埔徵地案發生後半年就指出，「由於土地徵收影響人民財產權、生存權及工作權等基本權利甚鉅，故應經具體衡量，以判斷其必要性、公益性及是否符合比例原則，是以，內政部允應加強衡量確認相關重要事項之規範，並強化土地徵收審議委員會之功能」。而在四年之後，監察院調查報告（2014/06/09: 1）則是強調，「兩公約施行法施行後，既有之區段徵收審查方式不足以落實兩公約對國民住居權保障之要求，內政部應就此確實檢討，強化對區段徵收案公益性及必要性之審查，審查決定並允宜記明准駁之理由，俾利後續行政爭訟程序得以確認」；此外，該調查報告（2014/06/09: 6）還具體指責，「苗栗縣政府曲解行政訴訟法第116條，罔顧最高法院判決要求行政機關注意土地徵收必須符合必要性，不得逕以公益性為由強徵人民土地之閎旨，強勢執行拆遷作業」。

　　其次，依據大法官釋字第409號解釋文所明言，「尤其於徵收計畫確定前，應聽取土地所有權人及利害關係人之意見，俾公益考量與私益維護得以兼顧，且有促進決策之透明化作用」。而釋字第513號解釋文也明確的指出，「除法律別有規定外，各級政府所為土地之使用或徵收，自應符合已確定之都市計畫，若為增進公共利益之需要，固得徵收都市計畫內之土地，惟因為涉及對人民財產權之剝奪，應嚴守法定徵收土地之要件、踐行其程序，並遵照都市計畫法之相關規定」。此外，美河市的捷運聯合開發徵地案的解釋文，更是具有指標性的意義。2015年9月27日大法官釋字第732號解釋案正式宣告，最高行政法院引用大眾捷運法第7條和大眾捷運系統土地聯合開發辦法的規定，容許主管機關（台北市政府）徵收土地，有違憲法保護財產權與居住自由意旨，不符比例原則，即日起不予適用。

　　中國時報社論（2015/09/28）對此指出，「這號解釋是繼釋字第709號及731號解釋之後，近年間大法官第三度針對政府從事公用徵收的作為，釐清重要的憲法界限，很有還給土地被徵收的聲請人某種公平正義的用意」；該社論認為，「就像羅昌發大法官的協同意見書所強調，本案不只是涉及財產權，還有居住自由與適足居住權，也就是一個人選擇居家地點，以及維護適當生活條件與家園的權利。……蘇永欽大法官的協同意見可供觀察，他以為本案解釋雖然說是違憲，其實指的是適用法律所形成的法律適用觀點違憲，因此法律本身並不需要修正，需要修正的是適用法律的態度」。

　　最後，值得重視的是所謂「適用法律的『態度』」，指的是進行徵收的主管機關各縣市政府，以及被賦予遏止行政機關可能違法徵收的行政法院。司法院大法官對於土地徵收法制所涉及到對人民財產權的剝奪，認為應該要有更嚴格的行政程序加以制度性的保障，而是土地徵收條例立法和解釋上的最高指導原則（行政院研考會，2012：180-181）。此外，大法官釋字第732號解釋針對最高行政法院引用大眾捷運法第7條等三項規定，違反憲法保護財產權與居住自由意旨，不符比例原則的最終裁判，無疑也對於各級行政法院的職能發揮提出最大的警語。

　　無論是前述法律規定應該要不厭其煩（釋字第409號），或是援用憲法第15條所提出補償和損失必須相當（釋字第513號）的財產權保障觀念之外，對於行政首長進行土地徵收所隱含最重大的意義當在於，任何農地徵收的案件，涉及到的就是生存權與工作權的問題。過去這幾年來，從苗栗大埔和灣寶、彰化二林和竹東二重埔、機場捷運林口A7場站、中科四期相思寮、乃至於台南鐵路地下化東移、桃園航空城，以及新北市的淡海新市鎮和八里台北港眾多的土地徵收案件，都曾經引起地方民眾和民間組織團體的激烈抗爭，莫不是因為釋字第732號部分協同部分不同意見書所提醒之馬基維利的名言，「國家不論用任何手段強奪人民的財產，人民手中必然握有一把復仇的匕首」（陳新民，2015：1）。

　　政策企業家在多元流匯合縱橫捭闔的過程當中，固然是基於彼此各有所本的策略互動和價值競合，傳統角色扮演呈現出來的是政黨選舉的激烈競爭和國會殿堂上的政治角力。「合法流」不同於此的政策企業家更擴及到透過媒體輿情向社會大眾所傳達的論述觀點，包括司法院、監察院、行政法院「明述的」與「隱含的權威」，無論是大法官會議解釋文、現任或退休大法官、監察委員、行政法院法官，即便是其理自明的權威所影響到政府體制內部的政務官和事業官之工作分際、角色認知、甚至政治上的意識型態（黃東益，2013：34；Ferrara and Ross, 2005: 43），所反映在他們所提出替代方案、立法院在野黨國會議員提出的修法草案所隱而未見，導入價值或願景的發想、磨合、乃至於接納。

　　透過職權不同、身分極其多元的政策企業家在合法化過程競逐的過程，筆者提出的「合法流」不只重視民主的要素，對於隨著政經社會形勢而演變的理念要素，也得以藉由「隱含」與「其理自明」的立法司法監察之權威行使，透過「程序理性」和「公共參與」，以強化己身「決策規範」要素的正當性。這樣的「合法流」跨越了我國區段徵收和一般徵收各種類型的政策案例，也詮釋出在政黨競爭和行政立法盤根錯結的關係之外，司法部門與監察部門、乃至於社會輿論對於行政作為的監督已經具體落實在法律效力不一而足的判決和調查意見。

　　然而，面對選舉連任的短期目標和長期執政的長期目標，面對政黨內部的競合和外部的衝突，基於全然是本身利益所做的政治考量並不可得，政策方案的規劃設計無法討好所有與利害相關的個人組織團體。也因此，政策的制定和執行唯有更符合法定的程序，讓人民當家做主，才能夠正當化最後做成的決策，合理化政策執行的作為，而這也正是下一節所要探討的重點。

第三節　委員會的審議機制：土地徵收發動者的權柄？！

　　土地徵收的問題是否過於浮濫，已經成為社會大眾嚴重關注的課題，前述針對土地徵收個案和通案的觀點與見解分為兩個層面：「徵收程序」與「價值觀念」。依據前述各章節的分析得知，行政官員認為他們是依法行政，而立法委員則認為中央的立法沒有問題，是地方的執行發生問題，而這點和「法律本身並不需要修正，需要修正的是（筆者按：最高行政法院）適用法律的態度」的看法不謀而合。追求相同的理念固然未必可得，透過民主的程序做出決策，則是機制設計的本意；做為土地徵收程序的發動者，地方行政首長和中央主管機關在委員會審查過程所扮演的關鍵角色，絕對不容忽視。

　　就相關的法律規範觀之，真正掌握都市計畫和土地徵收權力的是各縣市政府，透過從中央到地方各級委員會的審議機制，地方行政首長可以透過出席中央主管機關審查會議表達明確的政策立場，或是內政部透過相關委員會機關代表以外其他成員的遴選機制，依據法定程序推動地方的開發建設。對於台中高等行政法院在2014年判決大埔四戶勝訴的司法逆轉，前大法官許玉秀就認為，「這幾年，人民的憤怒，都來自於有違反正當程序的事件發生」（轉引自王健壯，2014/01/06）。從司法判決和裁決的內容可以觀察出，地方行政首長和中央主管機關所擁有執行法令職權過程的裁量空間，加上相關委員會決議對於公共利益認定上的爭議，對於政策執行和制度設計都值得進一步的探討。

　　就苗栗大埔徵地案來說，台中高等行政法院新聞稿（2014/01/03）在2014年判決大埔四戶勝訴，「內政部審議過程不合法，苗栗縣政府強制拆除違法」（轉引自黃長玲，2016：9）；行政法院判決結果出爐之後，劉政鴻縣長表示，拆除作業是遵照內政部都市計畫委員會的決議辦理，而「當時內政部次長蕭家淇則表示該案經過中央與地方四個委員會，二十多次審查，『不能說單一責任歸誰』，且執行機關屬於苗栗縣政府，因為草案擬訂是苗栗縣政府，中央只是核定機關。法院說內政部土地徵收委員會

的公益性、必要性及比例原則，並沒有詳細審查或實質審查，判決又提到，議價過程沒有落實，議價是苗栗縣政府，所以依照判決書，是中央跟地方都有責任」（王家俊，2014/01/07）。

當時聯合晚報社論（2014/01/08）也就此項法院的判決結果指出，「主要是內政部未實質審查徵收的公益性、必要性及符合比例原則……就算符合『公益性』，也應注意必要性及符合比例原則，畢竟一旦徵收，就是強制剝奪人民對自己土地的使用權，影響極大」。此外，資深的媒體工作者王健壯（2014/01/06）也撰文評論指出，「同一法院的其他幾位法官，卻曾在大埔四戶農民提出停止執行強制拆遷的行政訴訟中，判決駁回他們的聲請，而駁回的理由是：『聲請人如受強制執行……就算發生居住、財產及精神損害，並非不能以金錢或其他方式賠償回復』」。

台中高等行政法院的更一審法官雖然判決大埔四戶勝訴，但是法律見解的不同也可能因人而異；所謂「聲請人如受強制執行……就算發生居住、財產及精神損害，並非不能以金錢或其他方式賠償回復」的觀點，也存在法官與法官之間，難解的癥結誠如筆者前一節所論述。問題的癥結在於：土地徵收的問題「是不是『就是』」補償的問題，是與不是的答覆之間，涉及到的無論是合理的補償或完全的補償之外，還有人民的生存權和工作權。

除了行政法院的判決之外，兩次的監察院調查報告也曾經針對大埔徵地案提出明確的檢討意見和措詞相當嚴厲的指責，但是，最後的處理辦法是提案糾正苗栗縣政府，函請內政部和行政院農委會以及苗栗縣政府確實檢討改進（監察院調查報告，2010/12/08：20），並沒有彈劾任何一位縣政府的官員。[3]涉及法定程序問題的包括前述「土地徵收審議委員會」以

---

[3] 前者像是：「由於土地徵收影響人民財產權、生存權及工作權等基本權利甚鉅，故應經具體衡量，以判斷其必要性、公益性及是否符合比例原則，是以，內政部允應加強衡量確認相關重要事項之規範，並強化土地徵收審議委員會之功能，以資周延」（監察院調查報告，2010/12/08：10）。而後者則例如，「苗栗縣政府辦理本件區段徵收案，率以土地徵收條例第30條之法定補償地價為協議價購之買價，致使協議價購流於形式，不僅欠缺最後手段性，更與正當法律程序有違，嚴重戕害政府

法定補償的地價做為協議價購的買價之外，還包括一般性的說明會或協調會以及「公聽會」，而其中最特別最嚴謹、對政府決策有影響的則是「聽證會」。

在內政部都市計畫委員會於2016年8月9日通過「台南鐵路地下化都市計畫變更案」後，內政部地政司隨即在兩天之後邀集學者專家與立法委員，以及包括人權公約施行監督聯盟、台灣人權促進會、台灣反迫遷陣線、台灣農村陣線、環境法律人協會在內的公民組織團體，舉辦「土地徵收與居住權保障」的公聽會（內政部地政司，2016/08/11）。然而，和這種「公聽會」效力不同的是，許宗力（1998）早在1990年代末期論述行政程序的透明化與集中化時就強調，「聽證會」是以接近司法程序般嚴格的方式進行，讓權利受到重大影響的民眾可以充分的表達意見，「誰可以出席陳述意見」、「什麼樣的證據才可以被提出」、「誰才可以對政府人員提出問題、進行辯論」，都必須按照嚴謹的法定程序進行。

對於推動政策的中央和地方之行政首長與行政官員而言，愈是被要求恪遵嚴謹的行政程序規範，因而付出的行政成本就可能愈高。對於聽證會所提出的意見，政府官員的最後決策需不需要受到約束或限制，是一個政策實務上的重要問題。除了法律所強制行政機關必須要辦理者，只有對人民權利或公共利益具有重大影響的情況才適用聽證會的辦理，則此時由誰來決定是不是對人民權利或公共利益有重大影響，需不需要辦理聽證會，判斷和衡量公共利益的最後結果能否讓利害關係的個人組織團體所信服，是另一個值得深思的民主治理課題。

「民主政治要求回應，政策專業要求責任」，土地徵收政策最重要的交會與調和莫過於行政首長舉行相關會議的法定職權，以及行政官僚決定

依法行政之形象，違失情節重大」（監察院調查報告，2014/06/09：3）。監察院調查報告後者所指的是，「縣政府僅『告知』而未依法與土地所有權人『協商』價購之金額，致使土地所有權人僅有接受或不接受被告知價格之選擇，『顯與正當法律程序有違』」（轉引自王健壯，2014/01/06）。

是否舉辦聽證會的裁量權。這樣的裁量權或許符合政策專業，但卻未必能夠回應民眾的需求，而這卻是建立政府和人民之間信任關係的重要基礎之一。是否要依據行政程序法辦理「行政聽證」，2014年6月的桃園「航空城反迫遷聯盟」以及2016年8月的台南「反南鐵東移全線自救會」，都曾經要求依法舉行聽證會，但都沒有獲得內政部的首肯。[4]

委員會的機制與運作：行政首長的玩偶 VS. 學者專家的逆襲

與前述的聽證會舉辦與否不同的是，無論是2010年6月8日爭議多時的苗栗大埔案，或2016年8月9日內政部都市計畫委員會審查通過的南鐵東移案，依據區段徵收和一般徵收的法定程序，必須經過內政部的區域計畫委員會、都市計畫委員會，以及土地徵收審議委員會、縣市的都市計畫委員會的集體審議。[5]由於徵收程序的重要性在於以詳細的法律程序去保障民眾應有的權益，不會因為政府追求公共利益而受到影響，各層級依據不同功能而設立的委員會，因而具備利益匯集的協商功能。

除了長久以來爭議不斷（人數可能過半）的政府機關代表之外，

---

[4] 前者例如，「航空城反迫遷聯盟等團體上午在民主進步黨籍立法委員尤美女等人陪同下舉行記者會訴求『暫緩航空城審議與立即全區聽證』，希望政府規劃全民、全區聽證會徹底檢視。……營建署受訪表示……至於是否依行政程序法相關規範辦全區行政聽證，營建署表示，營建署已依法辦18場次說明會、交通部民用航空局及桃縣府辦理上百場次協調說明會，且需地機關將辦聽證會，尚無需辦全區聽證」（中央社，2014/06/23）。後者則像是，「昨日都委大會，自救會成員、聲援團體戴上畫有『X』的口罩，手舉『舉辦行政聽證』牌子，集體坐在議場中央，噤聲抗議時間長達一小時」（陳世峰、詹宜軒，2016/08/10）。

[5] 都市計畫是土地開發最重要的執行手段，鍾麗娜、徐世榮（2013: 84）認為現行的委員會機制之設計和運作，「都市計畫制度上被架空的都委會，及形式化之民眾參與，都市計畫已喪失應該的性格與功能」；他們譴責，「政府官僚在自利心驅動下所建構的卻是一個偏頗的制度……法定的過程已被行政—立法的意識型態所操弄，尤以內政部區委會、都委會的功能危機，在『政策至上』、『選票至上』的光環下，政策凌駕專業，官僚操弄委員會，表面上專業、獨立審議的委員會已十足的淪為政府及資本利益團體等主要行動主體擷取利益的工具」。

所謂的「學者專家」或「社會公正（人士）」與「熱心公益（委員或人士）」，一直是諸多政府依法設置委員會相關法令規章所明列的代表性用語；包括：職能明確、特殊的學術專長或實務經驗（例如法律或環境影響評估）、乃至於性別比例和社會團體（例如婦女團體或勞工團體）。

然而，在土地徵收的場域，這樣的委員會是不是可以發揮預期的功能，本書的深度訪談人士和焦點團體訪談人士對此並不樂觀。事實上，學界人士也有批評政府官員對於委員會的運作是「消極執法」、「規避立法意旨」，甚至不乏提出違反憲法的質疑。內政部的土地徵收審議小組范姜真媺、陳明燦、賴宗裕、顏愛靜（2013/08/20）四位委員在他們的公開信表示：「《土地徵收條例》已規定主管機關內政部收受徵收申請後，『視實際需要』得會同利害關係人進行現場勘查。但修法以來，主管機關完全認為『不需要』，致規定形同具文。徵收小組委員審議案件時，不知被徵收土地所有權人等之看法，也不知實地情況，如何能僅憑需用土地人單方意見，即憑空判斷徵收具有公益性及必要性而核准？」

而在違反法律規定之質疑方面，1986年平均地權條例第54條所增訂，以區段徵收後可供建築土地抵付補償地價方式，抵價地之發還比例為徵收總面積40%至50%，但是，「1995年12月6日行政院更以行政命令方式規定抵價地比例一律40%」（鍾麗娜，2012：112）。此外，內政部的土地徵收審議小組四位委員也強調：「都市更新事業計畫之審議過程，因欠缺聽證程序，業經司法院釋字第709號解釋宣告違憲。但影響範圍、層面較都市更新更大之土地徵收，尤其區段徵收，《土地徵收條例》對於徵收審議過程，卻未要求應舉行聽證或公聽會。如此之立法合憲嗎？」（范姜真媺等人，2013/08/20）[6]

---

[6] 對於人民的財產權、生存權和工作權等等的學術觀點和實務見解頗多，例如：戴秀雄（2014: 95）就將之拉升到憲法的層次指出，區段徵收「是一個在公益性跟必要性上大幅鬆動的擴張性政策……而到底鬆動到什麼程度是在我國憲法之下可以被接受的尺度」。

　　前述來自實際參與政策實務的學界人士之看法，以及司法院大法官會議的解釋文陳述之見解，無論是釋字第709號（2013/04/26，都市更新事業概要與計畫審核案），或釋字第739號（2016/07/29，自辦市地重劃審查案）的解釋文，都共同強調的是：「訊息的通知和個別送達」（而不只是公告而已）、「利害關係人意見的陳述與論辯之公聽會程序進行」、「做成採納或不採納理由之核定的聽證記錄」，以及「知悉相關資訊及適時參與聽證之機會」。[7]

　　對於審查程序的質疑有賴委員會機制的運作，大法官釋字第709號解釋文所肯認行政機關履行正當的法律程序需要聽證會，透過一次又一次個案所積累出審查程序的政策實務運作經驗，真正會產生的問題是委員會所做出對於公共利益的認定，能不能被各方人士所接受。當「公共利益是一個抽象詞彙、一個法律不確定的概念，所以它的形塑和訂定需要透過正當的法律程序，讓大家可以一起貢獻意見、形成共識」（徐世榮，2016/07/22，焦點訪談記錄第1頁）。然而徐世榮（2014/01/10）針對委員會的運作成效也提出以下的質疑：「土地徵收公益性及必要性的決定權，是否仍適合由相關委員會來專斷？都市計畫委員會及土地徵收審議委員會是否仍值得信賴？」

---

[7]　司法院大法官會議釋字第709號和釋字第739號的解釋文，也有論及其他的觀點。特別是對於大法官會議解釋文所明確指出應該履行的正當法律程序，要由舉辦聽證會來確定徵收的公益性及必要性，「應規定由主管機關以公開方式舉辦聽證，使利害關係人得到場以言詞為意見之陳述及論辯後，斟酌全部聽證記錄，說明採納及不採納之理由做成核定，始無違於《憲法》保障人民財產權及居住自由之意旨」（轉引自徐世榮，2016/07/13）。此外，「（筆者按：獎勵土地所有權人辦理市地重劃辦法）……同辦法關於主管機關核准實施重劃計畫之程序，未要求主管機關應設置適當組織為審議，又未要求主管機關應將該計畫相關資訊，對重劃範圍內申請人以外之其他土地所有權人分別為送達，且未規定由主管機關以公開方式舉辦聽證，使利害關係人得到場以言詞為意見之陳述及論辯後，斟酌全部聽證記錄，說明採納及不採納之理由做成核定，連同已核准之市地重劃計畫，分別送達重劃範圍內各土地所有權人及他項權利人等，致未能確保其等知悉相關資訊及適時參與聽證之機會，以主張或維護其權利，均不符憲法要求之正當行政程序」（大法官會議釋字第739號解釋文，2016/07/29）。

　　政治流的行政首長之民主回應，以及政策流的行政官僚之專業責任的交會與調和，民主治理的委員會機制之運作，透過基於程序理性更多元的公共參與，仍然無法建立起官民之間的信任關係，原因就在於「學者專家」的代表性和他們所謂「客觀中立」的立場。從中央到地方的各級委員會的決議，當產官學的審理遇上公共利益的調和，是否就更能夠客觀中立，是一個值得探討的重大課題。

　　Benveniste（1972, 1977）在《專家政治學》（*The Politics of Expertise*）的經典著作裡面就曾經質疑學者專家所謂客觀中立的立場：學術精英和學者專家也有自己的意識型態，精英和專家有沒有可能以客觀中立之名，行專制獨裁之實，對於「專業的獨裁」（the tyranny of expertise）的質疑（Tribe, 1972; Torgerson, 1986）。無論是Pappi and Henning（1998: 557）所說的專家知識、或是Scharpf（1997: 43）所論及的技術能力，事實上都和政治的複雜考量與政策的執行能力有關，特別是Montpetit（2011: 520）所說的，擁有權威地位科學家的見解對於社會輿論可能有一言九鼎的影響，不同專業背景的人士對於公共利益的理解和認知也可能有很大的差距。

　　在土地徵收的政策場域裡面，地政學者的批評頗為嚴厲：「理論上，支撐委員會機制的是專家主義。……以都委會為例，表面上似由專家學者組成，實際上，不論是地方或是中央，政府官員就幾乎占了一半；加上，專家學者由首長派聘，政府因此可以完全掌控」（徐世榮，2014/01/10）。就2016年520政黨輪替後的內政部都市計畫委員會之結構來看，除了內政部長擔任主任委員的「機關代表委員」（合計10位）與「機關代表」（3位）以及所謂「熱心公益人士委員」（2位）之外，還有「專家委員」（11位）；姑且不論所謂「熱心公益人士」是由主管機關行政首長的內政部長所認定和聘任，包括法律、地政、都市及區域規劃、地理環境資源、環境建築與環境規劃、土木工程，以及區域科學在內，多元的「專家委員」之學術背景也使得討論的觀點分歧，難以形成做成決議和方案採納的共識。

　　如此不同的專業背景則可能因爲Leach and Sabatier（2005）所強調的選擇性偏見（selection bias）使然，不同的政策行動者只相信對他們有正面意義的科學知識和技術能力；當他們愈是堅持專業技術和知識的「技術決定論」（technocratic determinism），認爲性質類似的問題可以運用相同解決方法的時候，不僅可能忽略現實政治世界的複雜性和政策環境的系絡性，同時也會忽視專家決策和技術分析在政治支持和時機，以及政策資源方面的重要制約因素。

　　對於台南鐵路地下化的工程施作要採用「臨時軌」或「永久軌」的爭議[8]也曾經同樣出原先規劃「蘇花高（速公路）」，到2017年底仍在興建當中的「蘇花（公路）改（善）工程」（魯炳炎，2014），或是莫拉克風災「組合屋／中繼屋」和「永久屋」的「中央規劃，地方執行」、「民間出資，政府找地」，彼此完全不同之政策配套思維（魯炳炎、游玉梅，2015），並不只是政策流裡面不同的替代方案而已，還涉及到行政首長個人的主觀偏好和施政經驗。此外，反南鐵東移全線自救會所希望「徵用、徵收並行，工程結束後還地於民」，以及現行台南市政府「徵收土地，提供補償和市價五折的安置住宅」的執行方案（陳世峰、詹宜軒，2016/08/10），兩者之間有鑒於土地徵收不可回復性的根本差異，也和苗栗大埔徵地案的爭議焦點頗爲神似。

　　然而有鑒於「授權產生資訊不對稱」和「民主與專業困境」（陳敦源，2009：343），輔佐機關首長的行政官僚之存在是不是在本質就和公民參與扞格不入？而如果政府的資訊有可接近性，內容也是社會大眾所能夠理解的話，藉由更多元參與的委員會機制之運行，依據政府資訊公開法規定的法律義務所主動公開之會議資訊，增進社會大眾對公共事務的瞭解、信賴，以及監督，當不失爲實踐公共參與的重要起步。

8　以「台南鐵路地下化都市計畫變更案」爲例，「反南鐵東移全線自救會則希望『臨時軌施作』，徵用、徵收並行，待地下化工程結束後，可還地於民。台南市府提出『永久軌施作』工法，採徵收土地方式，除提供補償外，並提供市價五折的安置住宅」（陳世峰、詹宜軒，2016/08/10）。

　　隨著台灣社會發展的日益多元化，政策問題愈來愈複雜，牽一髮而動全身。在網路環境和社群媒體更加成熟的年代，網路溝通平台強調互動性的演進方式，有助於關切特定政策議題的大眾群體（何明修，2013：12）。而「新媒介不僅影響了選舉，甚至取代政黨組織的動員。更大的衝擊是社會運動的動員方式改變，迫使政府不得不回應來自網路的強大壓力」（彭懷恩，2016：216）。也因此，過去所謂的「散戶公民」關心社會議題的方式是寫部落格串聯、轉貼、或號召上街，現在已經可以透過「自己的工具自己造」，以「開放透明、行動參與」做為號召（瞿筱威，2015：5）[9]，再加上愈來愈多的公民行動和政策參與經驗的累積，分進合擊之下，藉由自發、即時、接力的功能，公民協作所發揮出來的政治能量，成為我國從2000年以來民主鞏固時期的重要特點。

　　行政首長和行政官僚面對民主環境的深化以及公民行動參與之間的互動，社會輿論和學術界對於委員會運行機制的評論，也逐漸聚焦於「公民參與能不能由學者專家所代理」。以彰化的國光石化、台東的美麗灣渡假村、台中的離岸風電、中科三期和四期涉及到環境影響評估的幾個重大投資案為例，彭杏珠（2016: 206-210）提出六個關鍵問題，除了「主管機關棄守職責」和「少數民意凌駕專業」之外，其他像是「審查項目無止盡」、「審查標準不明確」、「審查委員有最終的否決權」，以及「審查委員權責不成比例」，都和專業審查的委員會相關。

　　而從土地徵收程序審查的角度而言，徐世榮（2012: 287-288）則認為，問題關鍵在於「興辦事業計畫」與「土地使用計畫」，都是由「行政官僚、菁英及專家主導，民眾大抵並未獲得相關或充分的資訊，制度上也缺乏適當的管道讓他們表示意見，而是要一直等到土地徵收計畫時，才知

9　瞿筱威（2015: 5）是以2012年底開始運作「g0v零時政府的經驗」為例，所產生在社會企業、教育、醫療、救災等領域，經由新的組織方式和網路工具，讓更多不同領域的人士得以加入公民協作，匯聚起分散的個人，共同關注g0v開源公民社群的正向產能。

曉此事，但此時卻已經是木已成舟，計畫似乎是勢在必行」[10]；此外，在政府資訊的公開揭露方面，「我們都市計畫另外有個問題，我們現在都只是『公告』。但是很少人，甚至沒有人會特地上網或到鄉鎮公所看公告」（徐世榮，2016/07/22，焦點訪談記錄第12頁）。

也就是說，在「公民參與能不能由學者專家所代理」的提問之外，更重要的還有政策資訊必須充分而且即時的提供給利害關係人，做為關鍵性資源的政府工具，John（2014: 197-198）就指出，當數位治理（digital governance）逐漸成為大多數公共機構「一個可能的終點」（a likely end-point），現在政府的所有工具都是資訊性的（all tools are informational now）。從最基本的資訊公開、政策諮商、乃至於決策的參與，Gerston（2008: 18-22）所謂「公民參與」（civic engagement）縮短政府與民眾之間資訊的不對稱，當是民主治理時代必須長期努力的方向。

然而在「從公民到政府」所連結的環節上，依據杜文苓（2015: 119-120）針對以環境影響評估審查過程去補充公民參與不足的實證研究，這在「本質上無可避免地與代議推薦制度有所衝突」，「這樣的角色設定，許多學者都感到困擾而不願意擔任專家」。所謂「專家代理具有公民參與功能」必須面對的問題是，一般大眾和社會輿論固然希望專家學者能夠扮演好中立客觀的角色，而他們本身的認知則是自己代表的是學術良知的專業意見，「面臨兩難的政策困境，現在（政府的做法）大多是委員會至上，但誰來監督委員會呢？」（吳重禮，2016/07/22，焦點訪談記錄第8頁）。

究竟學者專家能否代理公民參與，而透過專業的對話，委員會的最後決議能否真的達到立場超然客觀、追求公共利益的政策目標，「是誰的公

---

[10] 在筆者舉辦的焦點團體訪談，徐世榮就此一再強調，「98比2（有98%的民眾同意徵收）的這個概念……這98%的來源是區段徵收只給兩條路，一是領地，另一個是領錢。一般來說，領地會比較有利，但他設定了期限，在期限內沒有交土地權狀的話，就只能領錢。也因此在最後那一天，很多大埔的農民是邊哭邊罵的將土所有權狀交過去。很多都是『投降』」（徐世榮，2016/07/22，焦點訪談記錄第11頁）。

共利益」，「公共參與和學者專家的專業知識，到底孰輕孰重」。「專家政治學」可能形成「專業獨裁」的憂慮，所凸顯出來的問題是政府長久以來，獨尊學者專家的政策諮詢之治理。黃長玲（2016: 265）就公務體系以外的人納入決策過程，將「委員會的效用與誤用」視為「國家權力的向外移轉」。她認為，民主化後的台灣在決策過程增加了公民參與的管道和機制，各級政府所成立的委員會有的是依法設置、有法定職權，而有的則是行政部門為達政策諮詢或參與功能所設立的任務編組委員會，而且兩者「都代表行政部門的權力與決策」。

對於各種相關委員會的機制設計和組成代表，例如：「土地徵收審議委員會的組成，也明訂專家學者及民間團體代表不得少於二分之一」（工商時報社論，2011/12/14），或是所謂「熱心公益人士委員」和「專家委員」的設置，社會各界的建言和評論很多，其中最重要的是質疑委員會裡面非官方的成員代表能不能「為所當為，暢所欲言」，發揮應有的功能。一方面，被行政機關聘任為委員的學者專家，應該秉持自己的專業還是要反映民意、或者要配合機關首長的施政作為；「『誰來認定專家』與專家組成推派問題，更挑戰了『代理』的正當性」（杜文苓，2015：120-121）。而另一方面，依據黃長玲（2016: 269）的研究結果顯示，對於社會運動的成員來說，委員會機制其實並不一定會增加參與的機會，甚至有可能是降低參與的效能。

換言之，雖然政府機關的行政首長或相關委員會的會議主席，從選聘委員開始，就積極引導委員會的討論過程、甚至最後的決議，但是委員會的委員、特別是學者專家的委員也可能基於專業和職權的認知，發揮影響會議結論所做成的決策。李素馨就指出，「在幾次的審查當中，我們會質疑劃很大的計畫，討論是否需要那麼大的土地來做這些規劃，是否合乎公益性和合理性，也會質疑財務的可行性」（李素馨，2016/07/22，焦點訪談記錄第6頁）。但對於目前各縣市所發生眾多的土地徵收案例，「沒有經過嚴格審查，政府剝奪的不只是房子，而是剝奪了生命。……委員會的委員就像法官一樣」（徐世榮，2016/07/22，焦點訪談記錄第2頁）。

此外，蘇偉業則是從責任歸屬的角度強調：「學者專家的角色（應該）是獨立提供意見給主管機關，但是做決策的是這些官員；這是官方的責任問題，怎麼會由學者來承擔責任呢?!」（蘇偉業，2016/07/22，焦點訪談記錄第13頁）

也因此，在追求公共利益的「政策與政治」過程當中，從中央到地方相關的各級委員會之審理機制受到學界人士嚴格的檢視。一個對於「專業獨裁」根本的質疑是來自，「如果社會問題的定義是源自於主觀的判斷，而這個判斷又是受到價值、利益、權力的影響，那麼技術官僚及專家們對於社會問題的見解、或是對於公共利益的詮釋，可能就不會遠比一般民眾還來的高明許多」（徐世榮，2012：35）。

因此，根本的問題在於：為什麼學者專家受到的尊重高於一般民眾，會被人所質疑？田蒙潔（2016: 431）認為，「公聽會成效不彰，對參與民眾而言是徒具形式，對政府官員而言是無謂的浪費時間，彼此不信任的對峙，相互指責僚官、刁民」。[11]而「藉由專業之名來施行公民參與、專家治理……將參與其中的專家置放在一個與公民參與衝突的尷尬處境，而在爭議中一點一滴耗損社會大眾對行政機關與科學專家的信任」（杜文苓，2015：124-125）。此外，更明確指陳所謂學者專家未能做到專業意見陳述的還有，「台灣的學術界與專業界並不能建立起追求專業尊嚴、自主、自治、自律的專業公會制度，學者、專家出席公聽會，出席前未必自尊自重的熟讀資料，發言時各護其主，或是為自己的政治立場、意識型態、個人價值效力，能夠以公眾利益為唯一考量的有限」（田蒙潔，2016：429）。

---

[11] 基於行政程序法有關公民參與法規制定權的規定，「以非聽證程序為原則，正式聽證程序為例外」（田蒙潔，2016：412-413）所提供的程序保障，田蒙潔（2016: 428-429）曾經歸納出行政機關所辦理公聽會的問題有六個：「學者、專家受到的尊重高於民眾，但發言跳針」；「諸情緒的攻擊人，而不訴諸證據的討論事」；「討論不聚焦，各說各話，盡各言爾志」；「有問不答」；「參與公聽會的民眾未必有發言權，即使有發言權，也只能發言三分鐘」；「公聽會的時間、地點不方便」。

　　然而基於她個人參與環境影響評估和都市計畫委員會的經驗，李素馨認為，「無論是公民參與或其他方式，到頭來還是要有一個需要去討論或決策的地方」（李素馨，2016/07/22，焦點訪談記錄第5頁）。特別是當委員會在追求公共利益的同時，也必須達成一定程度在專業認知上的共識，她比較不同的委員會審查程序表示，「環境影響評估的制度是討論完以後要投票；都市計畫委員會是共識決，就是大家討論……民眾來聽討論的時候，可以表達意見，委員們聽取意見並提出疑問，最後才是討論……在討論的機制上，也會要求相關的開發團體不能出席」（李素馨，2016/07/22，焦點訪談記錄第13頁）。

　　有鑑於現代社會問題和抗議遊行街頭運動的蓬勃發展，反映的是對公民參與制度的需求，而行政程序法所保障的公民參政權則是「善用民間智慧，是高度科學、理性和專業的志工活動」（田蒙潔，2016：425）；而在「崇尚科學與理性的現代國家的現代國家裡，說出的如果是事實，別人會要求你證明給他看，說出的若是意見，除非能用事證說服人……」（田蒙潔，2016：434）。李素馨在肯定委員會的功能之餘，也以國光石化的撤案為例，說明委員會所發揮扼阻該案的過程，「國光石化在審查的時候，納入很多環保團體的意見……委員聽不同的意見，也許不是駁回，但會不斷的要求更正，或是補充其他資料。國光石化就是因為被要求提出許多減緩和補償方案，以至於開發單位覺得沒有執行之效益，而由總統宣布不支持，開發單位撤案的案例」（李素馨，2016/07/22，焦點訪談記錄第7頁）。

　　對於土地徵收相關的政策案例實務，徐世榮（2014/01/10）曾經明確的指出，「委員會是個威權保守、強凌弱的政治壓迫機制，根本無法體現公益性及必要性，而這也就是民間團體強烈要求用聽證會來取代委員會的主因」。有鑑於「特定農業區經行政院核定為重大建設須辦理徵收者，若有爭議，應依行政程序法舉行聽證」又已經入法（土地徵收條例第10條），落實「行政聽證」的期盼仍然有待行政程序法有關公民參與法規制定權規定，「以非聽證程序為原則，正式聽證程序為例外」（田蒙潔，

2016：412-413）所提供的程序保障。

從法制化之後委員會制度性的實際運作過程得知，舉出科學事證和「證據告知」（evidence-informed）（Ayres and Marsh, 2014: 235）的委員會決議機制，在「行政首長的玩偶」那個時代已然過去，而追求公益「學者專家的逆襲」仍無法完全說服行政首長，以及所有利害關係的個人組織團體之際，吾人應該共同努力的是：由政府提供相關政策案例的具體證據；委員會針對充分的政策資訊進行理性的思辨；而公民的參與則是基於政府資訊的充分揭露，提供利害關係人做出知情抉擇（informed decision）（田蒙潔，2016：32）的機會。

第四節　小結：多元流的研究趨勢在我國的觀察

筆者在本章基於對公共利益的討論，提出所謂「合法流」做為多元流理論適用在我國國情的補充，而針對委員會在各種政策場域所能夠發揮功能的探討，也有助於理解學者專家在政府依法成立的委員會決議機制內，所扮演不同於傳統「橡皮圖章」的角色。不同於本書所探討我國土地徵收的政策個案，多元流理論基於1980和1990年代交通運輸與健康醫療的政策背景，Kingdon所無法處理問題的兩個原因，前者重視的是行政首長或技術官僚的行政裁量權，後者重視的則是機關首長對於委員會審查機制的認知和定位，而這兩者都涉及到相當狹義的「政策企業家」。在西方的研究文獻裡面，具有法定職權的「政治企業家」指的主要是行政首長和國會議員，但就我國與土地徵收相關的政策場域而言，指的可以是司法院的大法官、法官與行政法院法官，以及依法設立、擁有法定職權的委員會學者專家之成員。

大埔徵地案的發展在2016年的夏天發生重大的逆轉，行政院長林全正式表明，「遭強拆的苗栗大埔張藥房，只要法令可行，一定朝重建方向

進行」（中央社，2016/08/22）；此外，「總統蔡英文回應政府一定會做到『張藥房』原地重建承諾」（范榮達，2016/09/27）。[12]爲了舒解因爲土地徵收相關事件所造成政府和民眾之間的對立和衝突，有效解決各縣市政府推動都市更新所引發公民組織團體的強力抗爭，以及贊成和反對民眾之間再三發生的重大爭端，行政院院會在2016年2月25日所通過「都市更新條例」修正草案的重點，除了增訂「資訊公開及通知送達的方式」，同時也增訂「主管機關於核定都市更新事業計畫及權利變換計畫前，應舉辦聽證，使利害關係人得到場以言詞爲意見陳述及論辯後，斟酌聽證記錄，說明採納及不採納的理由做成核定」（行政院全球資訊網即時新聞，2016/02/25）。

　　隨著時代潮流的演進，筆者在本章所提出「合法流」強調的正是程序的理性和公民的參與，行政首長與技術官僚依法行政的作爲從而應該更重視利害關係人的意見表達和實質參與。此二者做爲民主治理最重要的價值，則土地徵收相關政策場域的重中之重「公共利益」之界定，就不是行政首長說了就算數，而政府機關對於土地徵收的補償也不能僅止於金錢物質，符合民主治理思維更公正的補償也必須思考：「被徵收人因徵收的特別犧牲所受的各種損害（包括精神、情感層面，如家園被徵收的迫遷，對新環境的適應困難等）」（詹順貴，2011/08/29）。

　　然而，就抵價地式的區段徵收之案例來說，地方政府財政困窘又要從事經濟開發，則行政首長配合廠商的產業發展需求進行土地徵收，民眾可以參與共同開發然後再領回40%到50%不等的抵價地，農地或自宅用地在變更之後可能變成住宅用地或商業用地，土地被徵收的民眾可以經由土地市價的提高得到應有的回饋。但是，由於「政府強制民間一定要參與開發

---

[12] 對於總統和行政院長的政策性宣示，「苗栗縣長徐耀昌昨天回應，『既然總統及內政部長關心，縣政府從善如流』，配合營建署專業取得共識，一切依法行政」（范榮達，2016/09/27）。然而對於從中央行政首長到地方首長的回應，「台灣反迫遷連線發言人田奇峯表示，……下個月就有包括高雄果菜市場第二波拆遷、高雄旗山大溝頂、板橋大觀、基隆貴美雜貨店、台中黎明自辦重劃區等迫遷案，政府完全沒提到要怎麼解決」（董俞佳，2016/09/27）。

土地事業……法律規定地主領40%左右的價值，但通常都是領不到這個數字」（徐世榮，2016/07/22，焦點訪談記錄第1頁），也因此，問題的本質在於利害關係的民眾是否擁有更多不同的選擇，以及徵收過程的訊息送達和決策過程的公開揭露，而不只是在於是不是用市價徵收。

　　就此而言，立法院在1998年大幅修訂行政訴訟法，新增第9條「公益訴訟」的規定，目的是要突破人民只能針對「行政處分」提起訴訟的禁錮；但因為設有但書，所以必須進入特別法才能依法提起公益訴訟，「近二十年來看得到，但卻吃不到」（田蒙潔，2016：423）。儘管如此，依據2001年的行政程序法、2004年的政治獻金法、2005年自行政程序法獨立出來的政府資訊公開法、2009年的公務人員行政中立法之陸續公告施行，乃至於「做成採納或不採納理由之核定的聽證記錄」，以及「知悉相關資訊及適時參與聽證之機會」逐漸入法的修法思維，無一不是政府所展現順應時代潮流趨勢之具體作為。

　　探討多元流理論在我國政策場域所必須重視的法制環境，並不是一蹴可幾，重視程序理性的價值演進，所經歷過的是1980年代末期和1990年代政府我國解除戒嚴之後的民主政治發展，以及2000年迄今（2016年）的三次政黨輪替。「徒善不足以為政，徒法不足以自行」，民主治理過程對於程序正義的實踐與落實，必須仰賴行政部門機關首長和行政官僚基於政策專業的配合。民主政治和行政管理之間所必然存在裁量權的空間，涉及到文官行政中立的價值和民選首長以政策滿足民意需求的回應價值，兩者相互競逐的價值觀念所進行的「制度性調和」（陳敦源，2009：51-54），價值衝突的匯合交會能不能在「程序理性」和「公民參與」找到答案呢？

　　「讓有權力的人，負起決策的責任」，對於行政首長課責機制的設計在理論上，應該有助於調和回應民意的價值和文官的專業價值。針對2000年中期以後涉及司法權及監察權的九個重大社會抗爭事件（黃長

玲，2016：270-271）[13]，司法權及監察權對於行政權的課責效果有限，而抗議的群眾也不見得就可以接受從行政權平行轉移到司法院和監察院橫向課責的最後結果。現階段依據法律程序，從中央到地方所成立各層級的委員會，從政策實務的運作和法律修正草案的增修訂內容，乃至於一次又一次的司法院大法官會議解釋文所揭櫫的意旨，不論是「程序理性」或「公民參與」已經是無法逆轉的民主治理趨勢。

　　公民參與政府決策的過程是一個費時費力、衝突對立的過程，特別是當政策問題所引發衝突爭議的根源是利害關係人彼此南轅北轍的立場和態度，讓人民真正當家做主的公民參與決策過程，最後能不能解決問題以滿足民意需求，仍然不無疑問。「政府轉化社會，也被社會所轉化」（Government transforms society and is transformed by society）（Bourgon, 2011: 56）。從土地徵收條例在2011年12月對於市價徵收和特定條件下舉辦聽證會的當年修法內容可以得知，政治大環境演變所帶來法律規範改變之脈絡，隨著多元流的匯合交會和政治經濟情勢的長期發展，兩個回合以上多元流的演進，是未來理論概念發展應該嘗試的方向。

　　Kingdon運用「鬆散的觀念組合」（丘昌泰，2008：143）之多元流概念探討「前決策階段」（pre-decision）的議程設定和方案具體化，筆者所提出「合法流」的意義除了在於它重新啟動第二回合多元流之外，透過更多元政策企業家的參與和課責機制的運行，「合法流」在我國的政策場域還可以用來觀察，行政首長和行政官僚因應政治社會氛圍在觀念價值上的逐漸轉變，透過愈來愈明確的民主課責關係，落實公民社會多元化價值的核心理念：更公開的資訊提供給利害關係人更多不同的選擇。此外，還能用來詮釋的是，在制定政策和採納決策如何被影響的漫長過程，不同回合多元流所新增的動能，並不一定是要來自於擁有法定權威狹義的政治企業家。

---

[13] 這九個重大的事件包括：關廠工人連線；華隆自救會；樂生療養院；紹興社區；大埔徵地；華光社區；文林苑；洪仲丘案；南鐵東移。

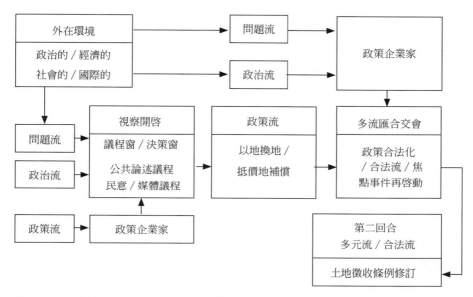

圖6-1　兩回合的多元流與合法流架構圖

　　這種漸次演進的過程並不同於Zahariadis（2003: 2-3）所說，多元流理論的適用「只有在模糊的狀況下」（only under conditions of ambiguity）。相反的，在傳統多元流理論所重視政策企業家策略技藝高低和擁有資源多寡之外，「合法流」更重視的是，面對相同的政策衝突情境、甚至一樣的替選方案，決策者所應該具備更開放心態的思維轉變。透過擺脫「一向是行政機關說了算，完全沒有任何判斷標準評估機制」（詹順貴，2012c：201），社會大眾和學者專家以及政府官員不斷論辯的過程，體現了現行委員會機制的政策實務之運行，是「公共利益具體化」最重要的基礎。

第(七)章 結論：對於公共政策分析的啓發與影響

「公民參與政治是自由社會裡面無可避免的天然產物，對這種情況必須負起責任的政治領袖和組織，就是民主政治的本質；衝突的社會化是民主程序的必要」。[1]（Schattschneider〔1975: 138〕對民主政治的定義）

「是政治促成政策，還是政策促成政治？」[2]（Smith and Larimer, 2013: 21）

第一節　當代政策科學的啓示：從過去到未來

國內學界人士對於公共政策的研究有兩個重要特點：第一，重視循序漸進的階段論；第二，美國式民主政治、總統制的政府體制；前者因為政策學界的研究著作著重於撰寫教科書使然，後者則因為政策學界人士在美國取得博士學位的關係。有別於Jones（1970）[3]、Dye（1972）、

---

[1] 基於美國式民主的壓力政治（pressure politics）和政黨政治（party politics），Schattschneider（1975: 138）所界定民主政治的原文如下：The involvement of the public in politics is a natural out-growth of the kind of conflict that almost inevitably arises in a free society. The exploitation of this situation by responsible political leaders and organizations is the essence of democracy; the socialization of conflict is the essential democratic process.

[2] 該提問的原文是：Does politics cause policy, or policy cause politics?（Smith and Larimer, 2013: 21, 25-45）。該問句的中文翻譯是採用蘇偉業（2016: 21）將cause譯為「促成」。

[3] 當面對要求變革與維持現狀、彼此相互衝突的需求時，Charles Jones（1984）在其第三版的公共政策教科書，就特別著重公共決策和政治系統之間的關係。這種宏觀的政策視野也影響到Kraft and Furlong（2004: 32-65）所分析政策行動者與決策過程的

Anderson（1975）[4]等美國學者對於政策階段論的論述思維，丘昌泰（2008: ii-iii, 2013: 3）是以英國學者Parsons（1995）爲本，不同於過往學界人士的格局，將政策科學的研究分爲「後設」（meta）、「中介」（meso）、「決策」（decision）、「輸送」（delivery）的分析架構。而Parsons（2002, 2004）其實更重視的是，英國政府現代化「從穿越到爬升」（from muddling through to muddling up）「循證決策」的改革經驗，以及「不只是掌舵（steering），還要匯編（weaving）」相關知識與技藝的政策能力之建立。

這種對於政策分析的宏觀視野，得以透過經驗研究的不斷累積，進而連結起政策制定和行政管理，以及民選首長的回應民意與行政官僚的專業課責，這是本書所探討，人民知情而且擁有更多選擇之「民主政治的政策科學」（the policy sciences of democracy）（Lasswell, 1951: 15），或是「參與民主的政策科學」（丘昌泰，1995：375-376）之原意。這種構築於政治學和行政學基礎之上的政策科學，體認到當代公民社會彼此未必一致、多元的政策目標，公共政策要探討的因而是「政府應該或不應該做（ought or ought not do），以及做和沒有做的事情（does or does not do）」（Simon, 2007: 1）。

不同於英國內閣制的運作體制和英國政策學界人士的學理論述（John, 1998; Pollitt, 2008），美國學界人士對於公共政策理論的建構相

關係，就縱向與橫向、不同政府層級的政治交換所建構出來極其複雜的網絡加以分析。

4 基於美國的決策環境，從Anderson（1975）的公共政策（*Public Policymaking*）著作就可以明顯看出政策階段論的思維，但事實上他非常重視決策者和其面對的環境（該書第二章），以及政策研究的方法論與所謂的公共利益（該書第六章）。他早期就已經將政治學的概念納入公共決策者所面對的政治環境，Anderson（1975: 48-52）將決策環境分爲微觀（micro-）政治、次級系統（subsystem）政治，以及宏觀（macro-）政治。此外，在五階段論的論述裡面，Anderson（1975: 26）很重視「政策形成」（formulation）和「政策採納」（adoption）階段裡面，包括在特定決策情境總是混合在一起的討價還價、說服、命令（command），總統層級的「決策風格」（styles of decision-making）（Anderson, 1975: 83-87）。

當仰賴所謂的架構（frameworks）、模式／模型（models），以及理論（theories）。[5]而廣受國內學術界採用或引述的教科書無論是「階段論教學／模型」（stages heuristic/models）、「政策循環」（policy cycle）、「教科書途徑」（textbook approach）的論述，很少探討和「價值」相關的議題[6]，對於多元流架構／途徑、倡導聯盟架構（Advocacy Coalition Framework, ACF）、斷續均衡理論（Punctuated Equilibrium Theory），以及制度分析與發展（Institutional Analysis and Development, IAD），都缺少足夠的學理論述之篇幅。

　　就此而言，Lasswell（1971）對於政策科學研究的看法即使到了二十一世紀無疑都還值得吾人正視。由於政策的制定過分重視政治精英和行政官僚的意見，Lasswell因而反對寡頭政治（oligarchy）和官僚主義（bureaucratism），因爲這樣會破壞以民主政治爲核心的公民秩序。他認爲，政策科學的前瞻視野最重要的目標是「要獲得有關決策過程和過程裡面的公共和公民秩序之知識」（knowledge *of* and *in* the decision processes of the public and civic order）；而這種知識的型態則是「探討政策如何制定和付諸施行有系統的實證研究」（systematic, empirical studies of how policies are made and put into effect）（Lasswell, 1971: 1）。「以人爲本」，規範性的知識學習和實證性的政策發展，並沒有在「政治與政策」之間劃下一條不可逾越的紅線，而所謂「公共（秩序）和公民秩序（的知識）」，則是爲「民主的」政策科學賦予新的生命。

5　依據Schlager（2007: 294）的看法，理論可以獨立存在，也可以整合到架構裡面，而模式或模型則是比理論更狹義，在特定的情況下限定住某些特定變數，檢驗部分理論概念並探討最後的結果。Schlager（2007: 296）認爲，架構指的是組成變數群組（organize groups of variables），界定群組間關係的概念化範圍比模式／模型或理論要更加廣泛（Koontz, 2003: 1）；而理論是將價值置放於架構內的某些重要變數之上，設定變數間的前提關係（posit relationships among variables），並且嘗試預測可能的政策結果。

6　在「社會價值與公共政策」的專章內，Peters（2016: 428-447）曾經針對美國國內，墮胎、同志權利、公立學校裡面的教會與國家「政教分離」課題、大麻合法化等幾個社會價值（social values）呈現重大分歧的政策進行探討。

　　回顧過去半個世紀的理論發展歷程，公共政策的研究一方面具有規範性社會行動的性質（normative social action），另一方面也有實證主義的解釋模式（mode of positivist explanation）（Stewart, 2009: 7）。在一個嘗試兼顧民主政治和公共行政、但兩者並沒有想像中協調的時代，「人」和他們的「價值」之關鍵地位值得重視。首先，好品質的決策來自於好品質的政策資訊，這些資訊可以是學者專家的文獻著作、科學專業的研究報告、利害關係人的意見諮詢、乃至於對過去政策作為的確實評估，甚或是蘊藏在民選行政首長、政務官和事務官等政府官員內心深處的認知、他們的行政倫理觀念以及政策實務經驗，都是政府決策的重要基石。其次，即使在美國式民主的決策環境，政策資訊的公開透明也可能使得優勢的壓力團體得以更加強對政府議程的控制，民主課責的制度設計，最後的成效如何仍不得而知；無論是「知道（做下去會有好的結果）卻遲遲不作為」、或是「不知道（做下去會不會有好的結果）卻堅持作為」，人的因素及其理念價值，對於政策制定和決策過程的重要性絕對不容忽視。

　　在Kingdon（1984, 1995）經典著作之前，美國的公共政策學界之發展更重視的其實是朝向技術、強調經濟理性的管理觀點，而不是重視政策系絡環境的政策觀點；前者將政策科學視為專業化的一門「科學」，沿襲傳統邏輯實證論的量化方法，後者則強調政策問題的複雜多變，從而重視「藝術」層面的現代政策科學研究是依循後實證主義的質化方法（丘昌泰，1998：27-28）。

　　在美國1960年代政治環境裡的政策分析專家，就曾經被形容是「推動大社會的滾輪」（driving wheels of the Great Society）（White, 1967, 轉引自Fischer, 2003: 6），1970年代和1980年代更愈來愈偏向實證主義的研究取向，將公共政策視為依變項，進而探討是什麼關鍵因素影響到政策的特定結果。特別是美國朝野當時積極想要解決貧窮的問題，在Pressman and Wildavsky（1973）對奧克蘭計畫（Oakland Project）的研究之後，Nelson（1977: 6）甚至還說，如果美國人可以將人類送上月球的話，就更應該有專業能力可以解決地球上貧民窟的問題。所以，儘管Lasswell跨

科際的政策科學兼顧規範與價值之民主治理，但政策分析的專業已經被窄化成爲實證和理性主義取向之科技官僚的專業（Fischer, 2003: 16-17）。

　　美國知名的政治學者Easton（1965: 58）早就曾經針對美國的政治系統提出所謂「需求輸入過度負擔」（demand input overload），無論是政府處理能力的不足或無法將需求掌控在負荷量之內，隨著社會上公共事務的日益複雜，以及政治上意識型態的政黨輪替，公共部門機構會不會成爲「過度負擔（overloaded）政府」之質疑（Pierre and Peters, 2005: 120-122），學術界和實務界的看法一直都很分歧。在1960年代到1970年由美國帶動世界各國經濟發展的年代，政策科學的研究就已經開始重視包括政策設計（policy design）和政策過程（policy process）在內的政策執行成功因素之探討：政策執行產出（output）必須最具體可行（at its most operational level）（Winter, 1990: 20-21, 2006: 164）。

　　政策與政治的糾葛可以說是盤根錯節，除了「需求輸入過度負擔」的警語之外，也有來自其他美國學者就政策層面和政治層面的深刻檢討。在政策方面，在Pressman and Wildavsky（1973）探討1960年代美國加州奧克蘭市爲期五年都市發展改革政策的施行，嘗試解決失業問題和種族對立的政策願景，因爲「立意甚佳，陳義過高」、「承諾很多，行動很少」，以及政策制定者和執行者之間、縱向的中央地方府際關係、橫向機關本位主義的部際關係使然，政策的失靈也顯見學術研究和政策規劃的實務不能和社會發展與特定的政策情境脫節。而在政治方面，Schattschneider（1960）《半主權的人民（The Semi-sovereign People）：美國民主的現實主義者觀點》之經典著作，從有組織有紀律利益團體對於政府決策所擁有絕對性影響力的角度，用「衝突社會化」（the socialization of conflict）重新詮釋「政治」的定義：衝突由高度動機和高度緊張的團體直接立即的發動，使得它很難看到競爭群體的不同主張，只有更多大眾涉入其中的時候，衝突才會被政治化；壓力政治（pressure politics）是政治不可分割的一部分，政黨政治亦復如是（Schattschneider, 1975: 38-39）。

　　簡言之，無論是Lasswell（1936）的「誰在何時得到什麼、如何得到」（who gets what, when and how），Easton（1953）「價值的權威分配」（the authoritative allocation of values），或是Anderson（1975）「公共政策與公共利益」（the public interest），都早就在半個世紀之前，就精確的捕捉到必須將政府決策和社會大眾緊密連結之政策科學的精義。

　　回顧1980年代英國首相柴契爾夫人和美國總統雷根積極性的政策作為[7]，很多與政策解制（deregulation）和委外（outsourcing）相關的方案績效管理蔚為二十世紀結束前的時代潮流，並且以1995年關稅暨貿易總協定、及其後世界貿易組織做為全球政策思維總結性的落實。在二十世紀末期，無論是地方政府的施政或是中央政府的行政改革，美國和英國的理論研究與實務運作都很深刻的影響國內的學術界和實務界。基於美國聯邦政府的體制，美國學者對於地方政府實務運作最具代表性的著作之一是Osborne and Gaebler（1992）提出具有企業家精神的「政府再造」（re-inventing government），重要的概念包括：授能（empowering）給社區；將競爭挹注（injecting）到服務輸送；資助成果而不是資助投入（funding outcomes, not inputs）；將官僚層級節制轉化為參與和團隊（participation and teamwork）。[8]

---

[7] 柴契爾夫人在1979年到1991年擔任英國首相之後，繼任者梅傑（John Major）首相延續保守黨政府，直到1997年政黨輪替後工黨的布萊爾首相接任；此外，共和黨的雷根則是在1980年到1988年擔任美國總統，擔任過雷根八年副總統職務的老布希（George Bush）則在1988年到1992年接任美國總統。在同一個時期，台灣社會經歷的則是威權統治的落幕以及解除黨禁和報禁的民主化過程，而在1996年第一次全民直選總統和2000年第一次政黨輪替之後，逐漸建立起現代化的政黨政治。然而，除了對於海峽兩岸的國家定位問題之外，國民黨和民進黨兩個主要政黨的政策綱領，並未呈現出像英國和美國主要政黨之間明顯的意識型態差異。

[8] 除了Denhardt and Denhardt（1999）對於美國地方政府變革的領導統御之外，Osborne and Gaebler（1992）所歸納十種具有企業家精神（entrepreneurial spirit）的政府再造型態，包括：觸媒型（catalytic）；社區型（community-owned）；競爭型（competitive）；任務驅動型（mission-driven）；結果導向型（results-oriented）；消費者驅動型（customer-driven）；企業型（enterprising）；前瞻型（anticipatory）；分權型（decentralized）；市場導向型（market-oriented）。雖然從

　　從1980到1990年代之後，美國學者也針對政策制定和決策過程的民主特質進行深刻的反思。Barber（1984）「強勢民主」（strong democracy）的願景是獨立自主的公民自治，並將私人利益轉化爲公共利益（轉引自丘昌泰，1995：365）。不否認衝突的無法避免，更重視民衆和政府之間論辯互動，Dryzek（1990: 125）強調「參與式的民主政治」（participatory democracy），都已經爲二十世紀結束前刻劃出政策科學專業性格以外的民主參與素養。此外，有鑒於決策者和一般大衆無法理解非常專業的科學資訊（scientific information），以及如何處理其在政治上應用對於公共決策的影響，Ozawa（1991: 114-115）因而著重利害關係人、決策者，以及科學家的共同參與，特別是必須同等重視「資源少」（resource-poor）和「資源多」（resource-rich）的利害關係人之政策訴求。他提出「以共識爲基礎的程序」（consensus-based procedures），最重視的是從決策者的瞭解開始，在開放沒有技術能力的群衆參與之同時，也擴及政策替選方案之討論，而在建立技術性共識的過程，利害關係人因而得以發揮自己對決策者的影響力，逐漸限定到幾個特定的政策方案，雖然各個方案的不確定性仍然很高，利害關係人也會對其他方案能有更完整的瞭解（Ozawa, 1991: 108-109）。

　　換言之，公共政策雖然可以被視爲是權威的決策選擇，但也可以視之爲結構性的互動或是意義的建構；「公共政策在形塑問題的時候，在某種程度上就已經建構（construct）政策的當事人（clients）」（Schneider and Ingram, 1993: 76-77）。爲了因應政府官員在公民參與過程的論辯能從不同角度和觀點去看問題，Majone （1989）認爲，要有好的政策論證，政策的施行才會師出有名。這種要將理念和觀察彙整成爲有意

2000年以來，Denhardt and Denhardt（2000, 2015）所倡議「新公共服務」（the new public service），從「服務重於掌舵」（serving rather than steering），乃至於「服務，而不是掌舵」（serving, not steering），是否成爲歐美學術界的主流思潮尚難以下定論。然而，在二十五年後重新檢視Osborne and Gaebler（1992）當年所提出的「社區」、「前瞻」（預防重於治療）、「分權」等概念不僅依然適用，而且對不同國情國內諸多的政策場域，從中央到地方，都還能有所啓發。

義和有說服力的論點，正是Rein and Schon（1994）指稱的「形塑」（framing），而且過去二十多年這方面理論概念的發展和來自學界和實務界廣泛的回響（Colebatch, 2004），也被Fischer and Forester（1993）稱之爲公共政策分析的「論證轉變」（the argumentative turn）。這方面的觀點也影響到Yanow（1996: 19）將政策視之爲「決定意義的爭鬥」，政策的意義是透過文字和社會實務運作的溝通所構築而成（Colebatch, 2006: 9），政策本身則是詮釋社群（interpretive communities）、政策執行者，以及一般大衆之間對意義溝通的最後結果。

　　同樣引導世界潮流的還有英國政府從1970年代到二十一世紀一連串系列性的行政改革（Pollitt, 2014: 7-8）[9]，工黨在1997年政黨輪替後面對解決複雜政策議題的政治壓力，使得循證政策成爲「參與型政府」（joined-up government）回應民意需求的重要基礎（UK Cabinet Office, 1999; Parsons, 2002, 2004）。布萊爾首相的「內閣辦公室」（Cabinet Office, 1999）提出「以證據爲基礎」（evidence-based），包括循證決策、管理主義、輸送與選擇（delivery and choice）在內的諸多改革（Rhodes, 2014: 30-32）。1945年第二次世界大戰結束以來所僅見的保守黨和工黨在2010年到2015年聯合政府執政期間，甚至也提出過工具理性思維的政府倡議：「更好立法與行政的政府」（Better Government Initiative, 2010）。儘管Head（2008: 5-7）強調，這樣的循證知識來源有三個：政治的知識與技藝（know-how）；科學的知識與技術分析；以及來自實際執行的知識；但是傳統的觀點認爲，做爲「循證」（evidenced-based）政策基礎的「證據」是由應用科學研究得來的知識。

---

[9] 這些行政改革包括：「中央政府組織再造」（*The Reorganization of Central Government*）（Prime Minister and Minister for the Civil Service, 1970）、「公民服務的效率」（*Efficiency in the Civil Service*）（Lord President of the Council, 1981）、「公民契約：提高標準」（Prime Ministerfor The Citizen's Charter, 1991, 1996）、「政府現代化」（*Modernising Government*）（Prime Minister and Minister for the Cabinet, 1999），以及「公開公民服務」（Open Public Services）（Minister for Government Policy, 2011）。

綜合英美學者的學理研究和經驗研究，Majone（1989）重視政策制定過程的「證據」（evidence）、「論證」（argument），以及「說服」（persuasion）的原因正在於，決策制定無法自外於外在環境，所以要更重視政治判斷和政策論證。循證的證據知識基礎之來源應該多元而且廣泛，在全觀（holistic）的政策環境進行決策制定和政策執行，因此有必要包含公共論證、民意、甚至於當代的社會文化觀點在內。影響所及，歐美學界人士更強調運用網絡的研究途徑，也更重視跨越不同部門多元利害關係人的共同參與（Kooiman, 2000; Osborne, 2000; Casey, 2004; Head, 2007），而隨著政府、企業以及非政府組織建立更複雜、更高層次的合作夥伴關係，協力（collaboration）和網絡（network）也連結起跨部門政策利害關係人間的緊密關係（Mandell, 2001; Sullivan and Skelcher, 2002; Reddel and Woolcock, 2004）。[10]

針對二十世紀末期乃至於本世紀第一個十年在理論概念上和政策實務上的發展，透過重新檢視威權式治理（authoritative governance）在「調解政治」（mediatized politics）時代的新角色，Hajer的觀點值得深思。Hajer（2009: 171-176）雖然強調基於制度設計，官民關係在建立「網絡治理」過程當中的審議和參與政治之共同經驗，但是他同樣重視在沒有公眾參與的情況下，網絡成員間的理性思辯（reasoned elaboration）和對話互動（discursive interaction）。Hajer（2009: 171-176）提出的大哉問是：「網絡治理可以是民主的，但網絡治理能夠是威權的嗎？」

---

[10] 歐美學者在這方面的理論論述很多元，Stephen Osborne（2010）主編的《新公共治理？》（*The New Public Governance?*）裡面，包括Guy Peters、Mark Moore、Jan Kooiman、Owen Highes、Laurence Lynn、Donald Kettl、Erik-Hans Klijk、Laurence O'Toole在內的三十多位歐美知名學者，雖然並沒有對此提出定論，但是歐美學界人士對於探討的層面則可以分為：輸送服務的跨組織夥伴關係之治理（interorganizational partnership to deliver services）；契約關係的治理（contractual relationships）；跨組織網絡的治理（interorganizational networks）；以及政策網絡的治理。有別於Stephen Osborne（2010）在英國所出版對於《新公共治理？》眾多歐美學者的理論概念之探討與對話，Denhardt and Denhardt（2000, 2015）在同一年也開始倡議，從「服務重於掌舵」乃至於「服務，而不是掌舵」的所謂「新公共服務」。

（network governance can be democratic, but can network governance be authoritative?）。

在《政策與政治》期刊（*Policy & Politics*）四十周年的紀念文集（Ayres, 2014），Rhodes（2014: 29）提醒當代政策科學的學術工作者，必須要重視「如何將過去的經驗運用在未來的政策」（how to use experience to inform future policy），並積累政策實務的經驗教訓成為學術知識的基礎，或許是回答Hajer前述大哉問的起點。Hood and Lodge（2007: 59）所提出「公民服務改革症候群」（civil service reform syndrome），也因而值得吾人的警惕；他們認為，像是全面品質管理、官僚作風（red tape bonfires）、風險管理、本職學能（competency）、循證政策、參與型政府、（服務）輸送領導統御（delivery leadership）等等，這些英國政府歷來的種種倡議「來來去去，多所重複，而且無視於彼此的存在」（come and go, overlap and ignore each other）。

就政策實務而言，歐美國家乃至世界各國政府從二十一世紀以來的最近二十年，陸陸續續被迫面對經貿全球化，或是Steger（2013: 108）所謂「市場全球主義」（market globalism）所帶來日益嚴重的貧富懸殊與社會對立之情勢，在選舉的政治壓力之下，除了依據政府威權所制定而成的政策必須符合程序正義，更應該重視還有追求實質社會正義的「正義全球主義」（justice globalism）（Steger, 2013: 122）。[11]特別是當一般民眾是依據自己的情緒和偏好（emotions and preferences）或平常身邊所接觸比較強烈的氛圍，去表達對於政策的感受（Smith and Larimer, 2013: 206-207）；也因此，政府要實踐社會正義的起點莫過於是提供公民參與所需要的政策資訊，John（2014）因而指出，「所有的（政策）工具都是資

---

[11] 依據Steger（2013: 108, 122）的定義，「市場全球主義」包括：市場的自由化和整合；無法避免和不可逆轉；沒有任何一個人能說了就算；有利於每一個人；能向全世界推廣民主政治；「正義全球主義」則包括：新（Neo-）自由主義產生全球性的危機；市場驅動的全球化造成財富分配的不均；民主參與有助於解決全球的問題；另外一個世界不但可能，也很需要；（重視）人民的權力，而不是企業的權力。

訊性的」（all tools are informational），政府如果希望獲得較好的政策結果，就必須正視民衆取得政策相關資訊的透明性（John, 2014: 197）。

第二節　回答研究問題：「以程序爲基礎」制定出「證據告知的政策」

本書透過苗栗大埔徵地案的多元流分析探討兩個研究問題，第一個和政策企業家有關（「誰有什麼價值理念，具備運用資源的技藝和意願，影響決策者的政策抉擇」），第二個和視窗開啓與多元流交會調和有關（「對於議程視窗與決策視窗的開啓及匯合，政策企業家在多元流的流動性參與過程，扮演什麼交會與調和的角色」）。

筆者在本書第四章「碰撞與激盪」透過回答「爲什麼政府特別重視特定的政策問題」、「爲什麼社會輿情的反應特別強烈」，描繪公民社會民主治理圖像的過程當中，從新聞傳播媒體在短期間密集的大篇幅報導所觸動的社會輿情和民衆情緒，到社群媒體與公民組織團體對於政府議程所發揮形塑政策問題的能力，特別是怪手剷平稻穗農地的畫面，成爲當時苗栗縣長劉政鴻推動地方建設，以及行政院長吳敦義面對五都選舉在即的重大政治考驗。無論行政首長解決政策衝突的出發點是基於良善治理或是政治意圖，總統府和行政院發揮了方案形塑和議題管理的作用，而在決策者體察民意動向和社會氛圍後，最後則是政府機關「計畫菁英」由下而上提出「以地換地」的方案。儘管技術可行性和資源充足性都沒有問題，政府的施政必須深思熟慮的是社會觀感和「價值的可接受性」，而且要更重視的還有社群媒體對於政策過程「現場重現」的資訊製作能力，以及社會輿情、乃至於全國氛圍「感同身受」的傳播擴散效果。[12]

---

[12] 該章主要的研究觀察如下：「當消息來源愈來愈多元，新聞傳播媒體在短期間大篇幅的報導爭議性很高的特定政策議題，就會引起社會大眾愈來愈多的關切和投入，進而再使得支持大埔自救會相關報導的加倍出現」。「在焦點事件（「717凱道守夜

　　在「衝突與氛圍」的本書第五章，「素顏」的政策企業家是地政博士、技術官僚出身、當時的行政院秘書長林中森（任期2009/09/10-2012/02/05），適逢2010年五都選舉和後來2012年的總統和立委選舉，當「政策」遇到「選舉」，而「土地隱藏龐大利益，可以透過政治力予以創造」（崔慈悌，2015/07/16），「以地換地」方案和市價徵收「抵價地」式補償方案在政策形成與採納過程的脫穎而出，除了反映中央行政首長的政黨競爭考量之外，也凸顯出地政專業的技術官僚在土地行政的政策次級系統裡面之重要性。然而當「價格」遇到「價值」，不同理念之根本差異直接顯現在市價徵收的行政院版本，以及由社會運動和公民組織所草擬民間版的土地徵收條例修正草案。在真實的政治世界裡面，經過政策合法化的程序，以「價格」做為基礎的補償方案，未必能夠完全補償土地被徵收民眾內對於鄉土和家園的「價值」。

　　「工具理性」價值背景的政策管理專業能不能超脫傳統思維，進而和公民社會多元的政策價值觀進行制度性的調和，端視擁有法定職權的政治企業家之理念與意願；但是，焦點事件和傳播媒體所扮演推波助瀾的角色，能夠在回應民意的天平這一端，重新爭取到社會輿情的重視。「政治不平等」的現象不只存在於政府官員和普羅大眾之間，也存在於獲得輿論和媒體青睞的政策議題和被忽略的政策議題之間。隨著近年來諸多土地徵收的社會運動陸續發展，公民社會的多元政策參與者和複雜的環境系絡，民眾自主性參與公共事務「對談性（discursive）的民主政治」（丘昌泰，1995：375），行政首長透過中央與地方各級委員會的決策機制，雖然是與公民分享權力的表徵，卻也凸顯出在學習如何實踐公共課責的過程當中，「公民參與」和「參政意識」以及「行政效率」和「政策專業」

行動」）的發生促使新聞報導數量加倍出現之後，私部門的政策企業家（例如學者專家和公民組織）與中央政府以及地方政府的階段性互動，會影響到政策方案提出的時機和內容」。此外，「消息來源愈是來自大埔自救會和一般民眾，報導強度就愈強」；換言之，「照片面積愈大（如果該則報導有附照片的話），報導的字數愈多，出現的版面也愈前面」。「愈是重視土地徵收條例和農村再生條例相關報導的媒體，報導強度就愈強」。

難以兩全其美的困境。

首先，所謂抵價地式區段徵收的補償方案，基本上是價值的根本差異所使然（例如：不是如何徵收的問題，而是應不應該徵收的問題）。此等超脫傳統「工具理性」價值背景的政策專業，多元的政策價值觀無疑是探討政策視窗開啟、法律修訂合法化後制度性「抵價地」式補償方案的重點。而這誠如Kingdon（1995: 164）所言，當不同政治力量競逐己方所偏好政策方案的時候，就會不斷嘗試將本身利益納入政府議程研擬的過程或方案的內容，並透過協商去影響特定方案的抉擇；透過必須要「評估興辦事業之公益性及必要性，並為綜合評估分析」之法律規定，符不符合「公益性」，或有沒有「必要性」，在價值差異的衝突之下，行政裁量權的運用，無疑也成為政策企業家得以縱橫捭闔的另一個場域。[13]

對於價值衝突的匯合交會能不能在「程序理性」和「公民參與」找到答案的問題，本書第六章「交會與調和」檢視土地徵收相關委員會的決策機制之設計，「不是如何徵收的問題，而是應不應該徵收的問題」、「公共利益是什麼」、「公共利益是否有價」、「如何將公益具體化」，顛覆了對於政策價值衝突的傳統思維。社會大眾、學者專家、公民組織團體以及政府官員不斷論辯的過程，是將「公共利益具體化」最重要的基礎，學術精英做為介於政府與民間的最大公約數，委員會的共識決（區域計畫／都市計畫）和表決（環境影響評估），也引發學者專家代表民意的個人意願和代表民意適格與否的疑慮。有鑒於參與式民主過程必須主動公開資訊並提供更多不同選擇給利害關係人，則特定條件之下才能舉辦「聽證會」的現行法律規範，仍無利於有效解決衝突對立的僵局，而可能成為啟動下

---

[13] 該章的研究觀察重點如下：「動機各自不同的政策企業家在不同階段，呈現出來不同程度和不同強度的參與」；「議程設定能力的高低和所擁有詮釋方案話語權力的大小，決定政策方案的制定與抉擇」；政策方案理念的不同，促使互動的政治過程更加複雜，外部提議或政府內部的提議，都必須經過政策的合法化」；「政策的改變過程並非一蹴可幾，除非發生重大的焦點事件或面臨選舉敗選的政治壓力，擁有法定職權的行政立法之政治企業家，對於政治流與政策流有更高的議程設定能力」。

一回合多元流的契機。

　　「合法流」所重視的是理念、民主、決策規範，決策者面對相同的衝突情境和一樣的替選方案時，在公民社會所應該具備的開放心態和思維轉換。「只看結果，不看過程」，或是「只重行政，不重政治」的時代已經過去，在達成短期政治目標的基礎上，也必須重視長期的效能，而且在行政效率之外，更需要考量到的是民主的程序（De Vries, 2010: 18-20）。無論是行政首長或技術官僚的行政裁量權，以及機關首長對於委員會審查機制的認知和定位，都可能受到司法院大法官會議解釋文、各級法院和行政法院的判決結果、乃至於立法院朝野政黨所提出法律修正案，其理自明、潛移默化「隱含的權威」、或是白紙黑字「明述的權威」之影響。

　　而或許正由於民選行政首長的施政是回應民意的政策需求，而行政官僚的專業判斷也必須負起行政的責任，做為「紅」和「專」、「民主」與「專業」在制度上的平衡點，從方案的形成、決策的制定到執行回饋，面對眾多不同政策偏好所匯聚而成的民主體制內，無法自外於政治環境的行政官僚也必須具備政策的敏感度。從本書的經驗研究觀之，光譜之間所呈現的並不是0和1的問題，而是程度高低、著力輕重的問題。

　　一方面，在行政首長的民主回應和技術官僚的專業責任之間，矛盾呈現於價值競逐的過程和政治與行政互動的介面。在民主治理的政策場域，政府尋求社會結果（social outcome）的過程，行政上的裁量權可能無法兼顧效率和效能，而且沒有辦法達成公平（equity）的目標（Stout, 2013: 135）。另一方面，在學者專家參與政府決策的過程，獨立審議的委員會機制和中央與地方主管機關的互動，如何免於被質疑「政策凌駕專業」的功能危機（鍾麗娜、徐世榮，2013：84），將城鄉發展空間和經濟開發利益的政治力、經濟力、社會力等不同價值觀念加以沈澱，都有賴行政官僚的公共管理技能和政策分析專業，以及行政首長落實「程序理性」和「公民參與」的民主治理素養。

　　以苗栗大埔徵地案而言，在追求人言言殊「公共利益」的時候，

Lowi（1969）經典著作「自由主義的終結：意識型態、政策、與公共權威的危機」（*The End of Liberalism*），所隱含「以程序爲基礎」（procedure-based）的公共利益，其理論寓意值得吾人的深思。雖然「公共價值」有較明確、可資辨識的內容（specific, identifiable content），而「公共利益」更像是一種理想（an ideal）（Bozeman, 2007: 12），在追求結果有益於長期的生存福祉，而且符合社會集體所詮釋「公共」意涵之公共利益[14]，「以程序爲基礎」制定出「證據告知（evidence-informed）的政策」，無疑是面對價值衝突時最應該付諸行動的政策作爲。

　　就此而言，無論是土地的合理利用或私人財產保障的公共利益之增進，都能賦予Kingdon多元流架構／途徑歷久彌新，更富有時代意義的民主治理之意涵。面對代議民主的政治世界和公民社會的程序正義，Kingdon政治流和政策流需要擁有法定職權的政治企業家之轉念，「參與式政策分析」（participatory policy analysis）能促使公民從被動回應接受政策，轉變成爲主動參與決策。Lasswell「民主的政策科學」應該更重視後實證主義的方法，連結起政策科學和民主價值（deLeon, 1995, 1997）；而社會大眾和政策制定者兩者之間面對面的對話溝通，不只可以連結起政策制定過程和民主價值，也更能夠提高公民對政治菁英和政策品質的滿意度（蘇偉業譯，2016：155）。在這樣的過程當中，當不同價值彼此之間發生衝突的時候，一個觸動人心的故事、友善正面的意象、乃至於朗朗上口的口號和令人印象深刻的標語或符號，輔以焦點事件的發生和新聞輿論的發酵，所醞釀出來全國氛圍的改變，都有可能促使外在形勢的發展直轉急下。而透過本書的分析得知，更廣義的政策企業家和「合法流」與兩個回合的多元流之發想，都對於公共政策的分析提供民主治理精神之視野和格局。

---

[14] Bozeman（1987: 17）將公共利益定義如下：An ideal public interest refers to those outcomes best serving the long-run survival and well-being of a social collective construed as a "public". Bozeman（2007: 12）以及Bozeman（2007: 17與99）對於該定義英文原文出處的用字遣詞雖然略有不同，Bozeman（2007: 12）提及「在特定的系絡裡面」（in a particular context），其他文字內容的定義相同。

　　簡言之，針對與政策企業家有關、視窗開啟和多元流交會有關的兩個研究問題，研究結果有三個重點：第一，「沒有一個人說了就算數」。第二，更重視程序理性和公民參與的多元價值，會透過長期的「合法流」過程逐漸匯聚進入制度性的調和過程。第三，廣義政策企業家個人的「理性」（rationality）、他們各自詮釋政策本身的「理念」（idea），以及採取行動（action）後的博奕，可能匯合在議程視窗開啟之後，引起媒體和民眾關切矚目的政策合法化過程裡面的公共論述。

　　無論不同的政策方案是被動因應情勢發展所提出、或是主動想要一勞永逸解決問題，都有人贊成、有人反對，有人受益、也有人受害。這誠如Gerring and Thacker（2008: 19）所指出，「（民主）制度必須是包容的，它必須能夠連接到所有的利益、理念與認同，……另一方面，它們（制度）又必須是權威的，能夠提供一個具備效能的機制，達成決議以及執行該項決議」（轉引自陳敦源，2009：21）。在二十一世紀面對社會輿情對於政府施政必須符合實質正義的時代趨勢，價值競逐在多元流的浮現與調和是一個長期的動態過程。有鑑於政策是有意義的行動，方案的抉擇和施行都會受到環境系絡的影響。對於利害關係人的利益、策略及其所擁有資源的辨識確認，必須落實在資訊的公開和公共的參與。而這固然是政策社群在研擬對策方案時應有的積極作為，但是，「計畫趕不上變化」，在瞬息萬變的政治流和盤根錯節的問題流推波助瀾下，即便是擁有法定職權的政治企業家，在民主政治與公共管理之間的取捨，也沒有辦法自外於現實的政治世界。

　　以本書所探討土地徵收政策的議題而言，揆諸於近年來立法委員的立法或修法宗旨、大法官釋憲文的意旨、監察委員的調查意見，以及行政法院法官的判決內容，都一再督促政府施政要能重視民意需求、體察民眾感受，並且肯認經由政策意象（image）、政策內容、慣例判例、論述對話所做出的決策和政策。由於法律規章的制定和修訂涉及到的是，政治上、經濟上、社會上與利害相關個人組織團體在決策機制場域的角力，體制內的各級審查委員會之機制，以及「聽證會」是否應該舉辦、如何舉辦、要

如何在法律修訂條文上加以明確的規範，都是未來在下一回合「合法流」
值得努力的方向。而就此而言，終究「是政治促成政策，還是政策促成政
治」，在「合法流」和兩個回合的基礎上，雖然未必會按部就班，經歷一
個階段接著一個階段，各流之間不同於Kingdon認爲各流彼此獨自存活發
展，但卻是系統循環的概念。

　　土地和政治的盤根錯節之關係，政府和企業是否過從甚密的政商
關係，社會大眾與媒體輿論對於落實「土地正義」的期盼與監督，都和
Kingdon（1984, 1995）交通運輸和健康醫療的政策情境大不相同。做爲
1980年代和1990年代當時全球最富強的國家，美國式民主的聯邦體制、
利益團體和傳播媒體高度發展的多元主義政治運作，可謂獨樹一幟。而
我國在同時期經歷的是「競爭政黨體系演變……1987年至2000年的民主
轉型階段」（吳重禮等人，2016：127），而在逐漸民主化之後「社會運
動此起彼伏，2000年以來，從樂生療養院保存爭議、國光石化事件、苗
栗大埔農地事件……，到2013年洪仲丘事件、2014年的318學運，不僅展
現出相當驚人的公民參與力量，也可以發現新媒介在這些社會運動動員
時，扮演關鍵角色」（彭懷恩，2016：213；公民行動影音記錄資料庫，
2013）。

　　能夠被各方利害關係人所接受的政策方案或許並不存在，但可以確定
的是，「一槌定音」式的決策，以及「證據會說話」的技術理性，都已經
不足以回應民眾的需求。無論是行政首長的決策風格，或是宏觀政治情勢
的發展以及地方縣市的不同狀況，乃至於官民所競逐公共論述的「敘事」
（narratives）能力，對於政策對話溝通協調的過程固然不容忽視。新興
網路媒體從1990年代之後，隨著政策事務的發展日益受到一般大眾和社
會輿論的重視，以及其有別於主流媒體能夠傳遞缺乏新聞價值的訊息，
不容易被控制與篩選內容「去中心化」的特性（何明修，2013：11），
分眾化的社群媒體對於政黨選舉和政策監督所發揮的影響力，更是不容小
覷。

第三節　代結論：民主治理──「政策」與「管理」的結合

公共政策理論所著重放諸四海皆準的理論概念和普世觀點，未必能夠適用在國情或文化背景不同、政治與經濟發展程度不同、或是複雜社會議題的政策情境裡面。今天的決策者在制定政策時，不可能是因為一時興起或是心血來潮，行政官僚的手頭上必須要有事實、資料、或是證據（facts, data and evidence）（Ney, 2009: 28-29）；然而對於決策而言，這些「有所本」的政策資訊卻並不一定實用。首先，有效選擇所需要的資料並加以一定程度的詮釋，才能使得龐雜的資料富有意義。其次，缺少政策相關性的多元資料，特別是很多科學研究所提供的資訊都抽象難懂，而且過於一般普遍的特性也無法適用在特定的政策系絡環境，因此需要的是有技巧的詮釋。最後，更重要的是，將循證研究的成果實際應用到解決政策問題的場域，就必須要面對利益扞格、目標不同的個人組織團體，而這需要的則是政策說服的技藝。

正可能因為不同政策立場、無法彼此互容的意識型態和價值觀念，會在很多政策場域不斷的造成衝突；Stewart（2009: 206）因而強調，瞭解發生什麼事情和為什麼會發生這些事情，關鍵就在於促成政治行動其背後的價值觀念。就土地徵收政策或其他政策場域來說，政策價值並不只是Berlin（1998: 127）所解釋「好的和壞的，對的和錯的」那麼簡單。政策價值應該是更進一步透過集體選擇的政策過程，所內化而成政策行動的優先順序，這樣的優先順序必須植基於程序理性和公共參與。然而，無論是具有政策說服力的論證，或是基於公共利益選擇和詮釋政策資訊，都需要具有判斷和論述能力的決策者和行政官僚。

從公共政策和公共行政管理的角度而言，做決策的行政首長，從規劃方案、到執行政策都必須仰賴行政官僚；他們一方面會受到公共部門政治權威的影響，在為權力服務、追求行政效率的同時，也可能受到私人利益的驅使；而另一方面，行政首長在以政策回應民眾需求的時候，考量到選舉連任的壓力，所重視的因而可能是局部的、短期的、少數人的政策方

案措施。雖然行政官僚未必會主動判斷民選首長或一般行政首長所交付執行的任務是「對的」或「錯的」，但是當行政官僚認爲奉命行事的方案措施有違法之虞，即便是已經進入政策執行的階段，Etzioni（1987：182-183）所強調「行動必須合法」（an act to be in accordance with the law）的合法性思維深植內心的行政官僚，就可能透過徹底落實行政程序以扼阻政策的施行。

　　儘管「行政」和「政治」的分際只在一念之間，當民選的決策制定者和行政官僚彼此意識型態或價值觀念不同的時候，Gerston（2008：126-127）所認爲基於「非法的」（illegal）或「不喜歡的」（undesirable）個人自主判斷，更能凸顯出基層官僚或第一線政府官員臨場處置、行政裁量之重要性。有鑒於愈來愈多元的傳媒管道和國內政論節目名嘴爆料的特殊文化，當各級行政首長愈來愈重視社會輿情和民調滿意度的結果，則對於決策規劃制定和政策付諸施行所形成的政治壓力就顯得愈沈重。

　　而無論是行動必須合法或是個人自主判斷，這都爲個人團體或公民組織開啓了一扇公共參與的窗口，透過更重視政策過程「合法流」的提出，將政策階段論的「政策合法化」納入Wu et al.（2010: 107-108），以及Mukherjee and Howlett（2015: 72-73）的「決策」（decision-making）階段。最重要的意義有兩個：第一，所謂「決策」除了行政部門的政策、措施、計畫之外，應該更廣義的包含重大政策爭議所引發社會輿情的關切矚目，乃至於朝野政黨在國會廟堂之上，利害關係各方在立法或修法過程合縱連橫、甚至競逐的理念和方案在內。第二，眾多政策企業家在不同階段的外在限制之下，表達出自我的政策偏好，從參與、競逐、到退出這個持續性發展的合法流過程；由行政部門提出的方案措施或法律的修正草案，在愈複雜的經社文化環境、面對愈迫切的外在情勢演變、科技含量愈高或是愈技術性的議題，則在行政官僚，就會在合法流的過程發揮出超越一般想像以外的決策功能。

　　雖然國內學界先進有用「政策管理」稱謂筆者視爲同義詞、交互使

用「公共政策」或「政策科學」的名稱，然而就國內學界教科書普遍使用「公共政策」和「行政學」的兩門重要基礎課程而言，所謂「政策管理」在名稱上容易混淆公共政策和行政學的基本特性，在民主治理的當代公民社會，「政策」和「管理」的結合，需要的是更宏觀的政治學與行政學的視野。筆者在此以下面三點做為本書最後結語，茲分別論述如下。

首先，決策過程和政治系統之間的關係，或是政策行動者在不同政策階段的參與／退出與強弱程度，就縱向與橫向、不同層級政府、乃至於政策遊說團體、幕後顧問智囊「隱而少見」（less visible）行動者所建構出來的複雜網絡（Mukherjee and Howlett, 2015: 70-71），是公共政策分析所不能忽略在決策幕後以外的政治格局。就此而言，將公共政策的教學與研究加以分流，是當前面對民主治理時代所必須要努力的方向；前者雖然可以延續過去數十年以政策階段論為主、非階段論為輔的課程教學；但對於後者，國內政策科學的理論建構應該嘗試更廣泛「參與式的學術」（engaged scholarship）（Flinders, 2013: 629），透過公共論辯所釋出決策資訊和政策措施的傳遞擴散，以「促進公民參與，或協助公共政策的設計」（promoting engaged citizenship, or assisting in the design of public policy）。吾人應該更重視的是，政策形成與採納的所謂政策設計，以及議程設定對於政策次級系統與後續發展過程之影響。

其次，國內政策學界人士對本土的政策個案經驗研究之專書著作並不多見，雖然從1980年代以來長期的引介英國的行政改革理念，並翻譯美國學界出版的公共政策教科書（Weimer and Vining, 1998; Dunn, 2008），然而我國半總統制並不同於內閣制的英國和總統制的美國，加上國情不同和政治發展程度的不同，使得國內公共行政與公共政策學界人士在運用西方學識的同時，很難詮釋傳統政治文化截然不同的我國實際政策個案。儘管從1949年國民政府播遷來台之後，美國在政治、經濟、社會、教育、文化各個層面，幾乎是全方位深刻的影響了台灣從1950年代以來的發展。但檢視歷經三次政黨輪替、2016年9月種種的遊行示威抗

議[15]及其所提出不同的政策訴求、乃至於行政首長程度不同的具體回應，政策爭議和衝突以蔚爲風氣的社會運動方式呈現出來，都很難用政策階段論或聯邦體制的美國式民主政治之決策過程加以詮釋和解讀。

　　最後，有鑒於我國法治奠基於歐陸國家，而行政改革和政策科學的學術研究和實證案例則取經自英美兩國，公共行政與政策專業的學術工作者著重上層理論概念的建構與傳授，而其他學術專業的學界人士則致力於「中介」（meso）各自不同政策場域的經驗研究。政策科學專業的理論研究和其他學術專業的經驗研究，兩者之間缺乏有系統的交流和對話，國內的政策研究與教學因而缺乏來自政策實務、具有廣度和深度的理論回饋。而這使得Ayres and Marsh（2014: 235）所提出「有證據告知的政策」（evidence-informed policy）和「有政策基礎的證據」（policy-based evidence），問題解決、知識應用、政策制定之間環節的失落，變成一個難以填補的溝通障礙，未來仍有待更多針對一般社會大眾、行政部門的政策實務界人士，運用更多元的政策知識應用之學術產出，傳達出國內政策學界重視當代公民社會的時代趨勢，以及我國本土性政策案例經驗研究的人本關懷。

---

[15] 在2016年6月華航工會罷工事件獲得完全正面回應之後，同年9月所發生密集的遊行示威抗議涉及到的政策議題包括：勞動基準法的基本工資調高與週休二日或一例一休的勞工休假；軍公教年金改革；與陸客來台的觀光產業發展；彰化縣民反對台化公司的生煤許可證遊行（彰化縣政府9月底停發，台化關廠，台塑集團決定提起行政訴訟）；乃至於9月25日的「新政百日迫遷依舊，土地正義重返凱道」抗議活動。其中，由反迫遷連線、惜根台灣協會與台灣人權促進會等公民團體主辦的重返凱道活動，獲得反台南鐵路東移自救會、大智慧學苑反拆自救會、台鐵安東街宿舍案、苑裡海線一家親與機場捷運A7站自救會等全台超過60個自救會響應（中央社，2016/09/25），其他參與的還有當年年底就可能被強制拆除的高雄果菜市場不義徵收自救會、旗山太平商場大溝頂老街自救會、黎明自辦重劃自救會、板橋大觀事件自救會、貴美雜貨店。而這個抗議活動也得到蔡英文總統最具體明確的政策承諾：原地重建「張藥房」（董俞佳，2016/09/27）。

　　本附錄基於筆者思考問題意識的過程，針對與多元流理論相關的研究方法之討論，以及Yin（2014: 120-121）所謂「多元證據的三角測量」（triangulating from multiple sources of evidences），進而依據內容分析法、深度訪談，以及焦點團體訪談的研究進程，敘述相關的研究方法和設計。

前言：多元證據的三角測量

　　回顧我國徵收農地做為工商業發展的源始，是台灣省政府在1960年為了開發基隆的六堵工業區，以五年的時間完成54公頃私人農地的徵收（胡慕情，2015：93）。苗栗大埔徵地案做為筆者所選取的研究主題，是台灣從1960年代長期追求經濟開發，以及1990年代民主化發展與鞏固過程當中，非常具有代表性的政策個案。筆者在本書採納Clemons and McBeth（2016: 193-199）焦點團體法（focus group）、內容分析（content analysis），以及敘事分析（narrative analysis）的所謂「綜合方法工具」（mixed-methods tools）。筆者同時也嘗試做到研究方法論上，Yin（2014: 120-121）所謂「多元證據的三角測量」（triangulating from multiple sources of evidences），而且是「單一個案的聚合式證據」（convergence of evidence），相關的研究方法概念包括：文件與檔案資料、直接參與觀察、深度訪談、焦點訪談，以及筆者個人非常重視的「內

容分析法」。[1]

　　雖然苗栗大埔徵地案的單一個案並無法完全確認或檢證假設，但透過探索性研究的運用，則有助於理論的建構（Gerring, 2004: 349-350）；透過探討極端案例的單一個案，筆者希望做到George and Bennett（2005: 31-32）所強調，「有助於因果關係的建立」。為了提高資料的信度，筆者也採納更多元化的資料來源，以辨識出其間的細微差異，這誠如Yin（2014, 轉引自Zahariadis, 2015a: 472）所指稱，個人的訪談也可以輔以文件資料和已出版的回憶錄與訪談記錄的補充。本書後續的分析所採用的資料來源，也包括期刊論文的實證訪談文字，以及由行政院委託元貞聯合法律事務所官方的政策評估報告（行政院研考會編印，2012）。[2]

　　傳統對於研究方法的設計，未必能連結到理論概念本身的複雜性，Kingdon的多元流途徑／架構則是不然，對於探討多元流理論歐美學界先

---

[1] Berelson（1952: 147）將內容分析法定義為：「對於傳播訊息內容進行客觀、有系統的量化敘述的一種研究技術」（a research technique for the objective, systematic and quantitative description of the manifest content of communication）。Holsti（1969: 24-25）認為，Lasswell（1946, 1948）對於媒介傳播過程研究對象的界定，還應該加上「為什麼」（why），方可構成更完整內容分析的研究架構。此外，Oates（2008: 210）則指出，內容分析法可以提供許多媒體和政治相關文獻的研究資料，但是必須要注意框架編碼的建構（construction of coding frames），以及編碼人員達成良好交叉編碼的信度（to achieve good inter-coder reliability），而這兩點也是本章的內容分析法專節裡面所希望論述的重點。此外，對於筆者在本書採用內容分析法的重要啟發還來自Rogers and Dearing（1988）以及Dearing and Rogers（1996: 5）所提出「議程設定過程的三個主要因素：媒體議程、公共議程，以及政策議程」，兩位作者有論及前述議程的衡量方式，公共議程（public agenda）通常是以民意調查進行，政策議程（policy agenda）是以政策議題最後制定成為法律的過程或是國會通過的預算做為衡量標準，而媒體議程（media agenda）則通常可以用內容分析法進行分析（Dearing and Rogers, 1996: 17-18）。

[2] 接受行政院研考會（2012）委託進行實證研究的元貞聯合法律事務所，研究主持人是藍瀛芳律師，協同主持人之一，也是三場焦點團體訪談的主持人詹順貴律師，於2016年5月20日就任行政院環境保護署的政務副署長。行政院研考會（2012）該報告的訪談對象共有14位（2012: 445-594），其中的J人士與K人士是大埔徵地案的土地被徵收戶；三次的焦點團體訪談都由詹順貴律師擔任主持人，邀訪對象是以學者專家與中央和地方行政官員（或退休的學者與官員）（2012: 595-646）；行政院該份政策評估報告的問卷調查對象有三種：已經辦理區段徵收的土地或房屋被徵收人、專家學者，以及行政機關人員（2012: 647-838）。

進在研究方法上的自我省思和警醒。[3]筆者所採用的質性研究方法是基於蕭瑞麟（2006: 140-148）所提出「真實度」、「合理度」，以及「批判度」的質化衡量標準，透過多元的資料來源以及深度訪談和焦點團體訪談，除了嘗試描繪大埔徵地案的發展過程，檢視Kingdon（1984, 1995）的多元流理論，同時希望能夠省思現有歐美學界人士所提出的研究發現和假設，提出令人信服的分析，進而對我國公共政策的理論研究能夠有所啟發。

首先，做為多元流理論最早期的評論者之一，Mucciaroni（1992: 463）曾經指出，由於政治實務不但複雜而且異質性很高，因此愈是想要嘗試運用單一抽象的模式去解釋，就愈難清楚解釋真實的狀況，（多元流前身的）「垃圾桶模式」就面臨這樣的弔詭（illustrates this paradox）。此外，Zohlnhofer（2016: 104）也認為，該文和大多數多元流途徑的實證研究一樣，都是只應用在一個特定的政策個案；而個案研究從很多角度來說，雖然是非常有用的工具，但顯而易見的的缺點則是，個案研究太過「一般性」（generalizability）。

其次，做為多元流重要一環的政策流，就算呈現出來的政策問題相同，其所提出的政策替選方案不可能都是相同的內容或一樣的型態，Durant and Diehl（1989: 203）就此指出，隨著時間的演進，政策方案的提出並不至於會「以不變應萬變」。因此，正如同Kingdon（1984, 1995）的研究，隨著愈來愈多可能的變數加入原始的垃圾桶決策模式，縱斷面的個案分析將可以追溯特定政策方案在長時間的演進過程。而這就誠如Mucciaroni（1992: 465）所強調，「研究問題如何形塑，會影響

---

[3] 基於英國學者Parsons（1995: 192-194）以文字概述多元流的基本概念，多元流的變數關係；簡言之，就是政策的最後產出，會受到多元流、政策視窗，以及政策企業家交互運作與匯合交會狀況的影響而定。Kingdon特別強調的議程設定牽涉到幾個變數：自變數是限制政策理念發展的因素；因變數是從觀念演變到提案的時間點；干擾（intervening）變數是使得理念發展進入議程的情況，包括政策視窗（policy window）、政策企業家（policy entrepreneur）以及外溢效果（spillovers）；前提式（antecedent）的變數則是對於政策問題和理念的理解。

到尋求答案的方向」（how research questions are framed affects where the search for answers leads）。

　　筆者對於前述兩點論述的回答是：透過研究方法的多元化，嘗試盡可能的克服前述的研究限制；透過單一個案多元的資料汲取和分析，以及更嚴謹理論性的研究問題之提出，期望能夠對於國內公共政策學界做出有用的貢獻。

內容分析法的設計

　　延續前一節的註腳所概述，Rogers and Dearing （1988）和Dearing and Rogers（1996: 5）提出議程設定過程「媒體議程」、「公共議程」，以及「政策議程」的三個要素，陳敦源（2009: 184）在探討媒體影響公共議程設定的途徑時指出，媒體本身可能具有立場或價值偏好，一方面影響民眾觀念進而影響政府施政，另一方面直接由報導內容（如社論），影響政府政策方向；他還指出，「比方說，台灣的三大報，中國時報、聯合報與自由時報，事實上在許多重要政策上（如國家定位），是各有立場，也都試圖設定公共議程，進而影響政府政策」（陳敦源，2009：184）。筆者考慮到學界人士對於運用平面新聞媒體做為分析素材的擔憂，因而在選取前述的三個平面媒體加上蘋果日報，甚至在社論分析的部分只採用目前國內僅有的兩個財經專業平面媒體之社論，期望能夠透過不同報紙可能存在，或就特定政策議題已經存在許久的不均衡報導，在探討本書相關研究問題的同時，筆者已經考量到不同媒體所呈現出來新聞報導在內容上的差異性。

　　基於以上所言，本書採用的內容分析法分為三個方面：平面媒體的社論；行政法院的判決；以及平面媒體的報導。

平面媒體的社論與行政法院的判決

在平面媒體的社論方面，平面的新聞媒體是選定中國時報、自由時報、聯合報、蘋果日報等四份全國性的報紙，以及工商時報和經濟日報兩份財經專業報紙；時間的範圍則是從2010年6月1日到2016年5月15日。[4]

有鑑於對於苗栗大埔徵地案後續發展的影響十分深遠，筆者也有系統的蒐集行政法院的判決（從2010/06/01到2016/05/15）。[5]舉例而言，如果

---

[4] 有關平面媒體的社論，自由時報的新聞查詢不同於其他報紙，故以該報的搜尋為例，特此詳細說明如下：首先，到Google搜尋輸入關鍵字「自由時報」，並點選搜尋頁面中的第一個項目「自由時報電子報」以進入其官方網站，在右側「新聞查詢」處選擇搜尋方式，分別為「關鍵字」及「昔日新聞」。其次，點選「關鍵字」，進入搜尋頁面，於關鍵字欄位最多輸入三組關鍵字，如「大埔徵收社論」，並於關鍵字欄位右側點選「and」或「or」，定位關鍵字的交集或是聯集；然後於下方日期欄位點選查詢的時間範圍，而日期查詢的區間限定最長為三個月，完成後點選右下角「查詢」鍵，進入查詢結果的頁面。所查詢到的新聞結果以條列呈現，每一則新聞條目的左上方會有該網站定義的類別名稱，如社會、政治、言論等。右上方則顯示該則新聞的發布日期，或是日期加上時間。僅顯示發布日期的文章多為報紙新聞的轉貼；而顯示日期加上時間的多為該網站所發布的即時新聞。類別及時間的下方則呈現該新聞的標題、全文內容前段擷取，若主要的搜尋目標為「社論」，則應選擇註明「言論」類別的新聞標題。點選後會進入新聞全文的瀏覽頁面（特別是點選言論類的文章後會進入「自由時報電子報」的子站「自由評論網」內的全文瀏覽頁面，該網站內容皆為報紙社論投書的電子全文或是線上言論投書，在文章的瀏覽頁面上，文章標題的前面可能會註明「自由開講」、「社論」或是「自由廣場」等該網站定義的分類別，筆者目前僅能夠確定文章標題前註明「自由廣場」的是自由時報紙本的社論版之轉貼文章），在新聞的瀏覽頁面上，因為只呈現出標題、發布時間、內容全文、撰稿者（特別一提的是，有些新聞並無註明該報的撰稿記者之姓名），瀏覽頁面並沒有提供該則新聞所刊登的版次，只有頭條新聞可以用「昔日新聞」的搜尋方式進行確認。再者，如果點選「昔日新聞」，進入頁面後找到右側月曆形式的日期搜尋欄位，點選所要查詢報紙的明確日期之後，再進入搜尋結果的頁面，該頁面將當日報紙的新聞以條列方式呈現，頁面上方有註明該報紙的日期以及各類別的新聞數，並將新聞分為「焦點」、「政治」、「社會」、「地方」、「生活」、「言論」、「國際」、「財經」、「體育」、「娛樂」、「消費」、「副刊」等類別。其中，在「焦點」類別中，會有特別註明「頭條新聞」的新聞篇章，可以用這種搜尋方法去確認刊載於A1版面的頭條新聞有哪些；也可以點選「言論」類別，針對使用「關鍵字」搜尋方式的已知日期、社論標題的文章進行再次確認，以證明該社論為刊登於報紙社論版之篇章。

[5] 筆者進入司法院全球資訊網，在「查詢服務」裡面點選「判決書查詢」，然後再以「大埔」和「徵收」等關鍵字進行查詢。查詢的步驟如下：先在google輸入「司法

關鍵字是「區段徵收」和「公共利益」，不加上時間限制的話，則查詢出最高行政法院58筆，台北最高法院140筆，台中最高法院62筆，高雄最高法院79筆。如果加上2010/06/01-2016/05/15的時間限制，則可查詢出最高行政法院35筆，台北最高法院52筆，台中最高法院43筆，高雄最高法院33筆。此外，如果關鍵字是「徵收」和「公共利益」，不加上時間限制的話，則查詢出最高行政法院707筆，台北最高法院1010筆，台中最高法院285筆，高雄最高法院525筆。但如果加上2010/06/01-2016/05/15的時間限制，則會查詢出最高行政法院170筆，台北最高法院309筆，台中最高法院141筆，高雄最高法院140筆。

由於前述查詢出來的筆數過多，對於研究主題的探討幫助有限。因此筆者再進一步以「區段徵收」和「公共利益」和「苗栗大埔」進行查詢，不加時間限制而且加上2010/06/01-2016/05/15的設定，查詢的結果都相同。總數共8筆，分別是：最高行政法院1筆，台北最高法院0筆，台中最高法院5筆，高雄最高法院2筆。此外，如果是用「徵收」和「公共利益」和「苗栗大埔」的關鍵字進行查詢，則無論是否有附上時間範圍的限制，結果都和前述總數8筆相同。

平面媒體的報導

在平面媒體報導的研究設計方面，由於大埔徵地案發生之後三個月的

院」進行搜尋，並點選搜尋頁面中的第一個項目「司法院全球資訊網」進入官方網站，向下滑動頁面並點選左側「查詢服務」項目進入頁面，選擇搜尋內容。選擇上方第一排第三項「判決書查詢」點選進入頁面。在查詢頁面選取或是輸入查詢的條件，例如在「法院名稱」的項目點選最高行政法院，在「判決日期」項目輸入民國99年（2010年）6月1日至105年（2016年）5月15日（若不加時間限制的話，則不必輸入），最後在「全文檢索語詞」項目輸入「徵收」與「公共利益」與「苗栗大埔」，然後再點選查詢鍵進行搜尋，搜尋結果頁面上方呈現共5筆（總筆數），下方則列出搜尋出來的歷年裁判書，則可以點選進入查看。

焦點事件及其發展與影響，因此，不同於前述純粹蒐集平面媒體的社論，
為了多元流能夠更加深度的探索，筆者於是特別針對這個「碰撞與激盪」
的階段進行分析。該階段設定的時間範圍是從2010年6月8日到9月8日，
為期三個月，分為兩個時期。其中，第一個時期是從6月8日到7月17日
（合計40天），從2010年6月8日苗栗縣政府出動警力封路，並在隔天清
晨三點動用怪手，清除認定為占耕稻田開始，到「717凱道守夜行動」為
止。第二個時期是從7月18日至9月8日（合計53天），在總統府前面的凱
達格蘭大道上集會遊行引起社會輿情的高度矚目，大埔自救會得到社會各
界的聲援。

　　筆者依據AC Nielsen在2010年第一季所公布的報紙閱報率調查，各報
閱報率前四名依序為自由時報16.9%、蘋果日報15.9%、聯合報7.7%及中
國時報6.1%（謝文華、黃以敬，2010/05/25）；以及潤利艾克曼國際事
業集團（Rainmarker International Group）的台灣潤利媒體公司在2010年6
月到7月期間，所做的媒體大調查報告裡面報紙閱報率的前四名，依序分
別是蘋果日報53.13%、自由時報44.35%、聯合報35.57%，以及中國時報
27.53%等（潤利艾克曼國際事業有限公司，2010/10/31），依這兩份報告
閱報率的前四名，分別為蘋果日報、自由時報、聯合報及中國時報做為分
析的素材。

　　資料蒐集的過程是先透過電子報查尋「大埔」或「大埔徵地」或
「大埔農民」的關鍵字，再依據時間的順序建檔，查閱登載各報標題、作
者、版次前後、字數多寡、照片大小，然後進行報導內容的分析。筆者
將所謂的「報導強度」界定為照片的面積、文字字數，以及版次的得分總
合，表1-2「苗栗大埔徵地案報導強度計分法」，請見本書第一章最後一
節「研究方法與設計」的概述。

　　為了強調平面媒體的編輯作業邏輯，新聞照片的刊載更能夠捕捉住
讀者對於特定報導之視覺的效果，因此，照片面積在以平方公分計算的同
時，也有類似加權的設計；80平方公分以下者得4分，81-160平方公分者

得6分，161-240平方公分者得8分，241-320平方公分者得10分，321平方公分以上者得12分。平面媒體報導的文字字數也是衡量報導重要性的指標之一，該則新聞報導字數在200字以內者得2分，201-400字者得3分，401-800字者得4分，800字以上者得5分。此外，對於報紙來說，評斷報社（總編輯）最重視哪一則新聞的方式莫過於該則新聞出現的版面；該則報導出現在A1版者得5分，出現在A2-A3版者得4分，出現在A4-A5版者得3分，出現在A6-A7版者得2分，出現在A8版之後版次者則都給予1分。

　　筆者對於每則新聞的分數計算方式之基本原則有：第一，新聞的版次愈前面，表示該報對這則新聞的重視程度愈高，計分也就愈高，反之則愈低。第二，新聞事件文字報導之外，所刊載的照片愈大就愈能吸引讀者的注意，計分也就愈高，反之則愈低。第三，該則新聞報導文字的字數愈多，所占的新聞版面愈大，計分就愈高，反之則愈低。

　　簡言之，「報導強度」的得分是照片面積、文字字數，以及版次計分三項的總和，總和積分愈高者，則「報導強度」愈強。

類目的設定與說明

　　在類目建構的方面，筆者所設定的五個主要類目和深度訪談受訪人士的前測有關，包括：「報別」、「主題內容」、「消息來源」、「報導方向」、「報導方式」。

　　首先，相關的次要類目如下：（一）報別的次要類目：中國時報，蘋果日報，自由時報，聯合報。（二）主題內容的次要類目：1. 徵地爭議活動，舉凡提到相關抗議活動或農民社運團體的相關活動均屬之；2. 協調過程內容，無論是中央政府或地方政府和自救會人員彼此的溝通協調均屬之；土地徵收條例，徵地案和相關法令規章的相關議題，無論視此法是惡法或良法的看法均屬之；五都選舉，參選五都市長的候選人或是政黨將

徵地案借題發揮的批評或活動，無論是批評者或被批評者均屬之；農村再生條例，無論農民社運團體、政黨或評論者藉著徵地案探討或反對該條例者均屬之。其他，非上述的議題或難以劃分歸類者均屬之。

再者，（三）消息來源的次要類目，中央政府：報導內容涉及馬英九總統、行政院長、經建會或農委會等中央層級部會人士的發言或決策；苗栗縣政府：苗栗縣長劉政鴻或苗栗縣政府各局處機關的發言或決策；大埔自救會：自救會成員的發言或相關抗爭活動；政黨：國民黨或民進黨的政治人物，而且並未擔任中央政府或苗栗縣政府職務人員的發言或活動；專家學者：新聞報導內容有註明其為某大學教師或與此領域有關公認的專業人士；民意代表：除了苗栗縣縣長之外，有對此案發言或關切之立法委員、縣市議員或鄉鎮市民代表；一般民眾：非上述所陳列者均包括在內；其他：難以歸類到前述各類別者。

最後，（四）報導方向的類目，支持大埔自救會：反對或批評徵地案，對自救會表達關懷和支持者；支持縣政府政策：贊同此項徵地案，或認為自救會只是少數釘子戶的相關報導；中立：難以判斷是否反對或贊同此項徵地案的新聞報導。（五）報導方式類目：記者報導，凡是報紙字面上有註明記者名字之報導；社論，指的是該報的社論；一般民眾投書，指的是平面媒體所提供「時論廣場」、「民意論壇」或「論壇」相關版次的投書。其他，例如政治人物或是以學者身分的投書。

效度與信度的檢驗

筆者在2010年06/08-07/17與07/18-09/08兩段期間，總共整理得到246則報導，第一個時期（06/08-07/17）的40天期間共有61則，第二個時期（07/18-09/08）的53天期間共有185則。效度和與信度的問題，茲敘述如下。

　　在效度的檢驗方面，主要是基於筆者的專業判斷，這包括當時筆者在公共政策研究領域十年的學術專業（魯炳炎，2012/11/09），過去曾經擔任五年平面媒體記者的採訪經驗，以及五年國會助理對於政黨政治運作的實際參與。特別是，筆者個人仔細研閱所蒐集到為數246則的新聞報導、所刊載的照片，以及社論或讀者投書其他型態所呈現的文字，逐步發展出前述五個主要類目和各自附屬的次要類目之相關細目。

　　在信度的檢驗方面，主要是由筆者和國立東華大學公共行政研究所的五位同學共計六人，分別進行報導的歸類。信度檢驗的程序如下：首先，先行隨機抽取20%的報導做檢測之用，第一個時期抽取12則報導，由前兩位和筆者共三人分別進行類目的歸類，再從第二個時期的報導隨機抽取20%、合計37則的報導，由後三位和筆者共四人分別進行歸類。[6]

　　基於陳恆鈞（2002: 92，2012: 65）所提出的「治理互賴與政策執行圖（模型）」，魯炳炎（2012/11/09）的〈從政策企業家觀點談苗栗大埔徵地案之政策衝突管理〉研討會論文，純粹基於內容分析所獲得的理論觀察如下：第一，官民之間的信任關係受到重創，會嚴重的影響到政策貫徹力。第二，強化政府的深入能力和商議能力，有助於提出可行的政策替選方案，並促成標的團體的政策順服。第三，要加強法定政策和實際執行的政策對應性，就必須清楚說明法令規章。第四，新聞報導的強度會影響解決政策衝突方案的提出，進而有助於參與治理的推展和政策執行的推動。基於魯炳炎（2012/11/09）該文的分析，以及大埔徵地案事件發生後幾個

---

[6] 信度檢測之後所發現的問題，主要有兩個。首先，對於第一個時期12則報導的歸類雖然沒有爭議，但是在第二個時期37則的報導裡面，則發現有3則筆者和後三位同學歸類並不相同。細究其原因，是那三篇報導從多元的角度呈現大埔徵地案的爭議，然而，贊成和反對的內容以文字字數而論則並不平均，以致於影響到最後的歸類；在經過充分的說明報社編輯檯和線上記者的互動實況之後，由筆者針對那三則報導做最後的歸類。第二，在計算則數和次數的時候，由於是依據報導內容直接觸及歸類到各大類目的相關文字敘述或關鍵字，所以儘管新聞的表現形式可能是一般新聞報導、專題報導、專題採訪、或是專訪，但同一則「新聞」有可能因為出現不同類目歸類的關鍵字，所以會被重複的計算；而解決的方法仍是由筆者基於學術研究和新聞職場的綜合判斷，將細目的則數與次數之計算做最後的歸屬。

重大事件所引起社會大眾高度的關切矚目，實有進行深度訪談就後續的政策發展過程進行探討，以釐清運用內容分析法所得到研究結論的不足之處。

深度訪談的設計

　　對於前述內容分析法所蒐集到資料的信度和效度之檢驗，主要是基於筆者個人本身在學術界和報社的主觀基礎，比較缺乏學術上的說服力，而且報導則數的多寡和新聞記者用字遣詞的報導內容也可能有誤差，從而使得資料的佐證能力變弱。因此，在2012年12月上旬到2013年2月下旬的期間，為了深度訪談題綱設計的嚴謹性，先就一位擔任過和個案相關部會首長的退休政務官，一位地方政府相關局處的前首長，以及一位曾任十七年平面媒體記者、本身也是北台灣客家子弟，目前是律師的法律人士，進行深度訪談的前測。[7]

　　有鑒於聚焦在大埔徵地案「碰撞與激盪」的階段（2010/06/08-09/08），該次訪談並未論及天下雜誌在2010年9月8日公布「2010縣市長施政滿意度調查」之後的事件發展。[8]考慮到訪談題綱設計，加上前述其

---

[7] 該次訪談的前測分為兩個部分，首先，筆者出示大埔徵地案的大事紀（2010/06/08事件發生到2012/08/24總統記者會宣布行政院版的土地徵收條例修正草案），2011/07/15當天兩份政策說明的半版廣告，以及重要的會議記錄相關資料。同時，當時筆者也說明到訪前對於本研究的時間範圍是基於內容分析法所蒐集平面新聞媒體的相關報導，從2010/06/08-09/08為期三個月、共分為兩個時期的初步設計。其次，受訪人士回饋給筆者的意見如正文的下一段所示，在彙整他們的看法後，筆者再修訂內容分析歸類的主要類目和次要類目內容與用字遣詞。

[8] 當時主要的回饋意見包括：三位人士對於「報別」、「（報導）主題內容」，以及「報導方向」和「消息來源」四項主要類目的意見雖然一致，但對於「報導方式」有意見的是曾經擔任過十七年記者的法律人士。對於五個主要類目底下的次要類目，意見的分歧不是來自原先筆者所想到（2010當年年底）「五都選舉」的政治背景，而是「主題內容」的「土地徵收條例」和「農村再生條例」。退休政務官人士認為，2008年政府「小地主、大佃農」的政策是更重要的原因，但筆者在檢視過手頭上的資料後，並沒有這方面的報導內容而作罷。此外，前地方政府局處首長的人

中一位人士不願意再回覆相關問題，最後在2013年元月至2月底接受筆者深度訪談的人士共有五位，分別是退休的前政務官，法律人士，學界人士，有參與抗爭活動的非政府組織人士，以及地方民意代表。[9]

　　基於以上所言，筆者後來將魯炳炎（2012/11/09）的研究問題修訂如下：「如何運用國家機關的能力，透過和社會團體互動的過程建立政策的共識」，以及「如何進行議題管理，以影響政策執行的效果」。而筆者該次修訂後論文的深度訪談題綱則是：第一，行政院和苗栗縣政府應該如何建立和公民組織團體之間的信任關係；第二，政府應該如何因應新聞媒體的報導，強化政策執行的成效。

　　由於修訂後新增深度訪談的該篇拙文並未獲得學術期刊的刊載，筆者在2013年完成的該拙文投稿所獲得兩位匿名學界先進的修訂意見包括：所謂「議題管理」（issue management）是指政府在執行的時候，經常由於其他更重要議題的發生，致使原有的議題失去注意力而疏於進行議題管理；受訪對象並不包括參與抗爭農民人士和大埔自救會成員，以及協助他們的台灣農村陣線成員；自救會的抗議之所以會吸納傳播媒體的大篇幅報

士則認為，應該將「土地徵收條例」和「農村再生條例」的社區參與和農村建設分開陳列，以顯示出不同層面的重要性；這項意見獲得法律人士的認同，後者同時也針對「報導方式類目」提出他過去新聞實務上的看法。

9　該次訪談人士的選取並不是以參與抗爭的農民人士和大埔自救會成員為主，其原因有四個：第一，來自多元流相關文獻和理論架構的政策意涵，筆者更重要的是政策視窗在不同時刻開啟時，在不同時期參與多元流的政策企業家彼此之間的策略互動，對於政策方案的形成和抉擇，以及他們如何扮演匯合交會（coupling）的角色；第二，筆者回顧與此事件的實證研究已經有謝儲鍵（2011/05/27）的研討會論文，針對大埔自救會六名成員和兩位民意代表與一位公部門人士所進行的焦點團體訪談，但因為該文是以農民人士在整個事件過程裡面心中所體認到的公共價值進行探討，因此和本文的研究取向完全不同。第三，在行政院研究發展考核委員會編印（2012）的《我國土地徵收制度之評估》，受委託單位元貞聯合法律事務所的藍瀛芳律師、詹順貴律師、何彥陞講師，也曾經做過深度訪談（2012: 445-594）、三次的焦點團體座談會（2012: 595-646），以及針對已經辦理區段徵收地區的土地或房屋被徵收人、專家學者和行政機關人員的問卷調查（2012: 653-727）。第四，筆者撰寫本書所彙整各大平面媒體針對自救會成員發言的諸多報導內容，因而並未尋訪大埔自救會的代表人士做為深度訪談的對象。

導，一定是有原因的。

　　基於前述的論文審查學界先進的寶貴意見，筆者當時透過內容分析法與深度訪談法，就陳恆鈞（2002: 92，2012: 65）提出的「治理互賴與政策執行圖（模型）」新增和修訂的兩個重要環節如下：第一，在國家機關運用其能力和社會組織團體互動所嘗試建立互信的過程當中，來自公私部門諸多政策企業家的理念和價值觀以及他們對政策問題的界定，乃至於在不同參與階段所形成不同程度的影響，無疑是公私部門交互作用彼此連結的關鍵。第二，從議題管理（issue management）的角度而言，公私部門的政策企業家基於各自的目標和利益，在公民社會的民主治理過程當中，可能對政策執行過程所產生的「合超效應」（synergistic effect），可以引導治理結構產生無限的動能，並有利於政策目標的達成（陳恆鈞，2002：186）。

　　基於前述筆者依據魯炳炎（2012/11/09）所發表研討會論文，增加深度訪談的研究設計，修訂兩個研究問題和新增訪談題綱的基礎上，本書的研究問題如下：

　　第一，誰有什麼價值理念，具備運用資源的技藝和意願，影響決策者的政策抉擇？

　　第二，對於議程視窗與決策視窗的開啓及匯合，政策企業家在多元流的流動性參與過程，扮演什麼交會與調和的角色？

　　此外，本書深度訪談的題綱則包括：

　　第一，請您先對您個人和大埔徵地案相關的經歷做簡單介紹，請問您是什麼時候開始參與這個徵地案，可以談一談當時您所處的環境背景，或任何您所經歷過重大的事件及其影響嗎？

　　第二，（基於本書第一章第二節的多元流理論概述），基於廣義的政策企業家定義，在經歷過的政策發展過程，能不能列舉出三位您所認爲的政策企業家，以及他們在什麼情況之下、發揮出什麼功能？麻煩請您加以

排序，第一位最重要，以下以此類推。

第三，能不能請您談一談，法令規章的修訂或制定對於大埔徵地案的發展，在哪些的政策層面，產生什麼樣的影響？

第四，如果真的沒有辦法形成完全的政策共識，您認為，非政府部門的個人組織或團體應該採取什麼策略，去影響法案的修訂、方案的制定，以及最後的政策選擇？

第五，如果真的沒有辦法形成完全的政策共識，您認為，政府部門的行政首長和技術官僚，要如何進行議題管理，避免政策執行的失靈？

第六，除了以上的說明之外，請問您認為還有什麼會影響到政府決策的其他因素，或是其他任何需要補充的嗎？

如前所述，2013年元月至2月底接受筆者深度訪談的人士共有五位，分別是退休的前政務官、法律人士、學界人士、有參與抗爭活動的非政府組織的人士，以及地方民意代表。本書重新啟動的深度訪談始於2016年元月下旬到5月下旬的期間，筆者與四位受訪人士進行五次非正式的深度訪談。[10]非正式的深度訪談對於筆者所再次啟動深度訪談的回饋，主要可以歸納成為兩點：第一，和研究設計相關的部分[11]；第二，和理論分析相

---

[10] 這四位訪談對象依序是：曾經擔任過八年縣長與內政部長的退休前政務官（在1月電話訪談半小時之後，3月面對面訪談超過四小時）；曾任十七年平面媒體記者的法律人士（2月面對面訪談九十分鐘）；以及兩位學界人士（一位在1月電話訪談五十分鐘，另一位在5月中旬面對面訪談兩小時）。其中，退休前政務官和前資深媒體記者的法律人士，都曾經在前述2013年1月到2月底期間接受過筆者的訪談；此外，筆者在5月中旬造訪的學界人士，則是在手持本書初步擬定詳細章節的目錄，以及第一章到第三章全文書稿的情況下接受筆者的訪談。

[11] 這些包括間接相關的大法官會議解釋文，以及與大埔徵地案相關的行政法院判決，可以做為分析論述的重要憑證，而學者專家在新聞媒體的投書專文，甚至是針對台灣農村陣線的出版品進行內容分析；必須要直接訪談到大埔自救會的代表或成員，或至少是當地的基層民意代表；再回去找到前一次接受訪談的人士，輔以多元流理論概念再一次的深度訪談有其重要性，但不必特別強調是第二回合的訪談或是德菲法的第二回合深度訪談，然後再新增此次願意受訪人士，以兼顧多元的代表性和意見觀點；嘗試去訪談到對徵地案最重要參與者有長期近身觀察的人士，以及人格特質和施政作為對於政策發展可能造成的影響。

關的部分。[12]簡言之，2013年元月到2月正式的受訪人士共有六位，新增三位人士包括：學界人士、現任資深法官（超過二十年）、前資深立法委員（超過二十年），筆者在2016年6月進行訪談的人士，合計六人。[13]

如本書第一章最後一節「研究方法與設計」裡面的表1-3「研究對象一覽表」所示，爲了不要重複計算受訪人士，該表標示「＊」的意義在於該欄位有受訪人士在不同研究期間都有受訪。此外，筆者將退休的前政務官、擔任立委資歷超過二十年的前立法委員，以及擔任法官超過二十年的資深法官，都列在「政府部門人士」的欄目。而由於身分背景的多元性，筆者將大學是社會學專業、國內國外均取得碩士學位（分屬大衆傳播與法學專業）、擔任過十七年平面媒體記者，目前是法律人士的受訪人列在「其他人士」欄目。對於爲什麼「社會團體組織人士」只有一人的可能質疑，筆者的解釋是，在2016年6月所訪談到地政專業的學界人士，曾經積極參與大埔徵地案的整個過程。此外，筆者還針對大埔徵地案的政策議題舉辦一場焦點團體訪談，該場次邀訪具有代表性的社會人士與學者專家參與面對面的討論。

焦點團體訪談的設計

筆者在2016年7月22日下午舉行一個場次的焦點團體訪談，按照姓氏

---

[12] 例如像是：分析章節的安排應該依照時間順序的發展，輔以層次分明的理論架構；政策個案的分析應該要嘗試透過實證研究的進行，橋接起公共政策和公共管理之間所遺失的重要環節與研究缺隙，公共決策在現實政治世界裡的制定，和從上到下首長與官員對於公共利益的價值衝突，應該如何調和並制度性的解決區段徵收問題，也是重要的研究方向。

[13] 除了退休前政務官、曾任十七年平面媒體記者的法律人士之外，還有一位2013年接受訪談的地方民意代表，三位人士都在2016年表達願意再次受訪。此外值得一提的是，新增的學界人士是美國的政策學者，是筆者從2016年3月以電子郵件連絡，6月10日至11日在香港大學所舉辦研討會的期間進行面對面的英語訪談。他對於本書所探討之大埔徵地案並無實際的瞭解，但卻很有興趣的原因，除了是他對多元流理論非常熟稔之外，他也正嘗試研究中國大陸的類似政策個案。

筆劃順序，出席的四位學者分別是：李素馨（國立台灣師範大學地理學系教授）；吳重禮（中央研究院政治學研究所研究員）；徐世榮；蘇偉業（國立政治大學公共行政學系教授）。筆者提供給焦點訪談人士的資料包括：訪談題綱；Herweg et al.（2015: 436-446）和Zohlnhofer（2016: 90, 88-91）所提出的九個假設；以及土地徵收條例的條文。

　　焦點團體訪談的五個題綱，前兩個是本書的研究問題，第三個題綱希望透過主導議程設定能力的強弱去探討民主治理的時代意義，而第四個題綱則是聚焦於現行土地徵收條例對於所謂公益性和必要性以及法定的審查程序之規範，焦點訪談最後結束於參與訪談人士的其他意見之提出。茲分別陳述如下：

　　第一，誰有什麼價值理念，具備運用資源的技藝和意願，影響決策者的政策抉擇？

　　第二，政策企業家在多元流的流動性參與過程，扮演什麼交會與調和的角色？

　　第三，是誰設定公共政策的議程，這賦予公民社會的民主治理什麼意義？

　　第四，對於目前的土地徵收條例對於公益性和必要性的相關規定，以及相關審議程序的規範，您有沒有具體的政策建議？

　　第五，請問您還有任何其他的意見嗎？

　　基於筆者在本附錄所提出的研究問題，2016年7月焦點訪談的題綱設計是在深度訪談進行完畢之後所擬定，在Kingdon多元流理論架構／途徑很重視的「人」和「議程設定」，以及和土地徵收政策所追求公共利益的討論基礎上，本書著重的是在政策發展過程（process）和政策次級系統（subsystem）裡面，以人為本，方案形成與政策採納的所謂政策設計（policy design）。而誠如Whitman Cobb（2013: 156）所指出，「在決

策過程的某個時點上，政治行動者會位居影響公共政策的地位」[14]，這和多元流所強調政治流與問題流多元的政策企業家對於政策流產出的重要影響，兩者可謂相當契合。

　　誠如Dewey（[1927] 1988: 314）所言，工業社會年代在政治上最大的壓力就是如何獲得能夠共同分享的利益，則本書三個分析專章（第四章、第五章、第六章）嘗試呈現出公民社會的治理圖像，那就是「強迫認知到有共同利益的存在，就算這些利益非常分歧，討論它們的公共性還是能夠帶來他們是什麼的某些歸類」（Dewey, [1927] 1988: 364）。[15]

　　如本書第一章最後一節「研究方法與設計」裡面的表1-4「焦點團體訪談與多元流理論對照表」所示，基於焦點訪談人士發言內容與多元流五個理論重點之對照，以及本附錄前述的內容分析與深度訪談之相關設計，筆者依據撰寫本書的研究設計與時程安排順序，三個分析專章（第四章、第五章、第六章）分別著重在：是誰設定議程與權力、課責、治理的階段性的策略互動；從政治流到政策流的「以地換地」方案，以及視窗的開啟與政策性宣示的「抵價地」式補償方案及產生的影響；此外，公共利益的價值衝突、增進人民對行政信賴的「合法流」與委員會的審查機制，則是透過多元流的交會與調和，探討將Kingdon多元流理論應用於我國土地徵收政策場域在地化的眉角。

---

[14] 基於她所提出的「機構—政策循環」（institutional-policy cycle），Whitman Cobb（2013: 156）這句研究結論是為了回答「（美國政治）哪個機構影響政策最多」（which institutions influence policy the most），該結論的原文如下："political actors are better placed to influence public policy at particular times in the policymaking process."

[15] 筆者在此處引用的原文如下（Bozeman, 2007: 105）："(it) forces a recognition that there are a common interests, even though the recognition of what they are is confused; and the need it enforces of discussion and publicity brings out some clarification of what they are."

參考文獻

中文部分

于宗先、王金利。2001。《台灣土地問題：社會問題的根源》，台北：聯經出版
　　事業。

工商時報社論。2011/07/21。「拿伯的葡萄園——從一則農地徵收歷史看當前政
　　府的作為」，工商時報，第A2版財經要聞版。

──2011/12/14。「實現土地居住正義的新契機」，工商時報，第A2版財經要
　　聞。

──2013/07/29。「天下有道，庶人不議：從大埔農地徵收談起」，工商時報，
　　第2版。

中央通訊社。2016/09/25。「反迫遷團體重返凱道爭取土地正義」，台北：中央
　　社。

──2016/08/22。「張藥房原地重建內政部將成立專案小組」，台北：中央社。

──2016/08/09。「南鐵地下化內政部都委會審議通過」，台北：中央社。

──2014/06/23。「航空城內政部：不需全區聽證」，台北：中央社。

──2011/08/24。「總統宣示土地徵收改市價」，台北：中央社。

中國時報社論。2015/09/28。「重視美河市徵地案大法官違憲解釋」，中國時
　　報，第A15版。

──2013/09/21。「冷靜、溝通莫讓公共建設再添憾事」，中國時報，時論廣
　　場，第A17版時論廣場。

──2010/08/08。「人民將檢驗馬總統『環保優先』的承諾」，中國時報，時論
　　廣場，第A18版。

中國時報《短評》。2010/07/17。「農民再起」，中國時報，時論廣場，第A26版。

王珍玲。2010/07/23。「徵收土地不是萬靈丹」，中國時報，第A26版。

王金壽。2014。〈台灣環境運動的法律動員：從三件環境相關判決談起〉，《台灣政治學刊》，18（1）：1-72。

王家俊。2014/01/07。〈劉政鴻指奉命拆大埔　蕭家淇：地方也有責任〉，《蘋果日報》，http://www.appledaily.com.tw/realtimenews/article/new/20140107/321734/。2015/03/15。（檢索日期：2016/09/08）

王健壯。2014/01/06。〈公權力不能反噬主人〉，天下雜誌獨立評論@天下。

公民行動影音記錄資料庫著，管中祥主編。2013。《公民不冷血：新世紀台灣公民行動事件簿》，台北：紅桌文化。

仇佩芬。2010/07/20。「大埔農運劉政鴻拒道歉吳揆協調未果　劉堅持若因抗爭變更都計『行政成本太高』不願做出承諾　自救會律師表示苗縣府無誠意解決不排除升高抗爭」，中國時報，第A7版。

——2010/08/18。吳揆再度接見自救會代表大埔解套方案：農舍保留、耕地集中。中國時報，第A3版。

仇佩芬、朱立群。2010/07/23。「吳揆：大埔換地5公頃維持農作　劉政鴻首度低頭：自己從小務農長大監督不周讓部屬將怪手開進稻田要向神農大帝及全國農民致歉」，中國時報，第A4版。

內政部。1983。《全面實施平均地權》，地政十年叢書之三，台北：內政部。

內政部地政司。2016/08/11。「土地徵收與居住權保障公聽會議程及會議資料」，台北：內政部。

內政部區域計畫委員會。2011。內政部區域計畫委員會第288次審查會議記錄，內政部營建署網站，http://gisapsrv02.cpami.gov.tw/ncland/upfile/2756/1000128-農委會來函意見pdf。

內政部編印。2003。《土地徵收條例制定實錄》，台北：內政部。

——2004。《區段徵收作業手冊》，台北：內政部。

——2005。《麻雀地變鳳凰城：台灣區段徵收案例實錄》，台北：內政部。

內政部營建署新聞稿。2010/08/12。「關於苗栗縣大埔農地徵收爭議案件處理情

形」，台北：內政部營建署。

丘昌泰。1995。《公共政策：當代政策科學理論之研究》，台北：巨流圖書。

──1998。《政策科學之理論與實際：美國與台灣經驗談》，台北：五南圖書。

──2008。《公共政策：基礎篇》，第三版，台北：巨流圖書。

──2013。《公共政策：基礎篇》，第五版，高雄：巨流圖書。

立法院公報。2000/01/19。〈土地徵收條例草案總說明〉，《立法院第89卷第6期（二）院會記錄》，台北：立法院。

立法院民進黨黨團。2014/02/26。院總第 666 號委員提案第16088 號，台北：立法院。

田蒙潔。2016。《民意，誰說了算？人民知情的抉擇》，台北：五南圖書。

台中高等行政法院新聞稿。2014/01/03。〈苗栗大埔陳○彬等28人與內政部間區段徵收案裁判結果新聞稿〉，http://tcb.judicial.gov.tw/?newsType=1&SEQNO=145973。（檢索日期：2016/09/08）

台灣農村陣線、政大第三部門研究中心主編。2012。《土地正義的覺醒與實踐：抵抗圈地文集》，台北：政大第三部門研究中心。

地政及不動產學界建言。2010/04/20。「土地徵收公共利益誰衡量」，聯合報，第A17版。

行政院全球資訊網即時新聞。2016/02/25。「行政院會通過『都市更新條例』修正草案」，台北：行政院。http://www.ey.gov.tw/news_Content2.aspx?n=F8BAEBE9491FC830&s=B56A5CCA80426A7D（檢索日期：2016/09/08）

行政院研究發展考核委員會編印。2012。《我國土地徵收制度之評估》，台北：行政院研考會委託研究報告。

朱淑娟。2012。〈土地徵收條例修正案三讀追求土地正義人民仍須努力〉，台灣農村陣線、政大第三部門研究中心主編，《土地正義的覺醒與實踐：抵抗圈地文集》，頁280-284，台北：政大第三部門研究中心。

──2014。〈大埔案第二？新竹米鄉恐變建地特定農業區快不保，打臉總統糧食自給宣言」〉，商業周刊，1407：84-86。

吳庚。2012/04/05。〈都更未爆彈知多少〉，中國時報，第A18版。

吳秀光、陳敦源譯注。2014：16。《政治聯盟理論》（The Theory of Political

Coalitions），William H. Riker原著，台北：聯經出版事業。

吳重禮、楊和縉、黃俊翰。2016。〈政黨競爭與藍綠衝突：議題的觀點〉，王業立主編，《台灣民主之反思與前瞻》，頁125-157，台北：財團法人台灣民主基金會。

吳綱立。1998。〈規劃思潮與公共利益概念的演變：建構一個新的規劃典範來尋找公共利益〉，《人與地》，179-180：74-86。

李丁讚。2010/07/01。「徵地浮濫是衝突的根本原因」，中國時報，第A20版。

──2012。〈公民農業與社會重建〉，台灣農村陣線、政大第三部門研究中心主編，《土地正義的覺醒與實踐：抵抗圈地文集》，頁313-345，台北：政大第三部門研究中心。

李永熾監修，薛化元主編。1990。《台灣歷史年表：終戰篇I》，台北：業強出版社。64頁。

──1991a。《台灣歷史年表：終戰篇II》，台北：業強出版社。

──1991b。《台灣歷史年表：終戰篇III》，台北：業強出版社。

李永熾監修。1995。《台灣歷史年表：終戰篇I、II、III》，台北：業強出版社。

李明賢。2010/07/17。農民抗議府院黨盼創雙贏。聯合報，第A27版。

李承嘉。1998。《台灣戰後（1949-1997）土地政策分析：『平均地權』下的土地政策與土地稅制變遷》，台北：正揚出版社。

──2012。《台灣土地政策析論：從改革到投機的福爾摩沙》，台北：五南圖書。

李信宏。2010/07/21。「態度軟化／劉政鴻邀農民對話研議縮小徵地」，自由時報，第A6版。

李建興。2015年8月。〈24萬甲耕地消失修法真能止血？〉，《遠見雜誌（八月號）特別企畫》，頁134-167。

李順德、黃瑞典。2010/06/24。「反竹南科園徵地百人陳情監院」，聯合報，第B2版竹苗綜合新聞。

余艾苔。2010/09/08。「辣蘋果專欄：別錯判民意」，蘋果日報，第A8版。

余致力。2006。〈議程設定的理論探討與實證研究」〉，收錄於余致力主編《新世紀公共政策理論與實務》，頁1-5。台北：世新大學。

余致力、毛壽龍、陳敦源、郭昱瑩合著。2008。《公共政策》。台北：智勝文化事業。

杜文苓。2015。《環境風險與公共治理：探索台灣環境民主實踐之道》，台北：五南圖書。

呂宗盈、林建元。2002。〈由制度面探討台灣土地使用管理制度變遷之研究〉，《建築與規劃學報》，3（2）：136-159。

何明修。2013。〈當新社運遇到新媒體〉，公民行動影音記錄資料庫著，管中祥主編，《公民不冷血：新世紀台灣公民行動事件簿》，頁10-13，台北：紅桌文化。

何榮幸。2010/07/21。《我見我思》欣見農運新風貌。中國時報，第A19版。

林水波、莊順博。2009/05/23-24。〈政策利基——以台中縣市合併、台北縣市合併為例〉，《2009年台灣公共行政與事務系所聯合會（TASPAA）年會暨「全球化下新公共管理趨勢與挑戰——理論與實踐」國際研討會》。高雄：國立中山大學公共事務管理研究所。

林良哲、鍾麗華、張勳騰、蘇永耀。2014/01/04。「張藥房遺孀：還屋還命大埔4拆遷戶逆轉勝訴」自由時報，第A1版。

林明鏘。2014。〈區段徵收爭議問題座談會〉，《台灣本土法學雜誌》，258：77-114。

林旺根。2013。〈現行都市土地整體開發法制之檢討：以比較臺、日市地重劃與區段徵收法制為中心〉，《全國律師》，17（12）：54-86。

林英彥。2011。《我國現行土地徵收法制及實務執行作業之檢討及改進措施》，台北：內政部委託研究報告。

林國慶。2013。〈我國農業發展與農地政策改革〉，施正鋒、徐世榮主編，《土地與政治》，頁57-86、245-246，台北：社團法人李登輝民主協會。

周志豪。2016/02/20。「大埔案蔡培慧槓上陳威仁農陣女將開砲開放土徵審議內政部月內討論」，聯合報，第A3版。

邱燕玲、鍾麗華、顏若瑾、李欣芳。2010/07/15。「農再條例三讀暗藏強制徵地條文 農村改造採多數決恐犧牲小農」，自由時報，第A2版。

紀文禮、楊濡嘉。2013/07/05。「大埔4拆遷戶原屋保留承諾 吳敦義：當時寫得

太扼要」，聯合報，第A3版。

范正祥、李信宏、陳慧萍。2010/07/20。大埔爭議／吳揆介入雙方協調沒結果。
　　自由時報，第A10版。

范正祥、李信宏、彭健禮、謝文華。2010/07/23。「政院拍板／大埔劃地還農農
　　民堅持原地」，自由時報，第A1版。

范姜真媺、陳明燦、賴宗裕、顏愛靜。2013/08/20。「焦點評論：大埔撼政權官
　　員還在推」，蘋果日報，第A12版。

范榮達。2016/09/27。「徐耀昌：配合重建張藥房」，聯合報，第A5版。

范榮達、胡蓬生。2010/8/24。「慈濟捐地三義完全中學OK 2千多萬元土地原須募
　　款購買 地方人士奔走獲基金會認可昨辦捐贈儀式」，聯合報，第B2版竹苗
　　綜合新聞。

施正鋒、徐世榮主編。2013。《土地與政治》，台北：社團法人李登輝民主協
　　會。

苗栗縣竹南鎮公所全球資訊網。http://chunan.gov.tw/chunan/main.php（檢索日
　　期：2016/09/08）。

苗栗縣政府官方網站。http://www.miaoli.gov.tw（檢索日期：2016/09/08）。

胡慕情。2015。《黏土：灣寶，一段人與土地的簡史》，新北市：遠足文化事
　　業。

捍衛農鄉聯盟、台灣農村陣線、土地正義大聯盟。2011/12/29。「沒有土地，哪
　　來正義？」，蘋果日報，第10版。

許宗力。1998。〈行政程序的透明化與集中化〉，《全國律師》，2（6）：69-
　　98。

徐世榮。2010/06/29。「土地徵收遠離正義了」，中國時報，第A16版。

──2010年五月號。〈台灣土地徵收多世界民主國家奇聞：產創條例是過時立法
　　政府應保障人民財產權〉，全球中央雜誌，17（5）：86-87。

──2011a/04/01。「區段徵收太不公平」，中國時報，第A20版時論廣場版。

──2011b/04/21。「民眾參與落實土地正義」，中國時報，第A16版時論廣場
　　版。

──2012。〈建構民主人權的土地政策〉，台灣農村陣線、政大第三部門研究中

心主編，《土地正義的覺醒與實踐：抵抗圈地文集》，頁286-312，台北：政大第三部門研究中心。

——2013。〈悲慘的台灣農民：由土地改革到土地徵收〉，施正鋒、徐世榮主編，《土地與政治》，頁57-86，台北：社團法人李登輝民主協會。

——2014/06/09。「〈澄社評論〉土地徵收應全面停止」，自由時報官方網站，自由評論網，http://talk.ltn.com.tw/article/paper/785956（檢索日期：2016/09/08）

——2016/07/13。「徵收是最後迫不得已手段」，蘋果日報，第A13版。

徐世榮、廖麗敏。2011。〈建構民主人權的土地政策〉，《台灣社會研究季刊》，84：403-429。

——2012。〈建構民主人權的土地政策〉，台灣農村陣線、政大第三部門研究中心主編，《土地正義的覺醒與實踐：抵抗圈地文集》，頁286-312，台北：政大第三部門研究中心。

徐義平。2015/11/10。「評土地政策花敬群：他媽的不要再亂搞」，自由時報，第A8版。

崔慈悌。2015/07/16。「國民黨主席朱立倫：土地正義是創黨精神」，工商時報，第A18版。

崔慈悌、郭建伸、周毓翔。2016/09/26。「總統：張藥房原地重建」，中國時報，第A1版。

陳一姍。2010/07/14。〈苗栗大埔事件／優良農民為何淪為「釘子戶」？〉，天下雜誌，451：40-41。

陳立夫。1998。〈評「土地徵收條例草案」〉，《月旦法學雜誌》，42：97-104。

——2013。〈日本土地徵收程序中判斷公益之機制：兼論我國之機制〉，施正鋒、徐世榮主編，《土地與政治》，頁451-477，台北：社團法人李登輝民主協會。

陳平軒。2012a。〈堅持土地正義拒絕草率修法：行政院版土地徵收條例修正草案評述意見〉，台灣農村陣線、政大第三部門研究中心主編，《土地正義的覺醒與實踐：抵抗圈地文集》，頁272-275，台北：政大第三部門研究中

心。

──2012b。〈毋忘大埔〉，台灣農村陣線、政大第三部門研究中心主編，《土地正義的覺醒與實踐：抵抗圈地文集》，頁112-115，台北：政大第三部門研究中心。

陳世峰、詹宜軒。2016/08/10。「延宕25年南鐵東移案過關　自救會成員跪地痛哭『將持續抗爭』」，蘋果日報，第A6版。

陳明燦。2005。《農地政策與法律》，台北：翰蘆圖書。

──2010。〈都市計畫農業區變更爲建築用地一律採區段徵收之合法性分析〉，《台灣法學雜誌》，158：75-80。

──2013。《土地徵收導論》，台北：新學林出版。

陳恆鈞。2002。《治理互賴與政策執行》，台北：商鼎文化出版社。

──2011。〈議題管理之初探〉，《T&D飛訊》，111：1-20。

──2012。《治理互賴理論與實務》，台北：五南圖書。

陳恆鈞、劉邵祥。2007。〈由政策選擇觀點談政策變遷〉。《T&D飛訊》，56：1-18

陳洛薇。2010/07/22。「吳揆：大埔爭議地不應徵。大埔案馬表態：設法保留農地『不應多徵』；吳揆強硬批劉政鴻政院：5公頃爭議農地不徵收協商選項之一」，聯合報，第A4版要聞。

──2010/07/23。「大埔爭議解套劃地還農；大埔爭議解套劃地還農；以地易地另劃5公頃地供耕作　吳揆宣示未來不輕易動用特定農地　劉政鴻三度道歉」，聯合報，第A1版要聞。

陳彥仲。2016/09/06。「以理性對話取代對立南鐵案才有解」，蘋果日報，第A10版論壇。

陳致曉。2016/09/08。「南鐵案中的僞專業與假理性」，蘋果日報，第A10版論壇。

陳素玲。2000/01/05。「新購農地可有條件建農舍　農發條例三讀通過農地不再嚴格限制農有私人取得以20公頃爲上限」，聯合報，第A1版。

陳敦源。2002。《官僚與民主：新制度論的觀點》。台北：韋伯文化事業。

──2009a。《民主治理：公共行政與民主政治的制度性調和》。台北：五南圖

書。

──2009b。〈民主治理與電子化參與〉，《T&D飛訊》，83：1-18。

陳新民。2015。釋字第七三二號解釋部分協同部分不同意見書，台北：司法院。

──2002。《中華民國憲法釋論》，台北：三民書局。

──1990。《憲法基本權利之基本理論（上）（下）》，台北：元照出版。

畢恆達。2005。《教授爲什麼沒告訴我》，台北：學富文化事業。

黃長玲。2016。〈民主深化的挑戰：社會運動與權力重新配置的國家〉，王業立主編，《台灣民主之反思與前瞻》，頁255-286，台北：財團法人台灣民主基金會。

黃東益。2013。《從價值差異到夥伴關係：政務官事務官的互動管理》，台北：五南圖書。

黃國樑、林修全。2010/07/22。「吳揆拍板！約爲24位不願被徵地農民的土地面積還大埔農民5公頃地」，聯合晚報，第A1版。

黃樹仁。2002。《心牢：農地農用意識型態與台灣城鄉發展》，台北：巨流圖書。

──2015。〈被誇大的台灣土地改革及其漸熾的意識型態戰爭〉，《台灣社會研究》，100：197-215。

彭杏珠。2016年7月號。〈小英總統不能不知道的台灣老問題系列4：投資大不易都是環評惹的禍〉，《遠見雜誌》，361：204-228。

彭明輝。2011。《糧食危機關鍵報告：台灣觀察》，台北：商周出版。

彭懷恩。2016。〈臺灣民主化後的媒介與政治（1996-2015）〉，王業立主編，《台灣民主之反思與前瞻》，頁191-221，台北：財團法人台灣民主基金會。

彭顯鈞。2015/07/16。「國民黨中常會演講徐世榮痛斥徵地政治利益」，自由時報，第A4版。

董俞佳。2016/09/27。「多處迫遷案缺處理機制」，聯合報，第A5版。

單厚之、羅融、管婺媛、江慧眞。2010/07/18a。「農民反圈地吳揆：地方處理不周」，中國時報，第A1版。

單厚之、羅融、管婺媛、廖嘯龍。2010/07/18b。「宿凱道挺農村網獲800萬人次

20名警力成功創造社會運動新貌 謝絕政客跳脫藍綠清楚傳達訴求政府必須正視農村徵地課題」，中國時報，第A4版。

傅偉哲。2012。〈竹南大埔土徵觀察筆記〉，台灣農村陣線、政大第三部門研究中心主編，《土地正義的覺醒與實踐：抵抗圈地文集》，頁106-111，台北：政大第三部門研究中心。

曾懿晴。2010/07/18。「農委會：徵地無關農再條例」，聯合報，第A4版。

詹中原。2003。《新公共政策：史、哲學、全球化》。台北：華泰書局。

詹順貴。2013。〈土地徵收條例與都市更新條例修訂評析〉，施正鋒、徐世榮主編，《土地與政治》，頁105-140，台北：社團法人李登輝民主協會。

──2012a。〈笨蛋！市價徵收，不是土地正義〉，台灣農村陣線、政大第三部門研究中心主編，《土地正義的覺醒與實踐：抵抗圈地文集》，頁276-277，台北：政大第三部門研究中心。

──2012b/12/22。〈失序的國土開發利用──從土地徵收條例與都市更新條例的修訂談起〉，發表於「土地與政治學術研討會」，台北：社團法人李登輝民主協會、財團法人李登輝基金會、臺灣教授協會。

──2012c。〈請不要徵收我們的未來〉，台灣農村陣線、政大第三部門研究中心主編，《土地正義的覺醒與實踐：抵抗圈地文集》，頁200-203，台北：政大第三部門研究中心。

──2011/08/29。「市價徵收不是土地正義」，蘋果日報論壇版，第A17版。

詹順貴、李明芝。2012/07/30。「大埔徵地事件尚未落幕」，蘋果日報論壇版，第A19版。

楊松齡。2014a。〈楊序區段徵收：公益或私益？〉，鍾麗娜著，《區段徵收論》，頁VII-VIII，台北：財團法人中國地政研究所。

──2014b。〈『區段徵收爭議問題』座談會〉，《台灣本土法學雜誌》，258：77-114。

楊湘鈞。2013/08/23。「不能把個別看法當成絕對正義農團4訴求江揆4回應」，聯合報，第A1版。

經濟日報社論。2010/07/19。「農業、農村、農地豈能分割」，經濟日報，第A2版。

廖本全。2013。〈制度的規範、還是國家暴力？環境正義觀點檢視大埔案〉，施正鋒、徐世榮主編，《土地與政治》，頁141-171，台北：社團法人李登輝民主協會。

廖彥豪、瞿宛文。2015。〈兼顧地主的土地改革：台灣實施耕者有其田的歷史過程〉，《台灣社會研究季刊》，98：69-145。

監察院調查報告。2010/12/08。《監察院第09908000585號調查報告》，台北：監察院。

──2014/06/09。《監察院第1020800330號調查報告》，台北：監察院。

潤利艾克曼國際事業有限公司。2010/10/31。99年6-7月媒體大調查報告，http://www.xkm.com.tw/index.asp。

鄭明安。1993。〈區段徵收基本理論分析〉，《台灣地政》，86：5-10。

澄社。2004。《請問總統，政府改革了什麼？檢驗民進黨執政四年的改善成效》。資料來源：http://ts.yam.org.tw/critical20040711.doc（檢索日期：2016/09/08）

魯炳炎。2009。〈從多元流程觀點談蘇花高興建決策之議程設定與政策選擇〉。《東吳政治學報》，27（4）：171-240。

──2012/11/09。〈從政策企業家觀點談苗栗大埔徵地案之政策衝突管理〉，第十一屆公共事務研討會，宜蘭：佛光大學公共事務學系。

──2014。《誰說了算？從蘇花高到蘇花改政策變遷的倡議聯盟分析（1990-2014）》，台北：五南圖書。

魯炳炎、游玉梅。2015。〈公民社會的政策工具執行觀：莫拉克風災永久屋興建政策的啓示〉，《衡平天下》，1（1）：1-24。

錢震宇。2011/08/25。「打造公義社會馬宣示土地改市價徵收」，聯合報，第A1版。

鍾麗娜。2011。〈從權力的觀點審視抵價地式區段徵收制度之研究〉，《土地經濟年刊》，22：111-148。

──2012。《都市政治與土地政策之政經結構分析：以台南科學工業區特定區開發案爲例》，台北：文笙書局。

鍾麗娜、徐世榮。2012。〈從權力的觀點審視土地徵收之結構性問題〉，《社會

科學論叢》，6（2）：70-99。

──2013。〈都市政治與都市計畫之政經結構分析：以南科樹谷園區為例〉，《台灣土地研究》，16（2）：63-87。

蕭瑞麟。2006。《不用數字的研究：鍛鍊深度思考力的質性研究》。台北：台灣培生教育出版。

謝文華、黃以敬。2010/5/25。「ABC稽核3月發行量自由時報日銷67.7萬份」，http://news.ltn.com.tw/news/life/paper/398080。

謝宗林、李華夏譯。2000。《國富論》上冊，Adam Smith著，台北：先覺出版社。

謝靜琪、葉昭憲、羅威士。2001。《區段徵收發還土地所有權人抵價地比例準則之研究》，台北：內政部中部辦公室委託研究報告。

謝儲鍵。2011/05/27。〈從公共政策執行過程看台灣公共價值之實踐：以『大埔事件』為例〉，台灣公共行政與公共事務系所聯合會年會暨建國一百年公共事務的回顧與展望國際學術研討會，台北：國立台北市立教育大學社會暨公共事務學系。

薛化元。2015。〈土地改革與台灣經濟發展的再思考〉，《台灣社會研究》，100：183-195。

聯合晚報社論。2010/07/18。「不要以為農民聲音微弱」，聯合晚報，第A2版。

──2013/07/24。「大埔爭議為何遍地烽火？」，聯合晚報，第A2版。

──2014/01/08。〈《社論》「經濟發展」等於社會「公益」？〉，聯合晚報，第A2版。

聯合報社論。2014/01/07。「大埔案：法律解決與政治解決夾纏」，聯合報，第A2版。

──2013/07/22。「文林苑和大埔抗爭事件慘烈落幕」，聯合報，第A2版。

──2010/07/22。「九十八比二：大埔圈地事件的省思」，聯合報，第A2版。

戴秀雄。2014。〈由制度設計面向論抵價地式區段徵收〉，台灣法學會2013年年度法學會議暨第四十三屆會員大會，頁1-10，台北：台灣法學會。

──2014。〈『區段徵收爭議問題』座談會〉，《台灣本土法學雜誌》，258：77-114。

──2014。《區段徵收論》，台北：文笙書局。

瞿宛文。2015。〈台灣戰後農村土地改革的前因後果〉，《台灣社會研究季刊》，98：11-67。

瞿筱威。2015。〈創意與協作的公民能量：g0v零時政府經驗〉，《社會創新人才培育網通訊》，6：5。

簡光義。2010/06/30。「竹南科園地主盼縣府速開發」，中國時報，第C2版。

蘇偉業譯。2016。《公共政策入門》，第二版，Kevin B. Smith and Christopher W. Larimer著，台北：五南圖書。

英文部分

Allison, Graham T. 1971. *Essence of Decision*, Boston, MA: Little, Brown.

Anderson, James E., 1975. *Public Policymaking: Basic Concepts in Political Sciences*, New York: Praeger.

Ayres, Sarah (ed.), 2014. *Rethinking Policy and Politics: Reflections on Contemporary Debates in Policy Studies*, Bristol, UK: Policy Press.

Ayres, Sarah, and Alex Marsh, 2014. "Reflections on Contemporary Debates in Policy Studies", in Sarah Ayres (ed.), *Rethinking Policy and Politics: Reflections on Contemporary Debates in Policy Studies*, pp. 231-256, Bristol, UK: Policy Press.

Barber, Benjamin R., 1984. *Strong Democracy: Participatory Politics for a New Age*, Berkeley, CA: University of California Press.

Barry, B., 1965. *Political Argument*, New York: Humanities Press.

Baumgartner, Frank R., and C. Mahoney, 2008. "Forum Section: The Two Faces of Framing Individual-Level Framing and Collective Issue Difinition in the European Union", *European Union Politics*, 9(3): 435-449.

Bell, D., and I. Kristol, 1965. "What is the Public Interest?", *Public Interest*, 1: 3-5.

Benveniste, Guy, 1972. *The Politics of Expertise*, Berkeley, CA: Glendassary.

──1977. *The Politics of Expertise*, 2nd edition, San Francisco, CA: Boyd & Fraser.

Berelson, B., 1952. *Content Analysis in Communication Research*, New York: Hafner

Press.

Berlin, Isaiah, 1998. *The Proper Study of Mankind: An Anthology of Essays*, London: Pimlico.

Better Government Initiative, 2010. *Good Government: Reforming Parliament and the Executive, Recommendations from the executive Committee of the Better Government Initiative*, London: Institute for Government.

Bevir, Mark, 2011. *The Sage Handbook of Governance*, London: Sage Publications.

Biggs, Selden, and Lelia B. Helms, 2007. *The Practice of American Public Policymaking*, Armonk, NY: M. E. Sharpe.

Birkland, Thomas A., 1997. *After Disaster: Agenda Setting, Public Policy, and Focusing Event*, Washington, D.C.: Georgetown University Press.

—— 1998. "Focusing Events, Mobilization, and Agenda-Setting", *Journal of Public Policy*, 18: 53-74.

Bosso, Christopher J., 1994. "The Contextual Bases of Problem Definition", in Rochefort, David A., and Roger W. Cobb (eds.), *The Politics of Problem Definition*, pp. 182-203, Lawrence, KS: University Press of Kansas.

Bourgon, Jocelyne, 2011. *A New Synthesis of Public Administration: Serving in the 21st Century*, Ottawa, Canada: McGill-Queen's University Press.

Bozeman, B., 1987. *All Organizations Are Public: Bridging Public and Private Organizational Theories*, San Francisco, CA: Jossey-Bass Publishers.

—— 2007. *Public Values and Public Interest: Counterbalancing Economic Individualism*, Washington, D.C.: Georgetown University Press.

Brewster, Lawrence G., and Genie N.L. Stowers, 2004. *The Public Agenda: Issues in American Politics*, 5th edition, Singapore: Thomson Learning.

Bridgman, Peter, and Glyn Davis, 2000. *Australian Policy Handbook*, 2nd edition, Sydney, Australia: Allen & Unwin.

Bryson, John M., and Barbara C. Crosby, 1992. *Leadership for the Common Good: Tackling Public Problems in a Shared Power World*, San Francisco, CA: Jossey-Bass.

Cabinet Office, 1999. *Professional Policy Making for the Twenty-First Century*, London: Cabinet Office.

Cairney, Paul, 2012. *Understanding Public Policies*, Basingstoke, UK: Palgrave.

Cairney, Paul, and Tanya Heikkila, 2014. "A Comparison of Theories of the Policy Process", Sabatier, P.A., and C. Weible (eds.), Theories of the Policy Process, pp. 363-390, Boulder, CO: Westview Press.

Cairney, Paul, and Michael D. Jones, 2016. "Kingdon's Multiple Streams Approach: What Is the Empirical Impact of This Universal Theory", *Policy Studies Journal*(Special Issue: The Multiple Streams Approach: Contributions and Future Directions), 44(1): 37-58.

Cairney, Paul, and Christopher Weible, 2015. "Comparing and Contrasting Peter Hall's Paradigms and Ideas with the Advocacy Coalition Framework", in Howlett, M. and J. Hogan (eds.), *Policy Paradigms in Theory and Practice*, pp. 83-100, Basingstoke, UK: Palgrave.

Casey, J., 2004. "Third Sector Participation in the Policy Process", *Policy and Politics*, 32(2): 241-257.

Chase, W. H., 1984. *Issue Management: Origins of the Future*, Stamford, CT: Issue Action Publications.

Clemons, Randy S., and Mark K. McBeth, 2016. *Public Policy Praxis: A Case Approach for Understanding Policy and Analysis*, Oxon, UK: Routledge.

Cobb, Roger W., and Charles D. Elder, 1983. *Participation in American Politics: The Dynamics of Agenda-Setting*, 2nd edition, Baltimore, MD: Johns Hopkins University Press.

Cobb, Roger W., Jennie Keith-Ross, and Marc Howard Ross, 1976. "Agenda-Building as a Comparative Political Process", *American Political Science Review*, 70(1) (March): 126-138.

Cohen, Michael, James G. March, and John P. Olsen, 1972. "A Garbage Can Model of Organizational Choice", *Administrative Science Quarterly*, 17: 1-25.

Colebatch, Hal K., 2004. "Interpretive Policy Analysis" (Review Essay), *Australian*

Journal of Public Administration, 63(3): 113-117.

——(ed.), 2006. *Beyond the Policy Cycle: The Policy Process in Australia*, New South Wales, Australia: Allen & Unwin.

Collins, Matthew Lloyd, 2002. *An Elaboration and Analysis of Two Policy Implementation Frameworks to Better Understand Project Exile*, Doctor pf Philosophy in Public Administration, Virginia Polytechnic Institute, Blacksburg, VA: Virginia Polytechnic Institute.

Dahl, Robert A., 1971. *Polyarchy: Participation and Opposition*, New Haven, CT: Yale University.

Denhardt, Janet V., and Robert B. Denhardt, 1999. *Leadership for Change: Case Studies in American Local Government*, Arlington, VA: Pricewaterhouse Coopers Endowment for the Business of Government.

——2000. *The New Public Service: Serving Rather than Steering*, New York, NY: Routledge.

——2015. *The New Public Service: Serving, not Steering*, New York, NY: Routledge.

De Vries, Michiel S., 2010. *The Importance of Neglect in Policy-Making*, Hampshire, UK: Palgrave Macmillan.

DeLeon, Peter, 1995. "Democratic Values and the Policy Sciences", *American Political Science Review*, 39(4): 886-905.

——1997.*Democracy and the Policy Sciences*, Albany, NY: State University of New York Press.

DeLeon, Peter, and Christine R. Martell, 2006. "The Policy Sciences: Past, Present, and Future", in Peters, B. Guy and Jon Pierre (eds.), *Handbook of Public Policy*, pp. 31-47, London: Sage Publications.

De Vries, Michiel S., 2010. *The Importance of Neglect in Policy-Making*, Hampshire, UK: Palgrave Macmillan.

Dewey, John, [1927] 1988. "*The Public and Its Problems*", Boydston, J.A. (ed.), *The Later Works of John Dewey 1925-1953*, Vol. 2, pp. 238-372, Carbondale, IL: South Illinois University Press.

Dror, Yehezkel, 1986. *Policymaking under Adversity*, New Brunswick, NJ: Transaction Books.

Dryzek, John S., 1990. *Discursive Democracy: Politics, Policy, and Political Science*, Cambridge, UK: Cambridge University Press.

Dunn, William, 2008. *Public Policy Analysis: An Introduction*, 4th edition, Upper Saddle River, NJ: Pearson/Prentice Hall.

Durant, Robert F., and Paul F. Diehl, 1989. "Agendas, Alternatives, and Public Policy: Lessons from the U.S. Foreign Policy Arena", *Journal of Public Policy*, 9(2): 179-205.

Dye, Thomas R., 2008. *Understanding Public Policy*, 12th edition, Upper Saddle River, NJ: Pearson Education.

—— 1976. *What Government Do, Why They Do It, and What Difference It Makes*, Tuscaloosa, AL: University of Alabama Press.

—— 1972. *Understanding Public Policy*, Englewood Cliffs, NJ: Prentice-Hall.

Easton, David, 1953. *The Political System*, New York: Knopf.

—— 1965. *A Framework for Political Analysis*, Eaglewood Cliffs, NJ: Prentice-Hall.

Etzioni, Amitai, 1987. "Entrepreneurship, Adaptation and Legitimation: A Macro-Behavioral Perspective", *Journal of Economic Behavior and Organization*, 8: 175-189.

Evans, P.B., 1995. *Embedded Autonomy: State and Industrial Transformation*, Princeton, NJ: Princeton University Press.

Ferrara, J.A., and L.C. Ross, 2005. "Getting to Know You: Rules of Engagement for Political Appointees and Career Executives", in Abramson, A., and R. Lawrence (eds.), *Learning the Rope: Insights for Political Appointees*, pp. 37-80, Oxford, UK: Lexington Books.

Fischer, Frank, 2003. *Reframing Public Policy: Discursive Politics and Deliberative Practices*, Oxford, UK: Oxford University Press.

Fischer, Frank, and John Forester (eds.), 1993. *The Argumentative Turn in Policy Analysis and Planning*, Durham, NC: Duke University Press.

Flinders, M., 2013. "The Politics of Engaged Scholarship: Impact, Relevance and Imagination", *Policy & Politics*, 41(4): 621-642.

Genieys, William, and Marc Smyrl, 2008. *Elites, Ideas, and the Evolution of Public Policy*, New York, NY: Palgrave Macmillan.

Gerring, John, 2004. "What is a Case Study and What is It Good for?", *American Political Science Review*, 98(2): 341-354.

Gerring, John, and Strom C. Thacker, 2008. *A Centripetal Theory of Democratic Governance*, New York: CambridgeUniversity Press.

Gerston, Larry N., 2015. *Public Policy Making: Process and Principles*, 3rd edition, Oxon, UK: Routledge.

——2008, *Public Policymaking in a Democratic Society: A Guide to Civic Engagement*, 2nd edition, Armonk, NY: M.E. Sharpe.

Gibson, Ryan, 2011. *A Primer on Collaborative Multi-Level Governance*, St. John's, NL: Department of Geography of Memorial University.

Goerge, A.L., and A. Bennett, 2005. *Case Studies and Theory Development in the Social Science*, Cambridge, MA: MIT Press.

Golob, Stephanie R., 2008. "Case Study 5: US-Canada Free Trade and the Refinition of Canadian National Interest", in Genieys, William and Marc Smyrl (eds.), *Elites, Ideas, and the Evolution of Public Policy*, pp. 115-124, New York, NY: Palgrave Macmillan.

Hainsworth, Brad E., 1990. "Issue Management: An Overview", *Public Relations Review*, 16: 3-5.

Hajer, Maarten A., 2009. *Authoritative Governance: Policy-Making in the Age of Mediatization*, Oxford, UK: Oxford University Press.

Hall, Peter A., 1993. "Policy Paradigms, Social Learning, and the State: The Case of Economic Policymaking in Britain", *Comparative Politics*, 25(2): 275-296.

Head, Brian W., 2007. "Community Engagement: Participation on Whose Terms?", *Australian Journal of Political Science*, 42(3): 441-454.

——2008. "Three Lenses of Evidence-Based Policy", *Australian Journal of Public*

Administration, 67(1): 1-11.

Herweg, Nicole, Christian Huß, and Reimut Zohlnhöfer, 2015. "Straightening the Three Streams: Theorising Extensions of the Multiple Streams Framework", *European Journal of Political Research*, 54(3): 435-449.

Holsti, Ole R., 1969. *Content Analysis for the Social Sciences and Humanities*, Reading, MA: Addison-Wesley.

Hood, Christopher, and Martin Lodge, 2007. "Endpiece: Civil Service Reform Syndrome: Are We Heading for a Cure?", *Transformation*, Spring, 58-59.

Jenkins-Smith, Hank, and Paul A. Sabatier, 1993. "The Study of Public Policy Processes", in Sabatier, P.A., and H. Jenkins-Smith (eds.), *Policy Change and Learning: An Advocacy Coalition Approach*, pp. 1-39, Boulder, CO: Westview Press.

John, Peter, 1998. *Analysing Public Policy*, London: Continuum.

——2003. "Is There Life After Policy Streams, Advocacy Coalitions, and Punctuations: Using Evolutionary Theory to Explain Policy Change?", *Policy Studies Journal*, 44(1): 13-36.

——2014. "All Tools Are Informational Now: How Information and Persuasion Define the Tools of Government", in Sarah Ayres (ed.), *Rethinking Policy and Politics: Reflections on Contemporary Debates in Policy Studies*, pp. 183-202, Bristol, UK: Policy Press.

Jones, Charles O., 1970. *An Introduction to the Study of Public Policy*. Belmont, CA: Wadsworth.

——1977. *An Introduction to the Study of Public Policy*, 2nd edition, North Scituate, MA: Duxbury Press.

——1984. *An Introduction to the Study of Public Policy*, 3rdedition, Monterey, CA: Brooks/Cole.

Jones, Michael D., Holly L. Peterson, Jonathan J. Pierce, Nicole Herweg, Amiel Bernal, Holly Lamberta Raney, and Nikolaos Zahariadis, 2016. "A River Runs Through: A Multiple Streams Meta-Review", *Policy Studies Journal*, 44(1): 13-36.

Kangas, O. E., M. Niemela, and S. Varjonen, 2014. "When and Why Do Ideas Matter? The Influence of Framing on Opinion Formation and Policy Change", *European Political Science Review*, 6(1): 73-92.

Kaplin, William A., and Barbara A. Lee, 1995. *The Law of Higher Education*, 3rd edition, San Francisco, CA: Jossey Bass.

Kettell, Steve, and Paul Cairney, 2010. "Taking the Power of Ideas Seriously: The Case of the 2008 Human Fertilization and Embryology Bill", *Policy Studies*, 31(3): 301-317.

Kickert, W. J. M., E. H. Klijn, and J. F. M. Koppenjan, 1997. "Managing Networks in the Public Sector: Findings and Reflections", in W. J. M. Kickert, E. H. Klijn, and J. F. M. Koppenjan (eds.), *Managing Complex Networks: Strategies for the Public Sector*, London: Sage Publications.

Kingdon, John Wells, 1984. *Agendas, Alternatives, and Public Policies*, Boston: Little, Brown.

——1995. *Agendas, Alternatives, and Public Policies*, 2nd edition, New York: Harper Collins.

——2003. *Agendas, Alternatives, and Public Policies*, 2nd edition, with new foreword by James A. Thurber, New York: Addison-Wesley Educational Publishers Inc.

——2011.*Agendas, Alternatives, and Public Policies*, Updated 2nd edition, Longman Classics in Political Science, Boston, MA: Longman.

Knaggard, Asa, 2015. "The Multiple Streams Framework and the Problem Broker", *European Journal of Political Research*, 54(3): 450-465.

Knoepfel, Peter, Corinne Larrue, Frederic Varone, and Michael Hill, 2007. *Public Policy Analysis*, Bristol, UK: The Policy Press.

Kooiman, J., 2000. "Societal Governance: Levels, Modes, and Orders of Social-Political Interaction", in Pierre, J. (ed.), *Debating Governance: Authority, Steering and Democracy*, pp. 138-164, Oxford, UK: Oxford University Press.

Koontz, Tomas M., 2003. "An Introduction to the Institutional Analysis and Development (IAD) Framework for Forest Management Research," *Workshop for the First Nations and Sustainable Forestry: Institutional Conditions for Success*, Vancouver, Canada: University of British Columbia.

Kraft, Michael E. and Scott R. Furlong. 2004. *Public Policy: Politics, Analysis, and Alternatives*, 2nd edition, Washington, D.C.: CQ Press.

——2007. *Public Policy: Politics, Analysis, and Alternatives*, 2nd edition, Washington, D.C.: CQ Press.

Lasswell, Harold D.(eds.), 1936. *Who Gets What, When, and How?* New York: McGraw Hill.

——1946. *Propaganda, Communication, and Public Opinion: A Comprehensive Reference Guide*, Princeton, NJ: Princeton University Press. (with Bruce Lannes Smith and Ralph D. Casey)

——1948. *The Analysis of Political Behavior: An Empirical Approach*, London: Kegan Paul.

——1950. *Power and Society: A Framework for Political Inquiry*, New Haven, CT: Yale University Press.

——1951. "The Policy Orientation", in Daniel Lerner and Harold Lasswell (eds.), *The Policy Sciences: Recent Developments in Scope and Method*, pp. 3-15. Stanford, CA: StanfordUniversity Press.

——1956. *The Decision Process: Seven Categories of Functional Analysis*, College Park, MD: University of Maryland.

——1970. "The Emerging Conception of the Policy Sciences", *Policy Sciences*, 1: 3-14.

——1971. *A Pre-view of Policy Science*, New York: American Elsevier.

Leach, William D., and Paul A. Sabatier, 2005. "To Trust An Adversary: Integrating Rational and Psychological Models in Collaborative Policymaking", *American Political Science Review*, 99(4): 491-504.

Lindblom, Charles E., and Edward J. Woodhouse, 1993. *The Policy-Making Process*, 3rd edition, Englewood Cliffs, NJ: Prentice-Hall.

Lippmann, Walter, 1925. The Phantom Public, New York: Harcourt, Brace & Company.

Lord President of the Council, 1981. *Efficiency in the Civil Service*, Cmnd 8293,

London: HMSO.

Lowi, Theodore, Jr., 1964. "American Business, Public Policy, Case-Studies, and Political Theory", *World Politics*, 16: 677-715.

——1969. *The End of Liberalism: Ideology, Policy, and the Crises of Public Authority*, New York: W. W. Norton and Co., Inc.

Majone, Giandomenico, 1989. *Evidence, Argument and Persuasion in the Policy Process*, New Haven, CT: Yale University Press.

——2008. "Agenda Setting", in Moran, M., M. Rein, and R. E. Goodin (eds.), *The Oxford Handbook of Public Policy*, pp. 228-250, Oxford, UK: Oxford University Press.

Mandell, M.P. (ed.), 2001. *Getting Results through Collaboration: Networks and Network Structures for Public Policy and Management*, Westport, CT: Quorum Books.

March, J. G., and J. P. Olsen, 1979. *Ambiguity and Choice in Organizations*, Bergen, Norway: Universitetsforlaget.

——1997. "Understanding How Decisions happen in Organizations", Shapira, Z. (ed.), *Organizational Decision Making*, pp. 9-32, Cambridge, UK: Cambridge University Press.

Maxwell, Joseph A., 1996. *Qualitative Research Design: An Interactive Approach*, London: Sage Publications.

Minister for Government Policy, 2011. *Open Public Services*, White Papers, Cm 8145, London: The Stationary Office.

Montpetit, Eric, 2011. "Scientific Credibility, Disagreement, and Error Costs in 17 Biotechnology Policy Subsystems", *Policy Studies Journal*, 39(3): 513-533.

Moore, Mark H., 1990. "What Sort of Ideas become Public Ideas?", in Reich, Robert B. (ed.), *The Power of Public Ideas*, pp. 55-83, Cambridge, MA: Harvard University Press.

Mucciaroni, Gary, 1992. "The Garbage Can Model and the Study of Policy Making: A Critique", *Polity*, 24(3): 459-482.

Mukherjee, Ishani, and Michael Howlett, 2015. "Who is a Stream? Epistemic Communities, Instrument Constituencies and Advocacy Coalitions in Public Policy-Making", *Politics and Governance*, 3(2): 65-75.

Nakamura, Robert, and Frank Smallwood, 1980. *The Politics of Policy Implementation*, New York: St. Martin's Press.

Nelson, R. N., 1977. *The Moon and the Ghetto*, New York: Norton.

Ney, Steven, 2009. *Resolving Messy Policy Problems: Handling Conflict in Environmental, Transport, Health and Ageing Policy*, London: Earthscan.

Nikolic, Sara J. S., and Tomas M. Koontz, 2007. "Nonprofit Organizations in Environmental Management", A Comparative Analysis of Government Impacts, *Journal of Public Administration Research Theory*, 18: 441-463.

Nowlin, M.C., 2011. "Theories of the Policy Process: State of the Research and Emerging Trends", *Policy Studies Journal*, 39(s1): 41-60.

Oates, Sarah, 2008. *Introduction to Media and Politics*, Thousand Oaks, CA: Sage Publications.

Osborne, Stephen P. (ed.), 2000. *Public-Private Partnerships*, London: Routledge.

——2010. *The New Public Governance?: Emerging Perspectives on the Theory and Practice of Public Governance*, Oxon, UK: Routledge.

Osborne, David, and Ted Gaebler, 1992. *Reinventing Government: How the Entrepreneurial Spirit is Transforming the Public Sector*, New York, NY: Penguin Books.

Ozawa, Connie P., 1991. *Recasting Science: Consensual Procedures in Public Policy Making*, Boulder, CO: Westview Press.

Pappi, Franz Urban, and Christian H. C. A. Henning, 1998. "Policy Networks: More Than a Metaphor", *Journal of Theoretical Politics*, 10(4): 553-575.

Parsons, W., 1995. *Public Policy: An Introduction to the Theory and Practice*, Aldershot, UK: Edward Elgar.

——2002. "From Muddling Through to Muddling Up: Evidence-Based Policy-Making and the Modernisation of British Government", *Public Policy and Administration*,

17(3): 43-60.

——2004. "Not Just Steering but Weaving: Relevant Knowledge and the Craft of Building Policy Capacity and Coherence", *Australian Journal of Public Administration*, 63(1): 43-57.

Peters, Guy B., 2016. *American Public Policy: Promises and Performance*, 10th edition, Thousand Oaks, CA: Sage Publications.

PEW Research Center, 1997. "Voter Anxiety Dividing GOP: Energized Democratic Backing Cliton", http://www.people-press.org.

Pierre, J. and B. G. Peters. 2000. *Governance, Politics and the State.* New York: St Martin's Press.

——2005. *Governing Complex Societies: Trajectories and Scenarios*, Hampshire, UK: Palgrave Macmillan.

Pollitt, Christopher, 2014. "Forty Years of Public Management Reform in UK Central Government: Promises, Promises ...", Ayres, Sarah Ayres (ed.), *Rethinking Policy and Politics: Reflections on Contemporary Debates in Policy Studies*, pp. 7-27, Bristol, UK: Policy Press.

——2008. *Time, Policy, Management: Governing with the Past*, Oxon, UK: Oxford University Press.

Pressman, Jeffrey L., and Aaron Wildavsky, 1973. *Implementation: How Great Expectations in Washington Are Dashed in Oakland*, Berkeley, CA: University of California Press.

Price, B., 2010. "Practical Evidence on Improving Local Healthcare Policies and Practices", *Nursing Standard*, 25(7): 39-46.

Prime Minister and Minister for the Cabinet, 1999. *Modernising Government*, Cm 413, London: The Stationary Office.

Prime Minister for The Citizen Charter, 1991. *The Citizen's Charter: Raising the Standard*, Cmnd 1599, London: HMSO.

——1996. *The Citizen's Charter: Five Years On*, Cm 3370, London: HMSO.

Prime Minister and Minister for The Civil Service, 1970. *The Reorganization of Central*

Government, Cmnd 4506, London: HMSO.

Reddel, T., and G. Woolcock, 2004. "From Consultation to Participatory Governance?", *Australian Journal of Public Administration*, 63(3): 75-87.

Rein, Martin, and Donald A. Schon, 1994. *Frame Reflection*, New York: Basic Books.

Rhodes, R. A. W., 2014. "Political Anthropology and Civil Service Reform: Prospects and Limits", Sarah Ayres (ed.), *Rethinking Policy and Politics: Reflections on Contemporary Debates in Policy Studies*, pp. 29-48, Bristol, UK: Policy Press.

——2000. "Governance and Public Administration", in Pierre, J. (ed.), *Debating Governance*, pp. 54-90, Oxford, UK: Oxford University Press.

Riker, H. William, 1962. *The Theory of Political Coalitions*, New Haven, CT: Yale University Press.

Rogers, E. M., and J. W. Dearing. 1988. "Agenda-Setting Research: Where It Has Been, Where Is It Going?." In J.A. Anderson (ed.). *Communication Yearbook 11*, pp. 555-594, Newbury Park, CA: Sage Publications.

Rosenbloom, D., 1983. "Public Administration Theory and the Separation of Powers", *Public Administration Review*, 43(3): 219-227.

Sabatier, Paul A., and Christopher M. Weible, (eds.), 2014. *Theories of The Policy Process*, 3rd edition, Boulder, CO: Westview Press.

Sakamoto, Takayuki, 2005. "Policy Legitimacy as a Determinant of Policy Outputs: Japan's Case", in White, Lynn (ed.), *Legitimacy: Ambiguities of Political Success or Failure in East and Southeast Asia*, pp. 253-299, Danvers, MA: World Scientific Publishing.

Schattschneider, E. E., 1960. *The Semi-Sovereign People: A Realist's View of Democracy in America*, New York: Holt, Rinehart and Winston.

——1975. *The Semi-Sovereign People: A Realist's View of Democracy in America,Reissued with An Introduction by David Adamany*, Boston, MA: Wadsworth.

Scharpf, Fritz, 1997. *Games Real Actors Play*, Oxford, UK: Westview Press.

Schlager, Edella, 2007. "A Comparison of Frameworks, Theories, and Models of Policy

Processes", in Sabatier, P.A. (ed.), *Theories of Policy Process*, 2nd edition, pp. 293-319, Boulder, CO: Westview Press.

Schneider, Anne Larason, and Helen Ingram, 1993. "Social Construction of Target Populations Implications for Politics and Politics", *American Political Science Review*, 87(4): 334-338.

Simon, C.A., 2007. *Public Policy: Preferences and Outcomes*, New York: Pearson/ Longman.

Smith, Kevin B., and Christopher W. Larimer, 2013. *The Public Policy Theory Primer*, 2nd edition, Boulder, CO: Westview Press.

Steger, Manfred B., 2013. *Globalization: A Very Short Introduction*, Oxford, UK: Oxford University Press.

Stewart, Jenny, 2009. *Public Policy Values*, New York, NY: Palgrave Macmillan.

Stout, Margaret, 2013. *Logics of Legitimacy: Three Traditions of Public Administration Praxis*, Boca Raton, FL: CRC Press.

Sullivan, H., and C. Skelcher, 2002. *Working across Boundaries: Collaboration in Public Services*, Houndmills, UK: Palgrave Macmillan.

Teisman, Geert, R., 2000. "Models for Research into Decision-Making Processes, On Phases, Streams, and Decision-Making Rounds", *Public Administration*, 78(4): 937-956.

Teisman, Geert, R., and Arwin van Buuren, 2003. "Models for Research into Decision-Making Processes: On Phases, Streams, Rounds and Tracks of Decision-Making", in Eduardo Araral Jr., Scott Fritzen, Michael Howlett, M. Rameshand Xun Wu (eds.), *Routledge Handbook of Public Policy*, pp. 299-319, London: Routledge.

Thacher, David, and Martin Rein, 2004. "Managing Value Conflict in Public Policy", *Governance: An International Journal of Policy, Administration, and Institutions*, 17(4): 457-486.

Torgerson, Douglas, 1986. "Between Knowledge and Politics: Three Faces of Policy Analysis", *Policy Sciences*, 19: 33-59.

Tribe, Laurence H., 1972. "Policy Science: Analysis or Ideology?", *Philosophy and*

Public Affairs, 2: 66-110.

Tuohy, Carolyn, 1999. *Accidental Logics: The Dynamics of Change in the Health Care Arena in the United States, Britain and Canada*, Oxford, UK: Oxford University Press.

UK Cabinet Office, 1999. *Professional Policy Making for the Twenty First Century*, London: Cabinet Office.

Weimer, David Leo, and Aidan R. Vining, 1998, *Policy Analysis: Concepts and Practice*, 3rd edition, Upper Saddle River, NJ: Prentice-Hall.

Weiss, L., and J. M. Hobson, 1995. *States and Economic Development: A Comparative Historical Analysis*, Cambridge, UK: Polity Press.

White, Theodore H., 1967. "The Action Intellectuals", *Life Magazine*, 9 June, 16 June, and 23 June.

Whitman Cobb, Wendy N., 2013. *Unbroken Government: Success and the Illusion of Failure in Policymaking*, New York, NY: Palgrave Macmillan.

Wildavsky, Aaron, 1979. *Speaking Truth to Power: The Art and Craft of Policy Analysis*, Boston, MA: Little, Brown & Company.

Wilson, James Q., 1980. "The Politics of Regulation", in Wilson J.Q. (ed.), *The Politics of Regulation*, pp. 357-394, New York: Basic Books.

Winkel, Goerg, and Sina Leipoid, 2016. "Demolishing Dikes: Multiple Streams and Policy Discourse Analysis", *Policy Studies Journal*, 44(1): 108-129.

Winter, Soren C., 1990. "Integrating Implementation Research",. Palumbo, Dennis J. and Donald J. Calista (eds.), *Implementation and the Policy Process: Opening Up the Black Box*, pp. 19-38, New York: Greenwood Press.

──2006. "Implementation", Peters, B. Guy and Job Pierre (eds.), *Handbook of Public Policy*, pp. 151-166, Thousand Oaks, CA: Sage Publications.

Wolfe, M., B. D. Jones, and F.R. Baumgartner, 2013. "A Failure to Communicate: Agenda Setting in Media and Policy Studies", *Political Communication*, 30(2): 175-192.

Wu, Xun, and M. Ramexh, Michael Howlett, and Scott Fritzen, 2010. *The Public Policy*

Primer: Managing the Policy Process, Oxon, UK: Routledge.

Yanow, Dvora, 1996. *How Does A Policy Mean? Interpreting Policy and Organizational Actions*, Washington D.C.: Georgetown University Press.

Yin, Robert K., 2014. *Case Study Research: Design and Methods*, 5th edition, Thousand Oaks, CA: Sage Publications.

Zahariadis, Nikolaos, 1999. "Ambiguity, Time, and Multiple Streams", in Sabatier, P.A. (ed.), *Theories of the Policy Process*, pp. 73-93, Boulder, CO: Westview Press.

—— 2003. *Ambiguity and Choice in Public Policy: Political Decision Making in Modern Democracies*, Washington DC: Georgetown University Press.

—— 2007. "The Multiple Streams Framework: Structure, Limitations, Prospects", in Sabatier, P.A. (ed.), *Theories of the Policy Process*, 2nd edition, pp. 65-92, Boulder, CO: Westview Press.

—— 2014. "Ambiguity and Multiple Streams", in Sabatier, Paul A., and Christopher M. Weible (eds), *Theories of The Policy Process*, 3rd edition, pp. 25-58, Boulder, CO: Westview Press.

—— 2015a. "The Shield of Heracles: Multiple Streams and the Emotional Endowment Effect", *European Journal of Political Research*, 54(3): 466-481.

—— 2015b. *Essence of Political Manipulation: Emotion, Institutions and Greek Foreign Policy*, New York: Peter Lang.

Zahariadis, Nikolaos, and C. S. Allen, 1995. "Ideas Networks and Policy Streams: Privitization in Britain and Germany", *Policy Studies Review*, 14(1-2): 71-98.

Zahariadis, Nikolaos, and Theofanis Exadaktylos, 2016. "Policies That Succeed and Programs That Fail: Ambiguity, Conflict, and Crisis in Greek Higher Education", *Policy Studies Journal*, 44(1): 59-82.

Zohlnhofer, Reimut, 2016. "Putting Together the Pieces of the Puzzles: Explaining German Labor Market Reforms with a Modified Multiple-Streams Approach", *Policy Studies Journal*, 44(1): 83-107.

Zohlnhofer, Reimut, Nicole Herweg, and Friedbert Rub, 2015. "Theoretically Refining the Multiple Streams Framework: An Introduction", *European Journal of Political Research*, 54: 412-418.

國家圖書館出版品預行編目資料

公共政策與民主治理：苗栗大埔徵地案的多元
流分析／魯炳炎著. ──初版.──臺北市：
五南, 2016.12
　　面；　公分
ISBN 978-957-11-8951-2（平裝）
1.公共政策　2.土地徵收　3.個案研究
572.9　　　　　　　　　　　105022910

1PTG

公共政策與民主治理：
苗栗大埔徵地案的多元流分析

作　　者 ― 魯炳炎(501)

發 行 人 ― 楊榮川

總 編 輯 ― 王翠華

主　　編 ― 劉靜芬

責任編輯 ― 吳肇恩

封面設計 ― P.Design視覺企劃

出 版 者 ― 五南圖書出版股份有限公司

地　　址：106台北市大安區和平東路二段339號4樓

電　　話：(02)2705-5066　　傳　　真：(02)2706-6100

網　　址：http://www.wunan.com.tw

電子郵件：wunan@wunan.com.tw

劃撥帳號：01068953

戶　　名：五南圖書出版股份有限公司

法律顧問　林勝安律師事務所　林勝安律師

出版日期　2016年12月初版一刷

定　　價　新臺幣320元